MAKRAMEE TASCHEN

Impressum

MUSUNDE TSUKURU MACRAMÉ BAG TO KOMONO
© 2018 Chizu Takuma
Japanische Originalausgabe erschienen bei:
SEIBUNDO SHINKOSHA PUBLISHING CO., LTD

Englische Ausgabe, mit dem Titel *Macrame Bags*, erschienen bei: Interweave (USA)
Deutsche Lizenz vermittelt durch World Book Media LLC, (USA). via Tuttle-Mori Agency, Inc., Tokyo, Japan

Produktion: Akiko Takuma, Sakie Takuma, Taiga Takuma, Mai Takuma, Mariko Miyanishi
Fotografie: Daisuke Yoshida
Styling: Miki Uera
Design: Sayaka Higashimura (WILD PITCH)
Model: Sonia
Haare & Makeup: Ayami Yamada
Anleitungen: Shirokuma Kobo & Rika Tanaka
Illustrationen: Tama Studio
Editor: Rie Suzuki (TAND)

Für die deutsche Ausgabe:
Produktmanagement: Svenja Wiglinghaus
Übersetzung: Katrin Marburger
Lektorat: Brigitte Schnock
Korrektorat: Birgit Schneck
Satz: satz & repro Grieb, München
Umschlaggestaltung: Ina Zimmermann
Herstellung: Kathleen Baumann
Printed in China

★★★★★

Sind Sie mit diesem Titel zufrieden? Dann würden wir uns über Ihre Weiterempfehlung freuen. Erzählen Sie es im Freundeskreis, berichten Sie Ihrem Buchhändler oder bewerten Sie bei Onlinekauf. Und wenn Sie Kritik, Korrekturen, Aktualisierungen haben, freuen wir uns über Ihre Nachricht an:
Christian Verlag, Postfach 40 02 09,
D-80702 München oder per E-Mail an
lektorat@verlagshaus.de.

Unser komplettes Programm finden Sie unter

www.christophorus-verlag.de

Die Deutsche Nationalbibliothek verzeichnet diese Publikation in der Deutschen Nationalbibliografie; detaillierte bibliografische Daten sind im Internet über https://www.dnb.de/ abrufbar.

ISBN 978-3-8388-3860-1

ÜBER DIE AUTORIN

Als Kind hat Chizu Takuma die Kunst des Makramee von ihrer Mutter gelernt, und mit Mitte zwanzig hat sie ihre Liebe dazu wiederentdeckt. Seitdem arbeitet sie als Textilkünstlerin: Sie unterrichtet an der Japan Macramé Promotion Association und gibt in Japan regelmäßig Makramee-Workshops. Sie liebt es, zusammen mit ihrer Mutter, Schwester, Tochter und ihrem Sohn an Makramee-Projekten zu arbeiten. Sie lebt in Nara (Japan).

Chizu Takuma

MAKRAMEE TASCHEN

Mehr als 20 geknüpfte Handtaschen von Clutch bis Cross-Bag

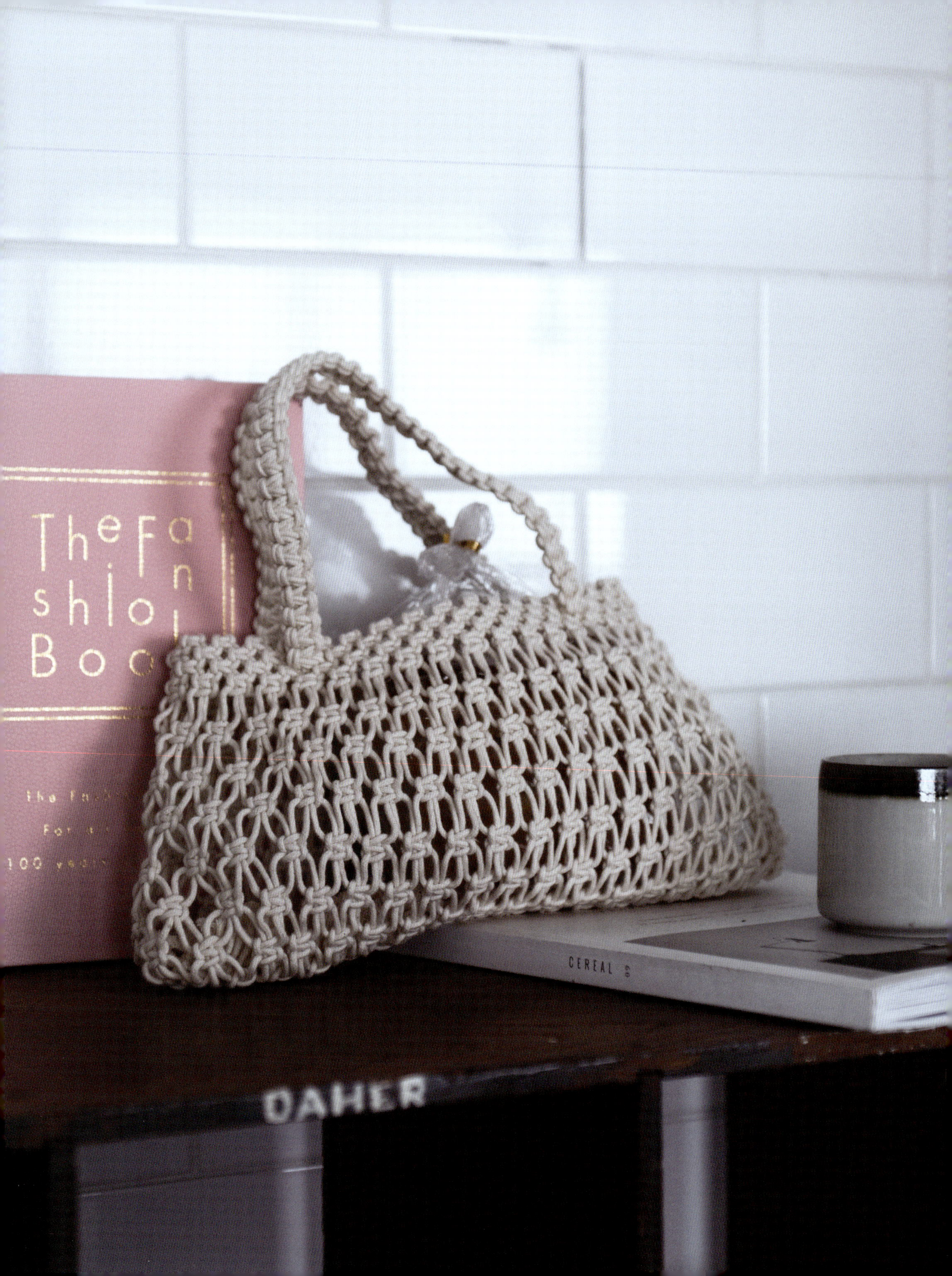

The Fashion Book
CEREAL
DAHER

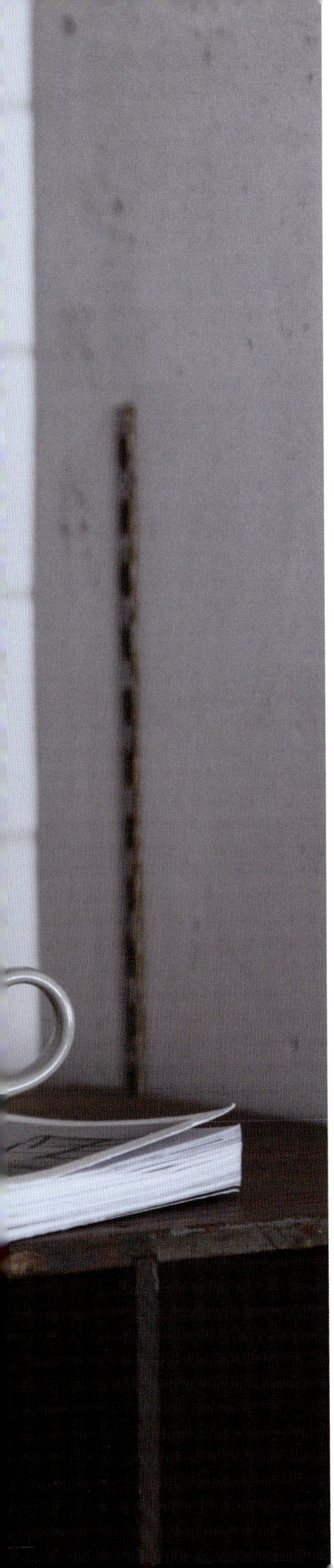

Makramee ist eine traditionelle Handarbeitstechnik, die seit Jahrhunderten auf der ganzen Welt praktiziert wird. Durch das Knüpfen verschiedener Knoten entstehen dekorative textile Arbeiten. Die Kombination von nur einer Handvoll Grundknoten ermöglicht nahezu unendlich viele verschiedene Mustervarianten.

Für Makramee kannst du beinahe jedes Garn verwenden – Hanf oder Baumwolle ergeben einen natürlichen Look, Nylongarn ist leichter und glänzt schön. Am besten fängst du einfach mit irgendeinem Garn an, das du schon hast. Außer einer Schere und ein paar Stecknadeln benötigst du keinerlei Ausstattung.

Sobald du die Grundtechniken beherrschst, wiederholst du einfach die Knoten – so einfach ist Makramee!

Und nun viel Spaß beim Knüpfen der Taschen und Accessoires in diesem Buch. Diese Designs zeigen, dass Makramee nicht nur schön, sondern auch alltagstauglich ist!

Inhalt

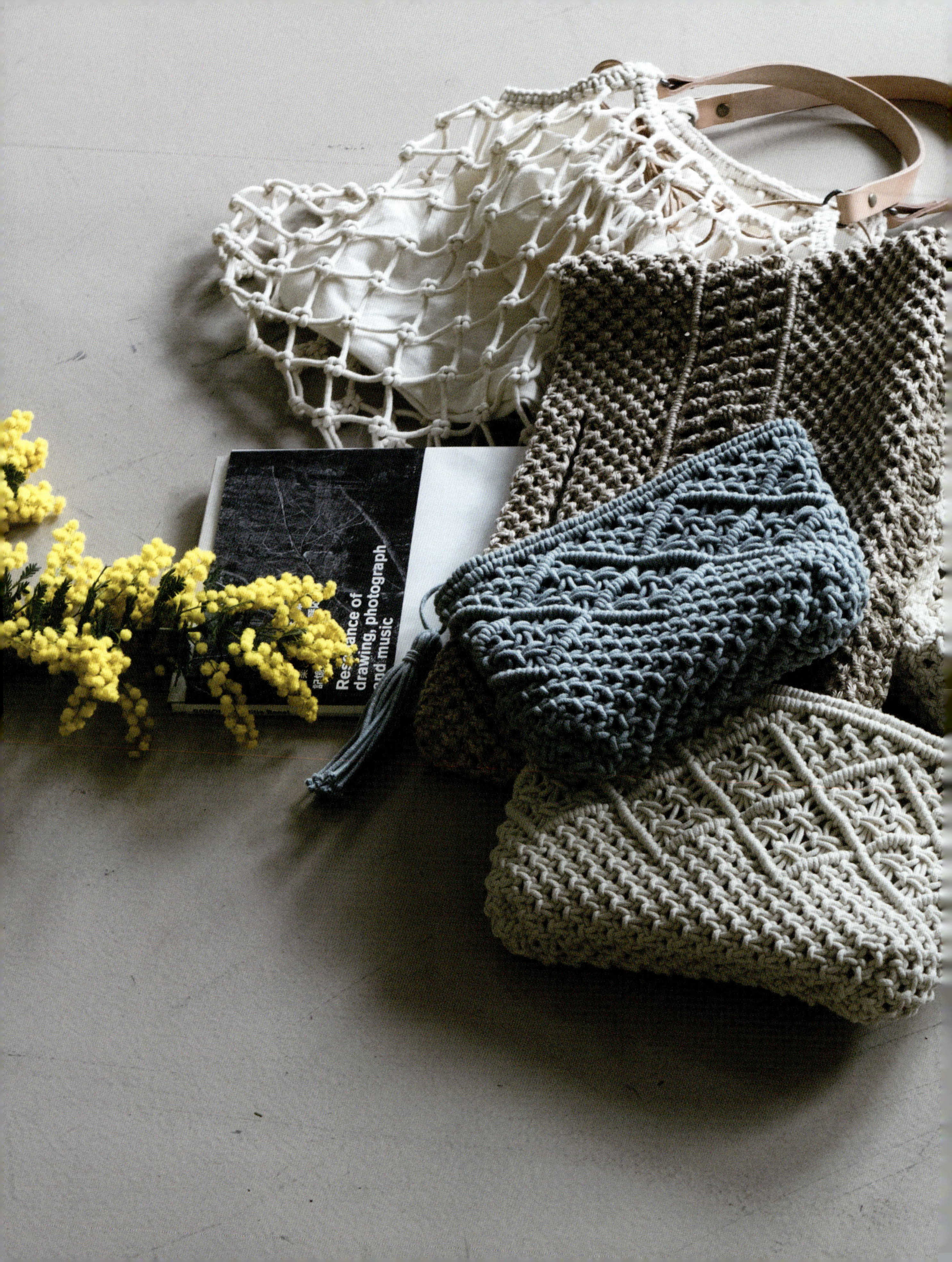
drawing, photograph

Die Modelle

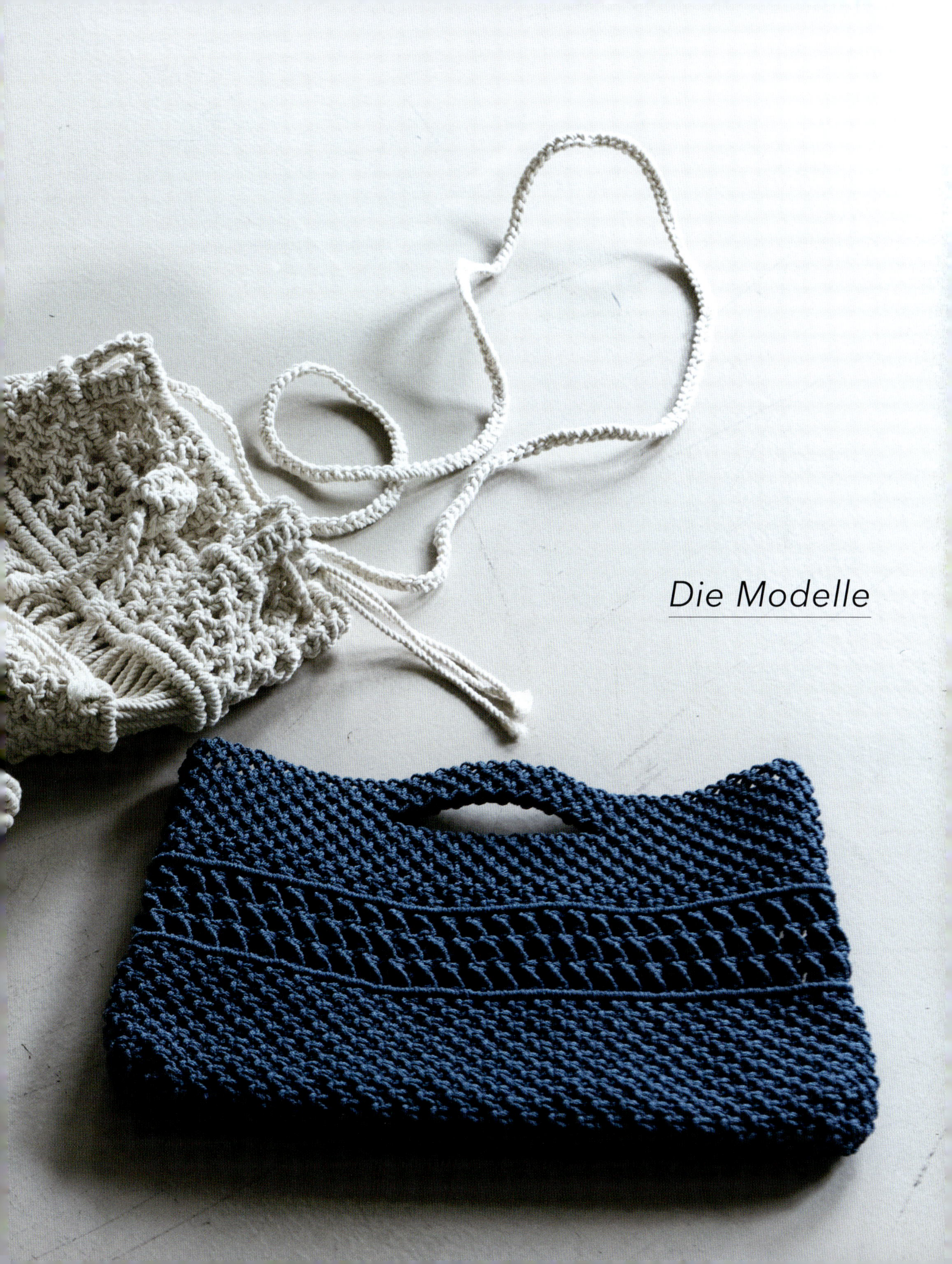

01

Schwarze Netz-Handtasche mit Ledergriffen

Anleitung ▷ **Seite 76**

Mit dem lockeren Netzmuster aus Kreuzknoten ist diese Tasche schnell geknüpft und eignet sich ideal für Anfänger*innen. Das praktische Taschenfutter schützt den Inhalt vor neugierigen Blicken und vor dem Herausfallen.

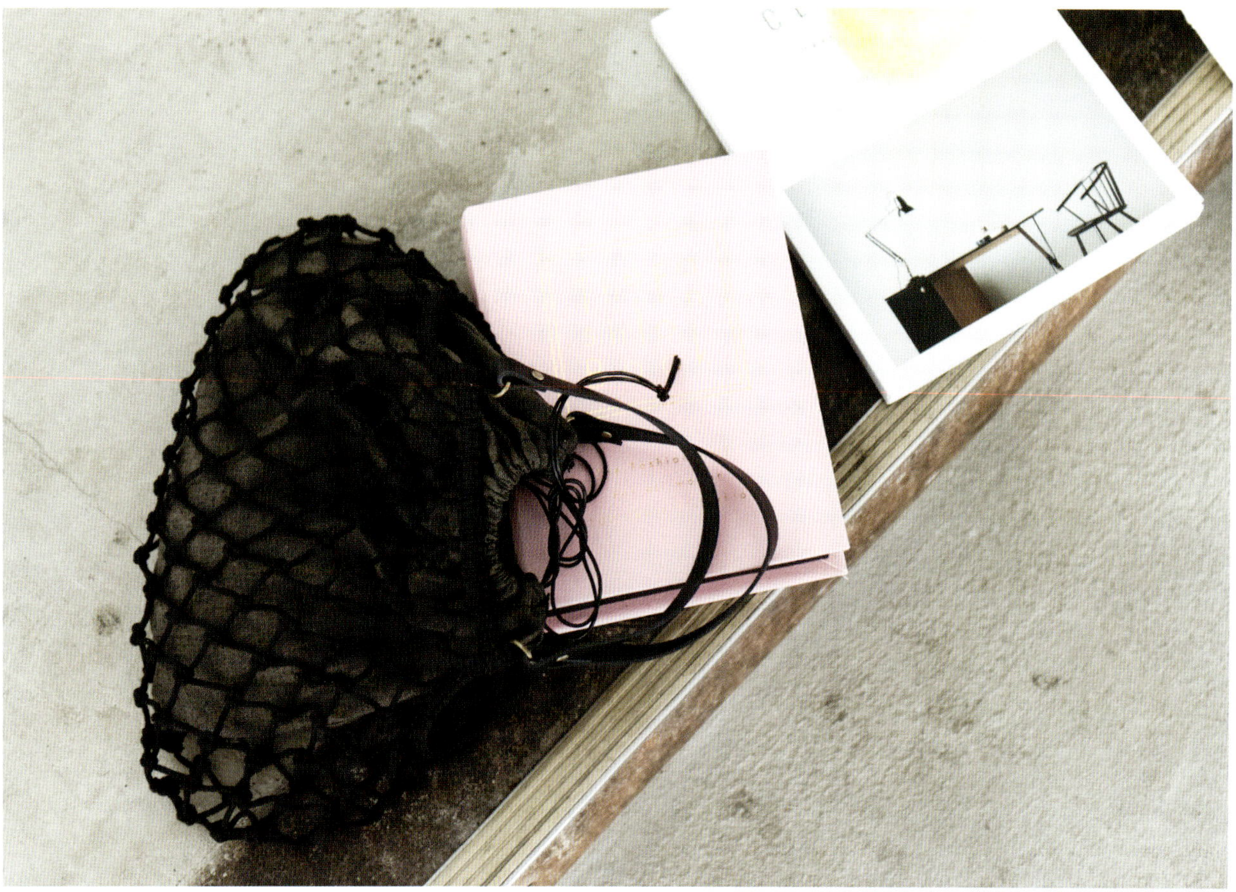

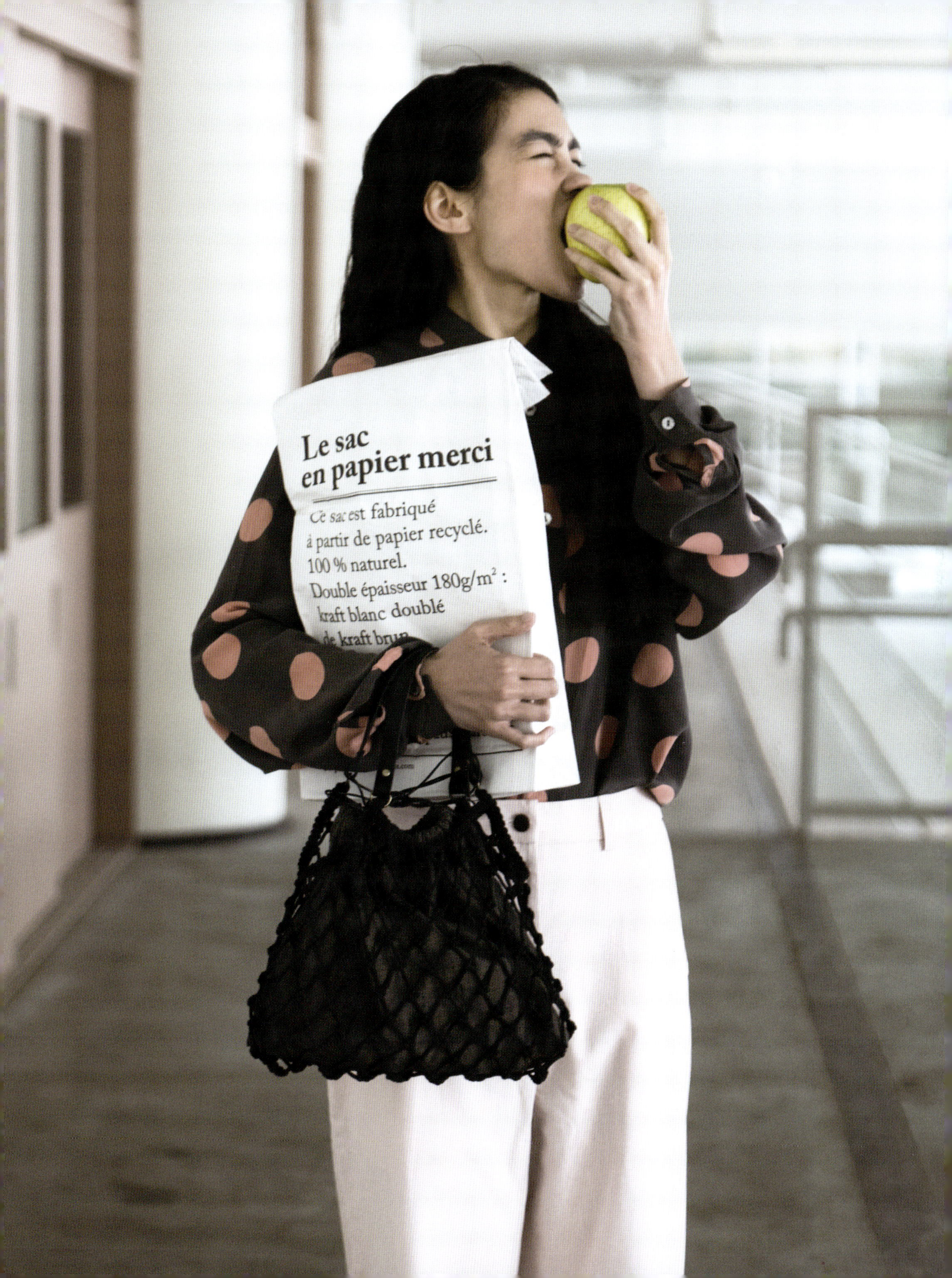
Le sac
en papier merci
Ce sac est fabriqué
à partir de papier recyclé.
100 % naturel.
Double épaisseur 180g/m² :
kraft blanc doublé

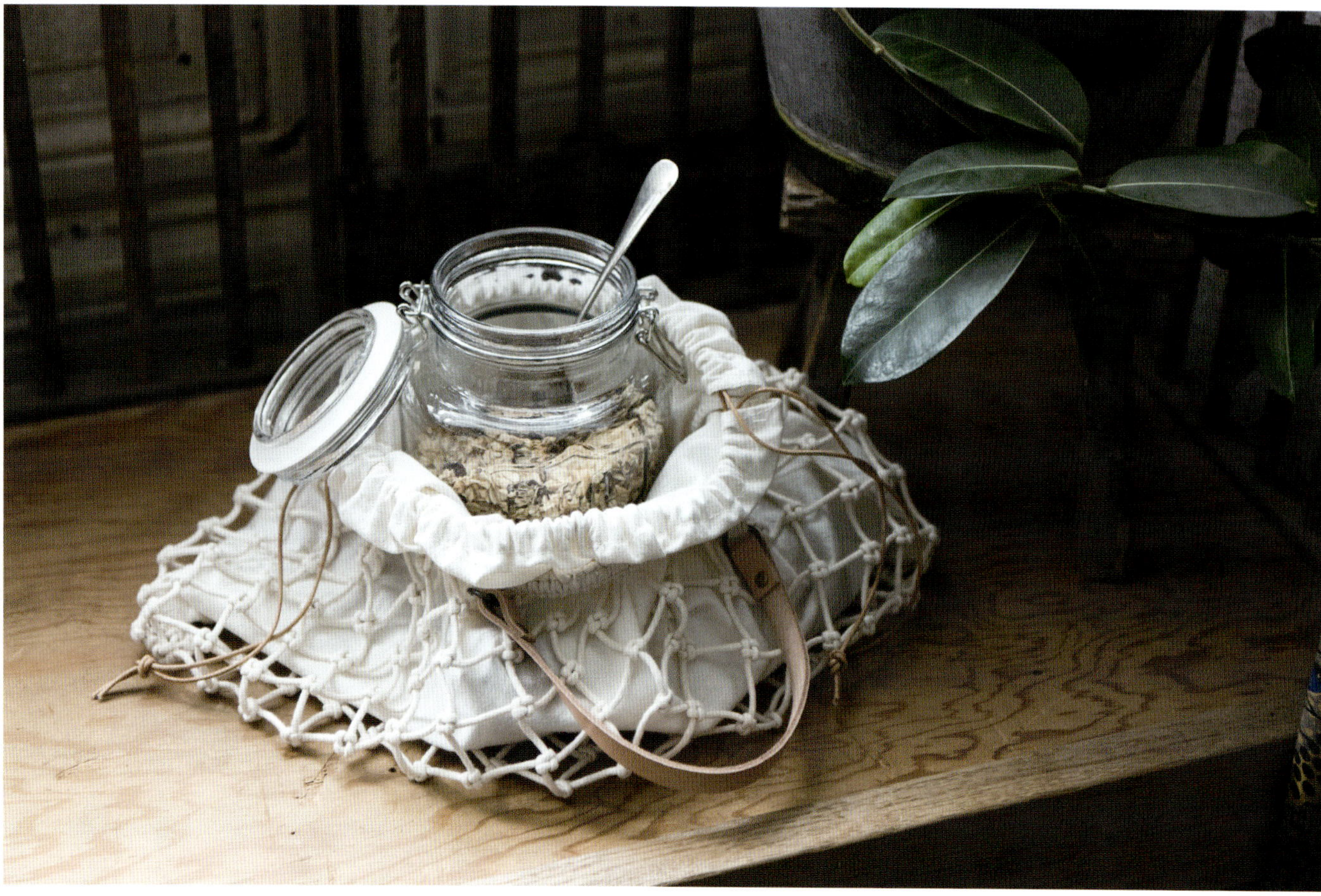

02

Weiße Netz-Handtasche mit Ledergriffen

Anleitung ▷ **Seite 76**

Aus weißem Garn geknüpft, mit Griffen aus Naturleder - und das Modell von Seite 10 erhält einen ganz anderen Look. Mit ihren hellen Farben die perfekte Sommertasche!

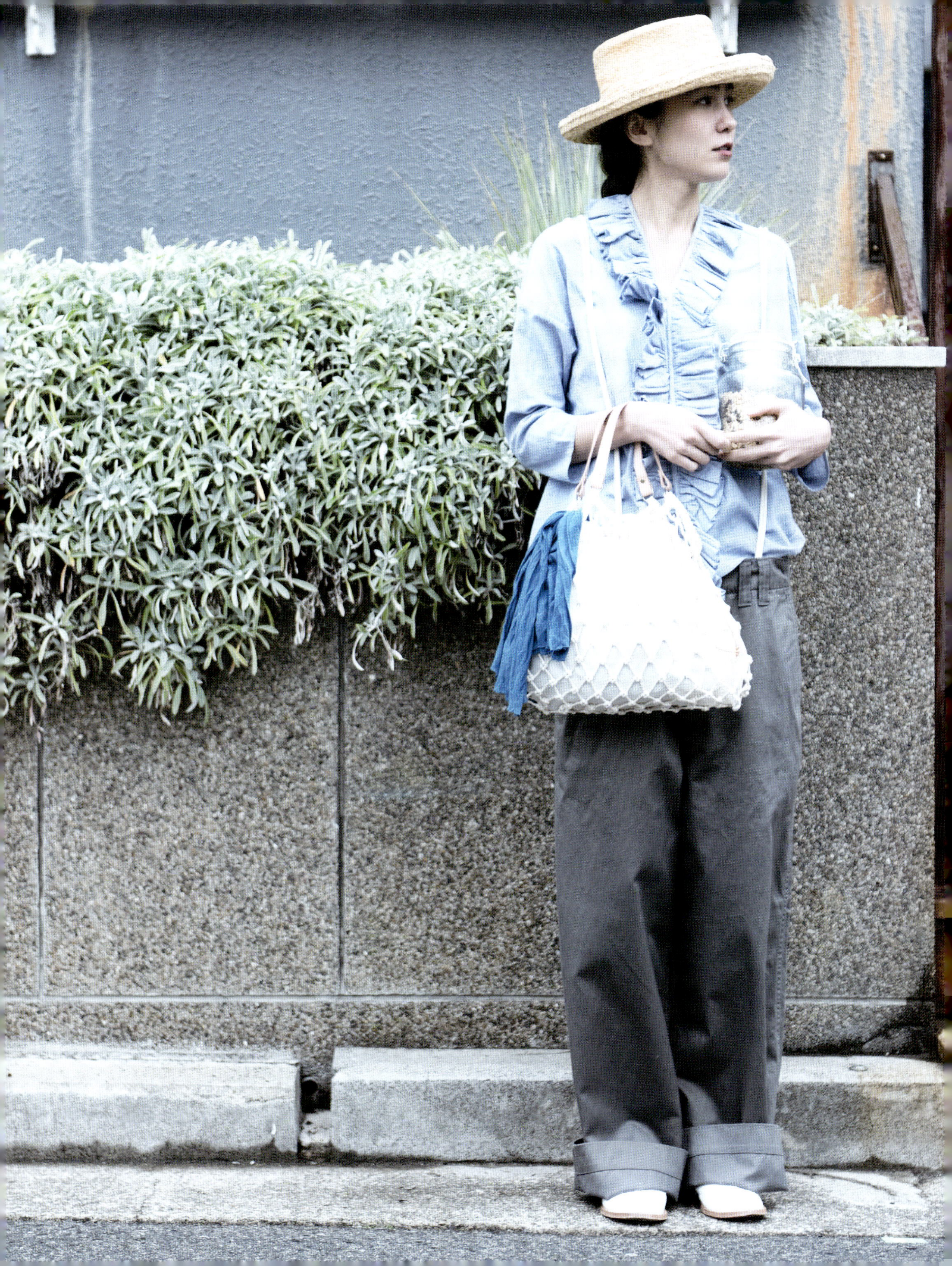

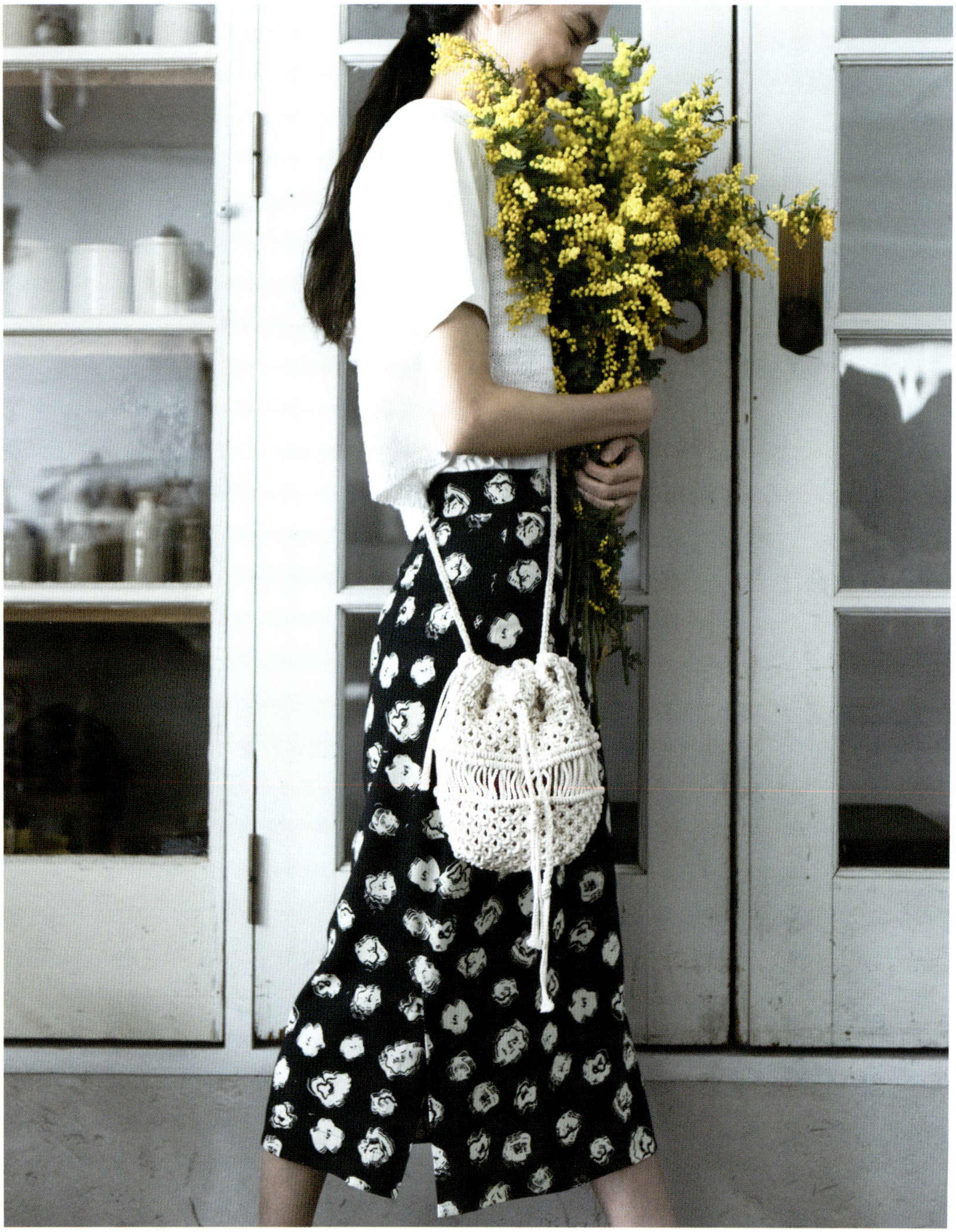

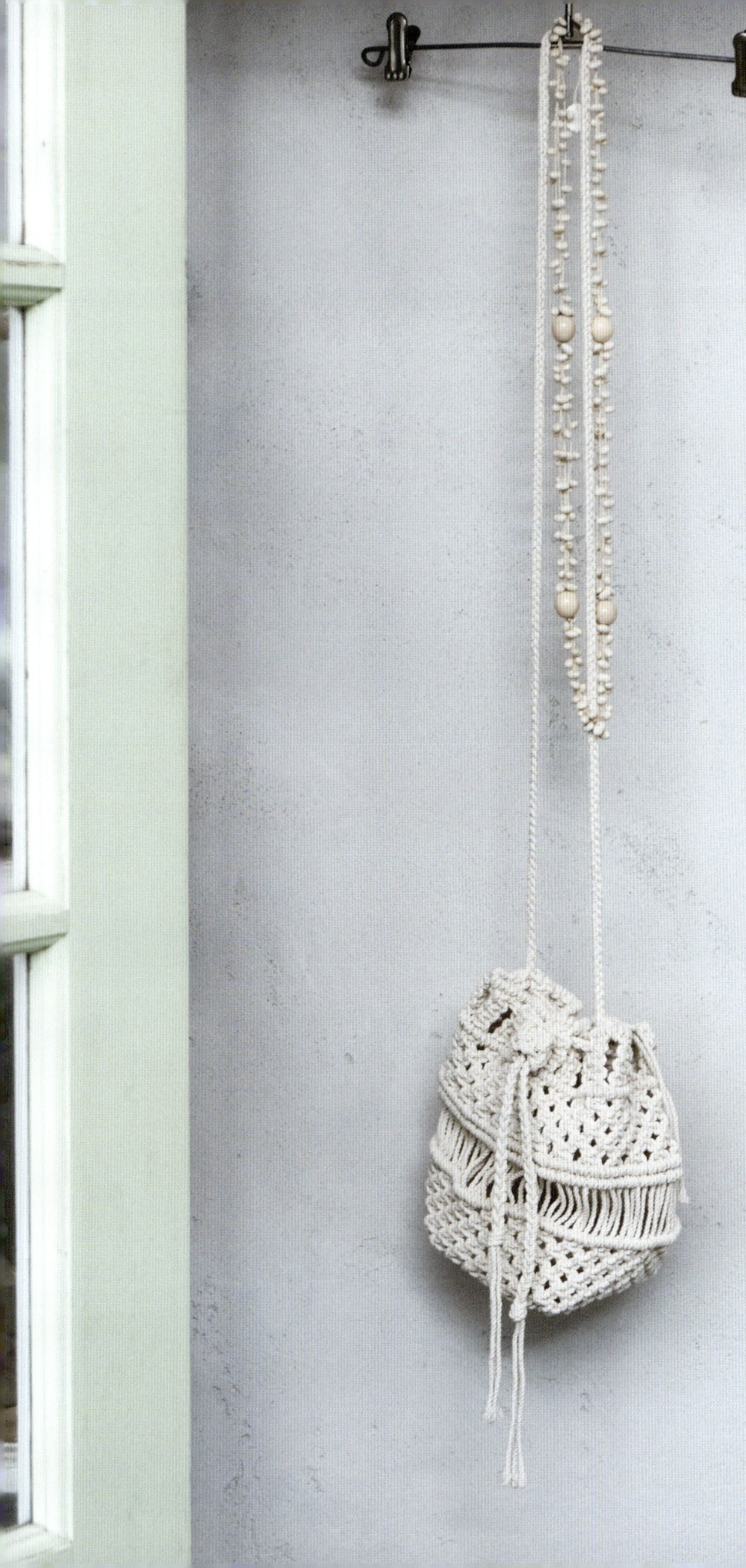

03

Crossbody-Tasche mit Kordelzug

Anleitung ▹ **Seite 80**

Dieser praktische Beutel wird mit Kreuzknoten, einem Netzmuster und Rippenknoten ganz aus Makrameegarn angefertigt. Daher ist er schön leicht und mit dem langen Trageriemen ideal für Besorgungen oder für die Reise.

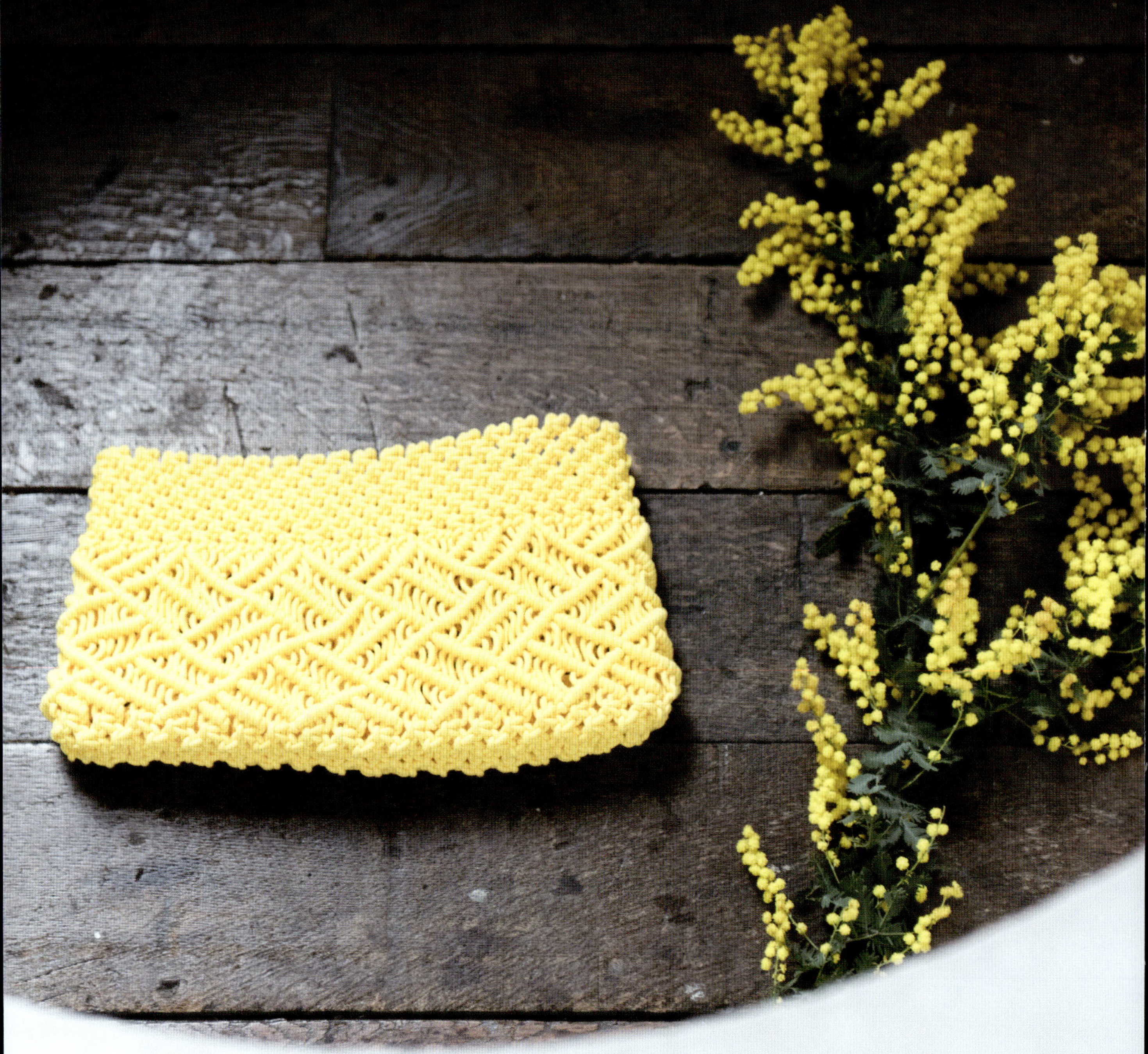

04

Clutch mit diagonalen Rippenknoten

Anleitung ▷ **Seite 83**

Durch die Kombination aus Netzmuster und diagonalen Rippenknoten entsteht diese interessante Struktur – ein Hingucker, auch einfarbig. Probier' mal eine leuchtende Farbe wie dieses Gelb aus!

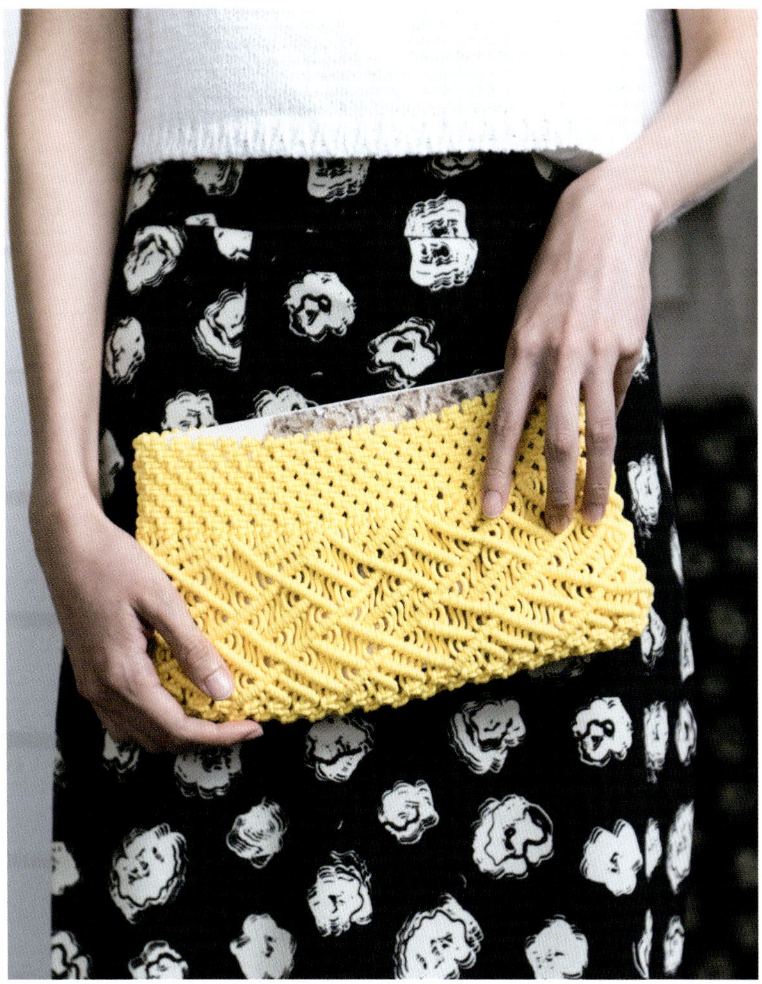

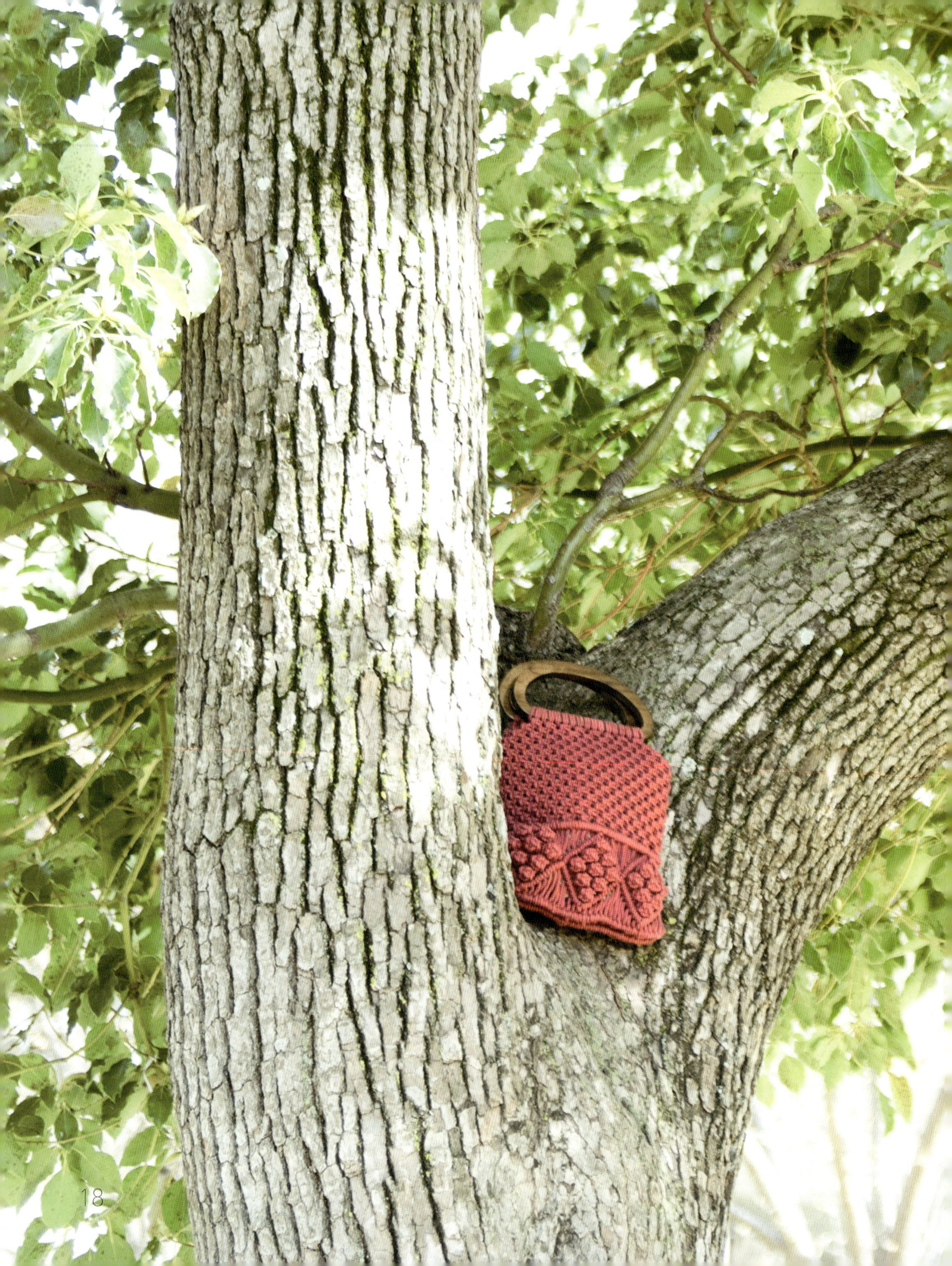

05

Popcorn-Tasche

Anleitung ▹ **Seite 86**

Dunkle Holzgriffe und die warme Farbe verleihen dieser Tasche einen Vintage-Touch. Durch neun aufeinanderfolgende Beerenknoten entsteht das plastische Noppenmuster, das aussieht wie Popcorn.

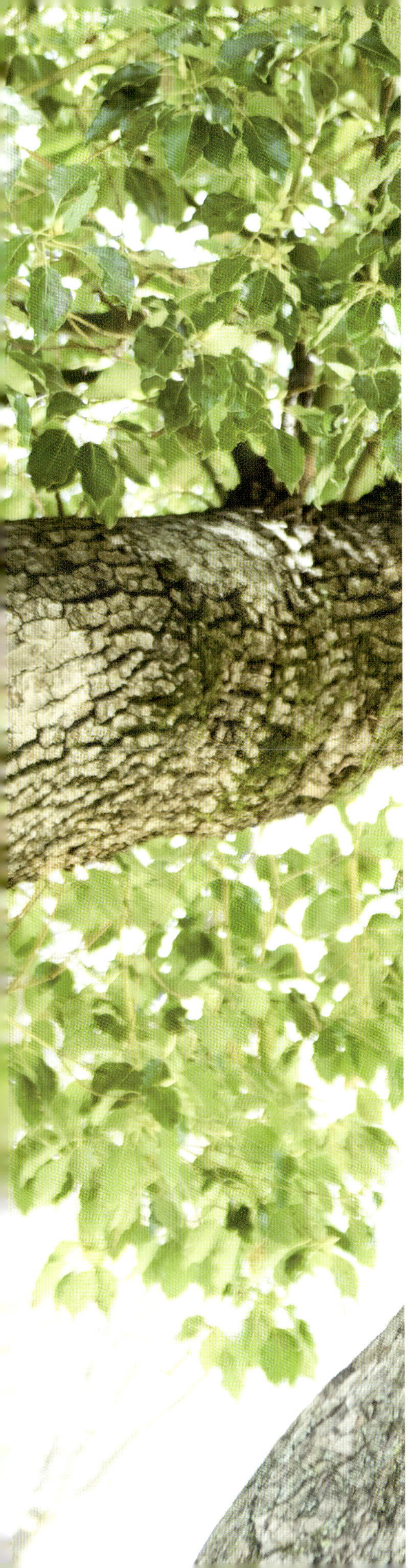

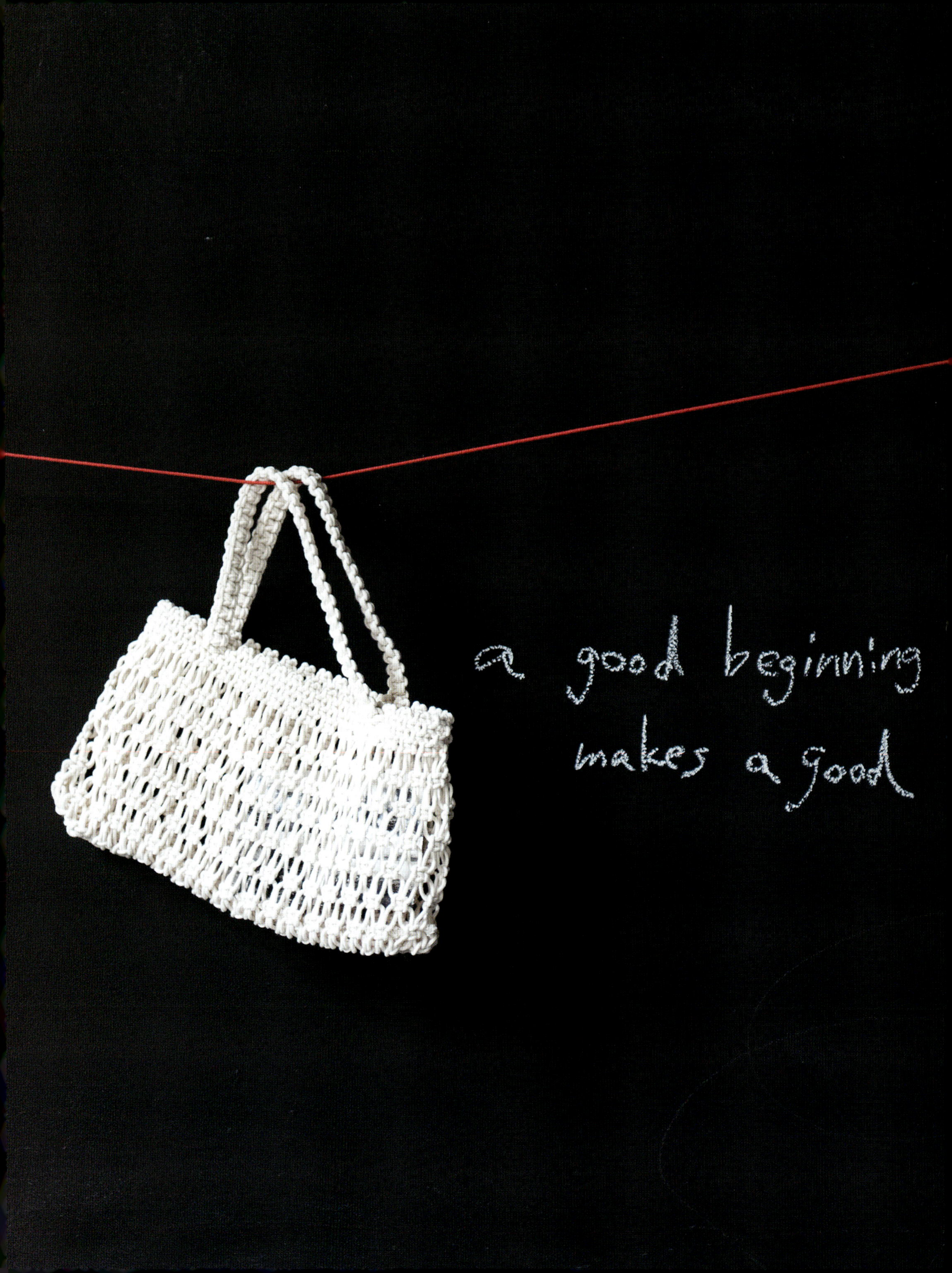
a good beginning
makes a good

Das Netzmuster sieht komplizierter aus, als es ist, denn es besteht nur aus versetzten Kreuz- oder Spiralknoten. Die Taschen 6 bis 9 haben alle ein Netzmuster, aber Art des Garns und die Abstände sind verschieden. So entstehen ganz verschiedene Taschenstile.

06

Tasche mit Netzmuster

Anleitung ▹ **Seite 88**

Durch weitere Abstände zwischen den Knoten wird die Tasche dehnbar. Diese Tasche hat einen Boden und ist dadurch geräumiger, als sie aussieht.

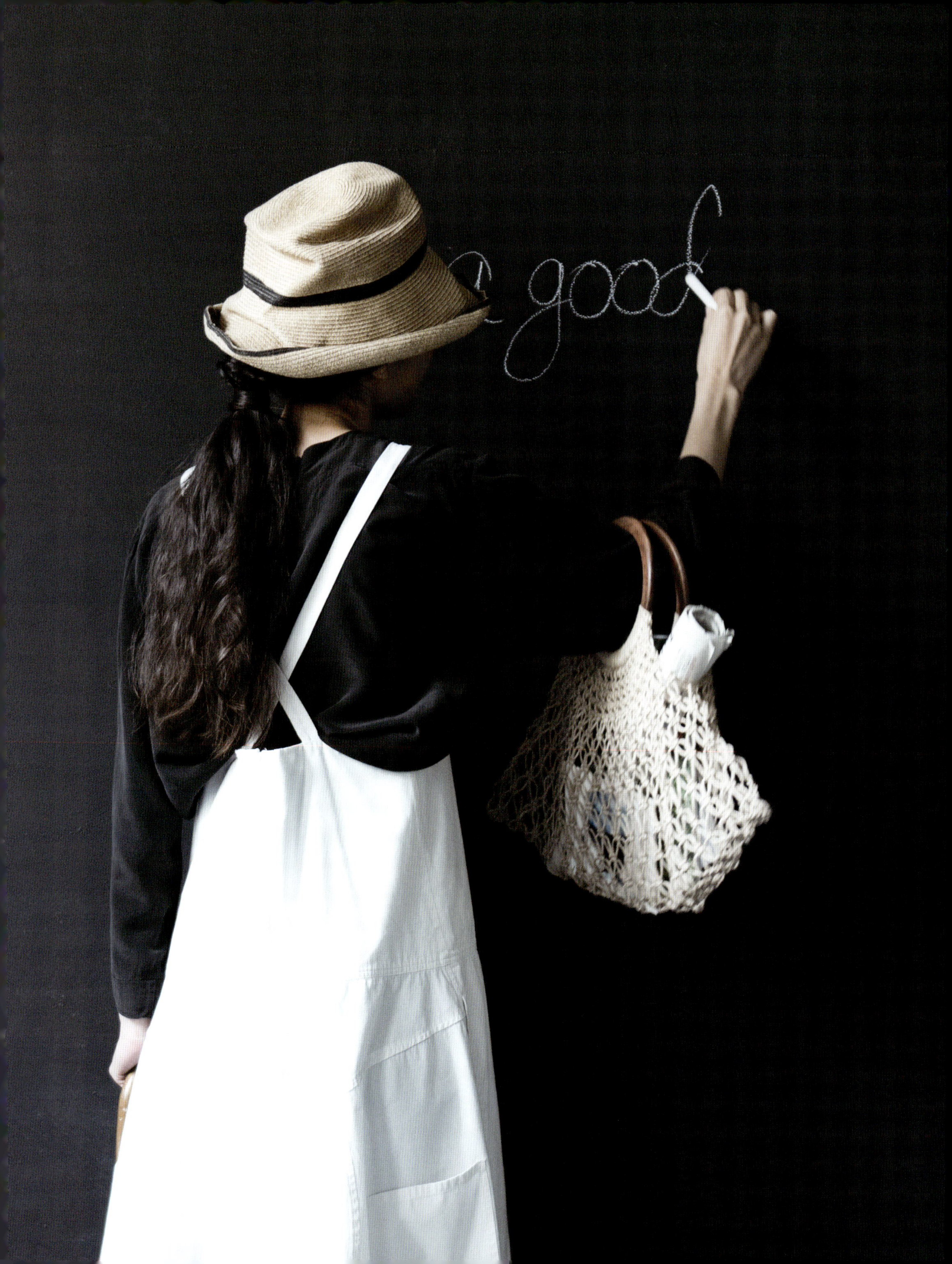
good

07

Netztasche mit Holzgriffen

Anleitung ▷ **Seite 92**

Diese Tasche im Vintage-Look wird aus Jute geknüpft und hat Holzgriffe, die mit der Zeit Patina ansetzen. In lebhafteren Farbe wie Grün oder Gelb erhält die Tasche noch mal einen ganz anderen Look.

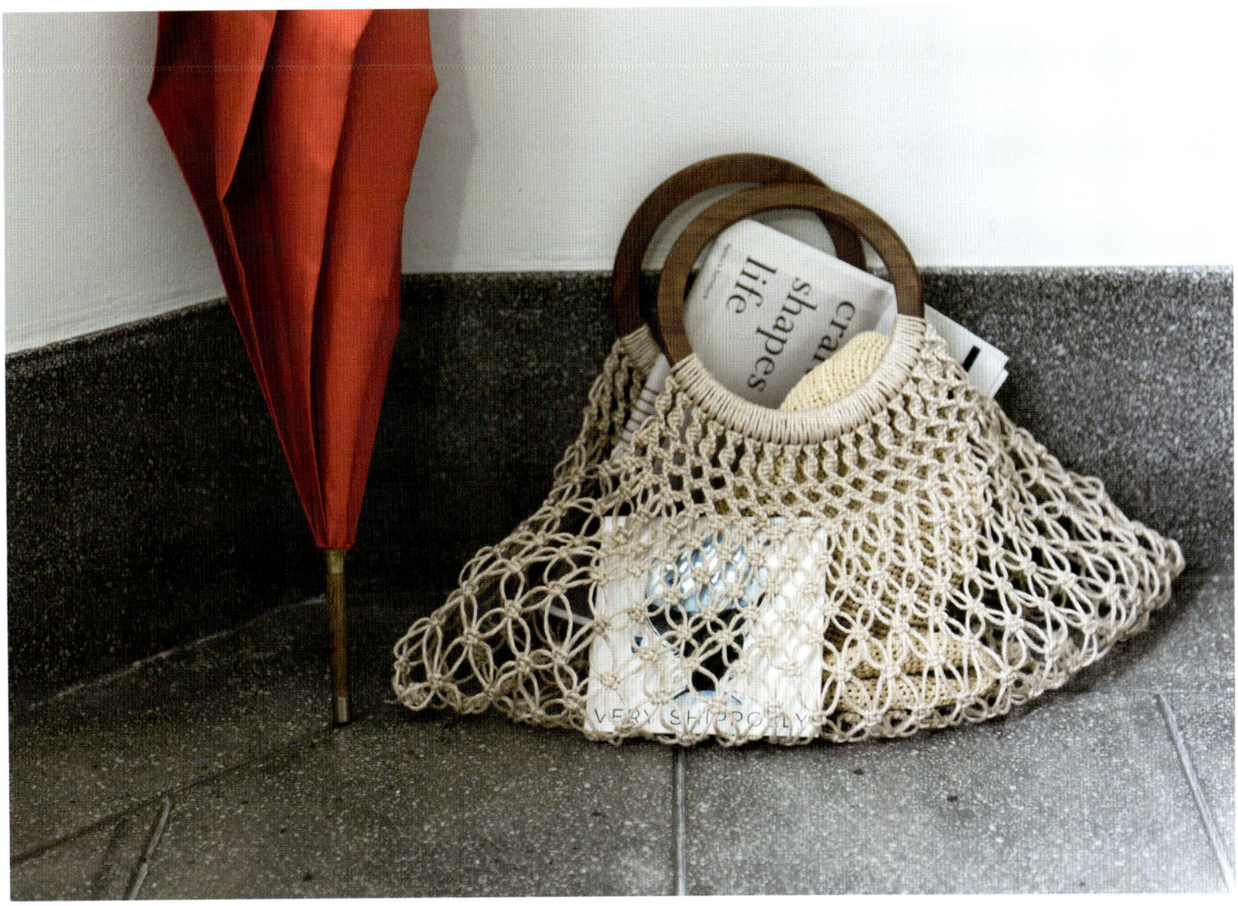

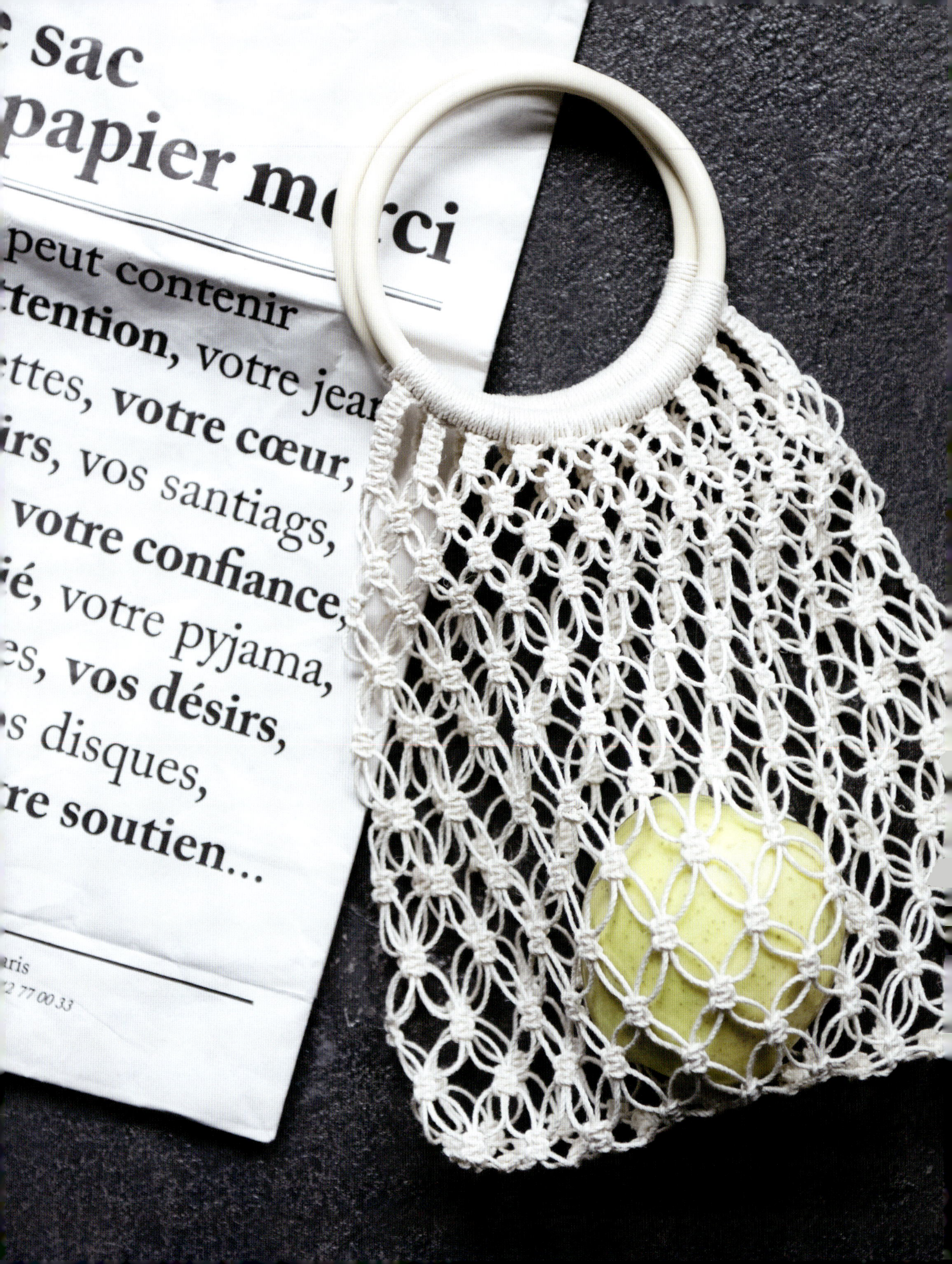
sac
papier
peut contenir
votre
votre cœur,
vos santiags,
votre confiance,
votre pyjama,
vos désirs,
disques,
soutien...

08

Luftige Netztasche

Anleitung ▸ **Seite 94**

Reihen doppelter Kreuzknoten schaffen das luftige Netzmuster dieser kleinen Handtasche. Sie hat die perfekte Größe für ein Portemonnaie oder ein Taschenbuch und ist ideal für Makramee-Anfänger*innen.

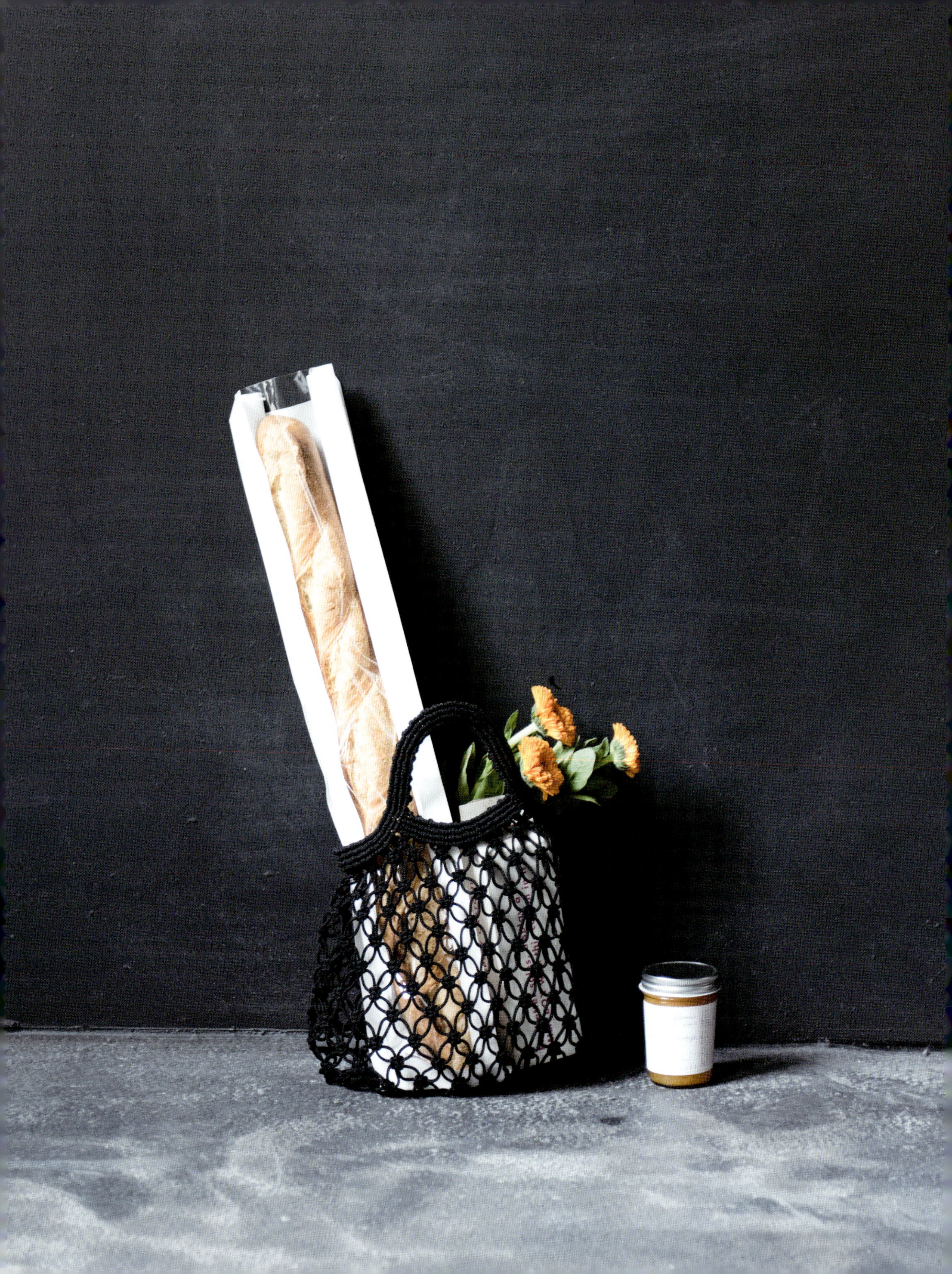

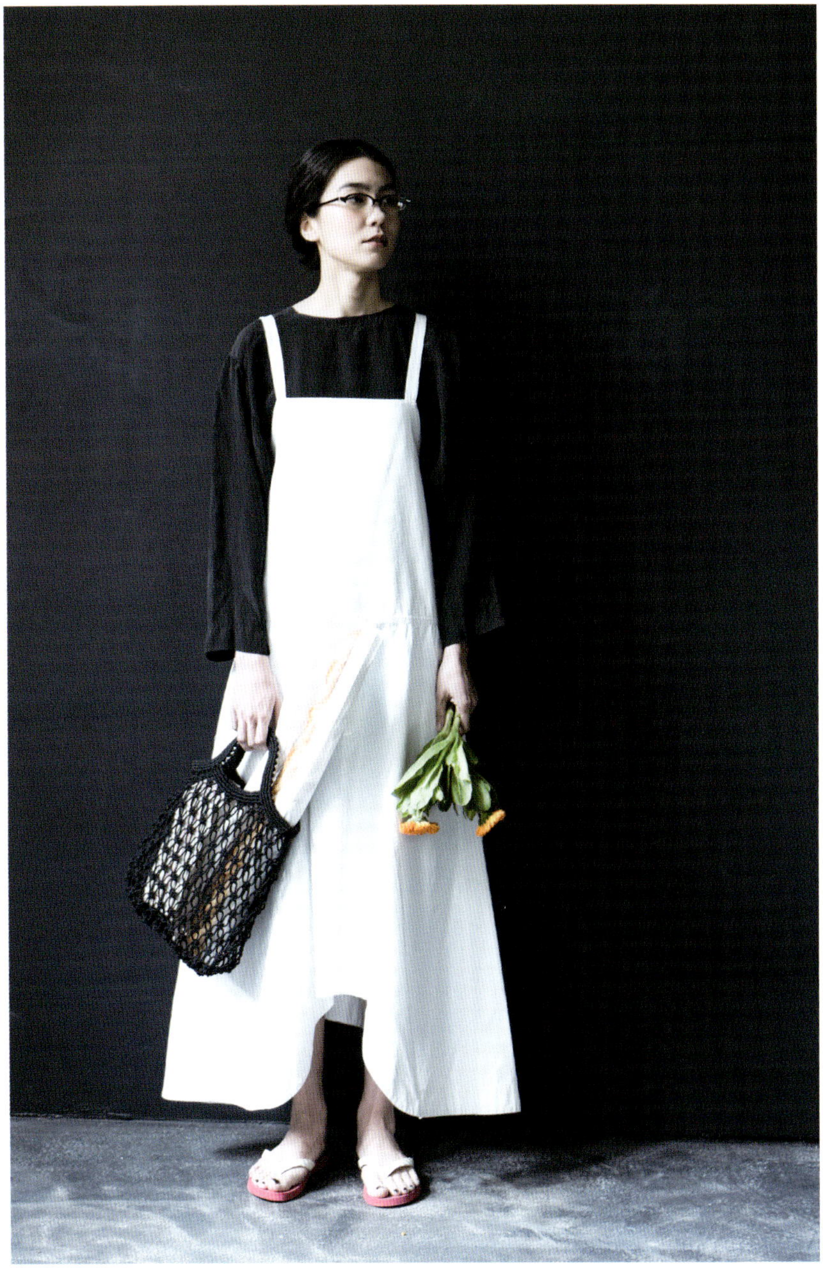

09

Nylon-Einkaufstasche

Anleitung ▹ **Seite 96**

Noch ein Netzmuster aus Kreuzknoten, das hübsch und gar nicht schwer zu knüpfen ist. Durch Veränderung der Abstände zwischen den Knoten und durch Verwendung eines anderen Garns entsteht ein immer neuer Stil. Diese strapazierfähige Einkaufstasche besteht aus leichtem Nylongarn und ist perfekt zum Verstauen der Einkäufe vom Markt.

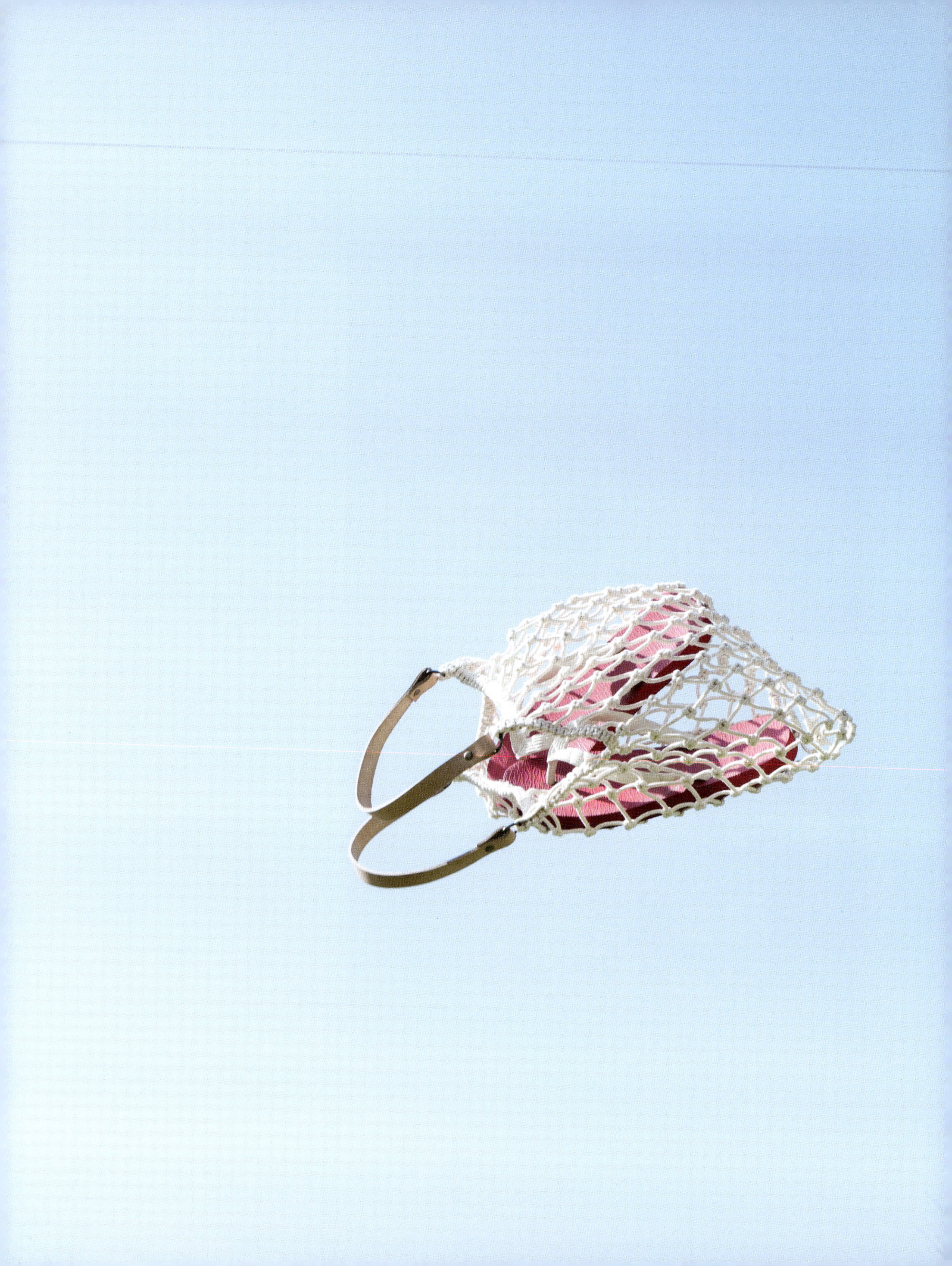

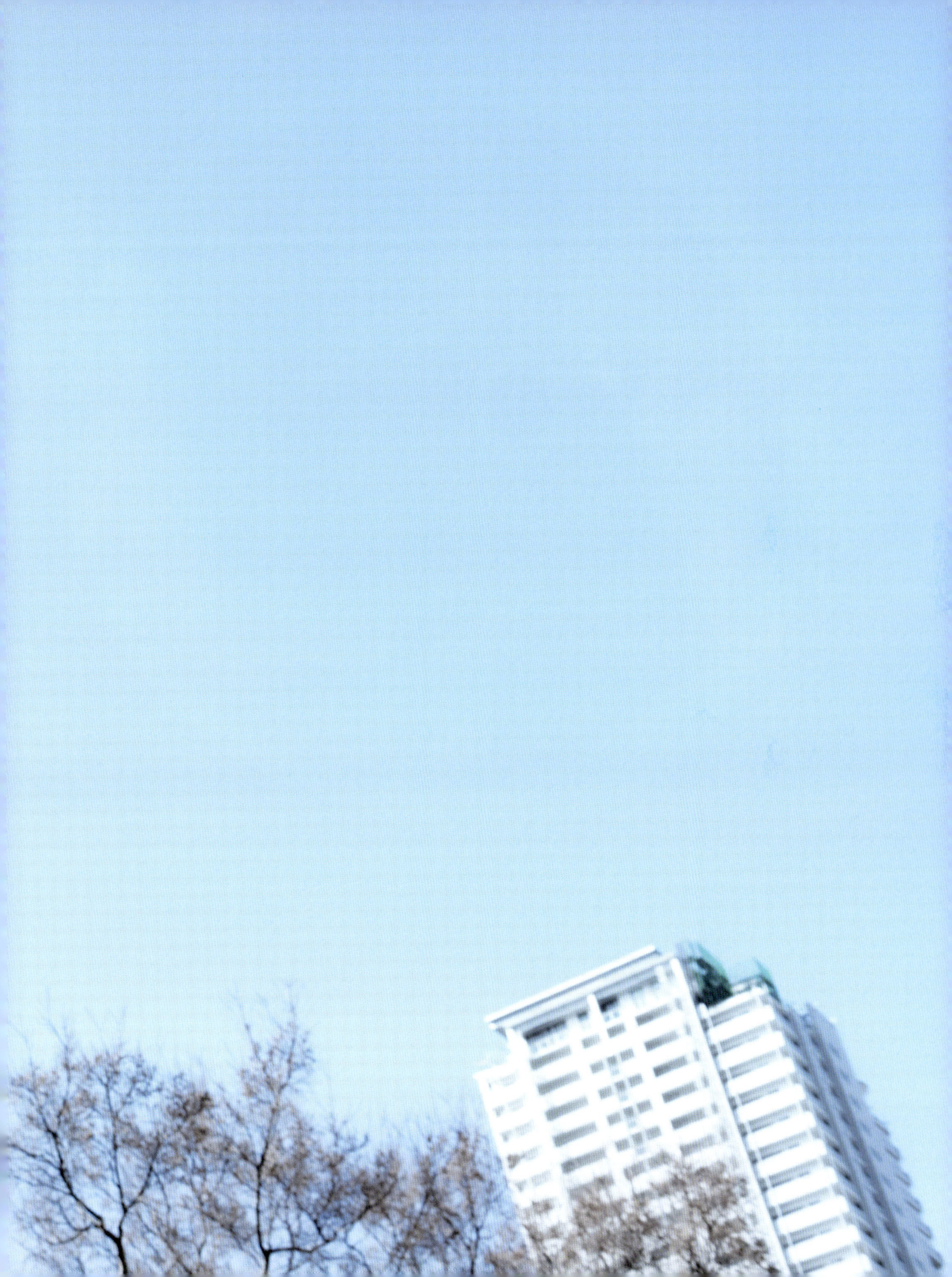

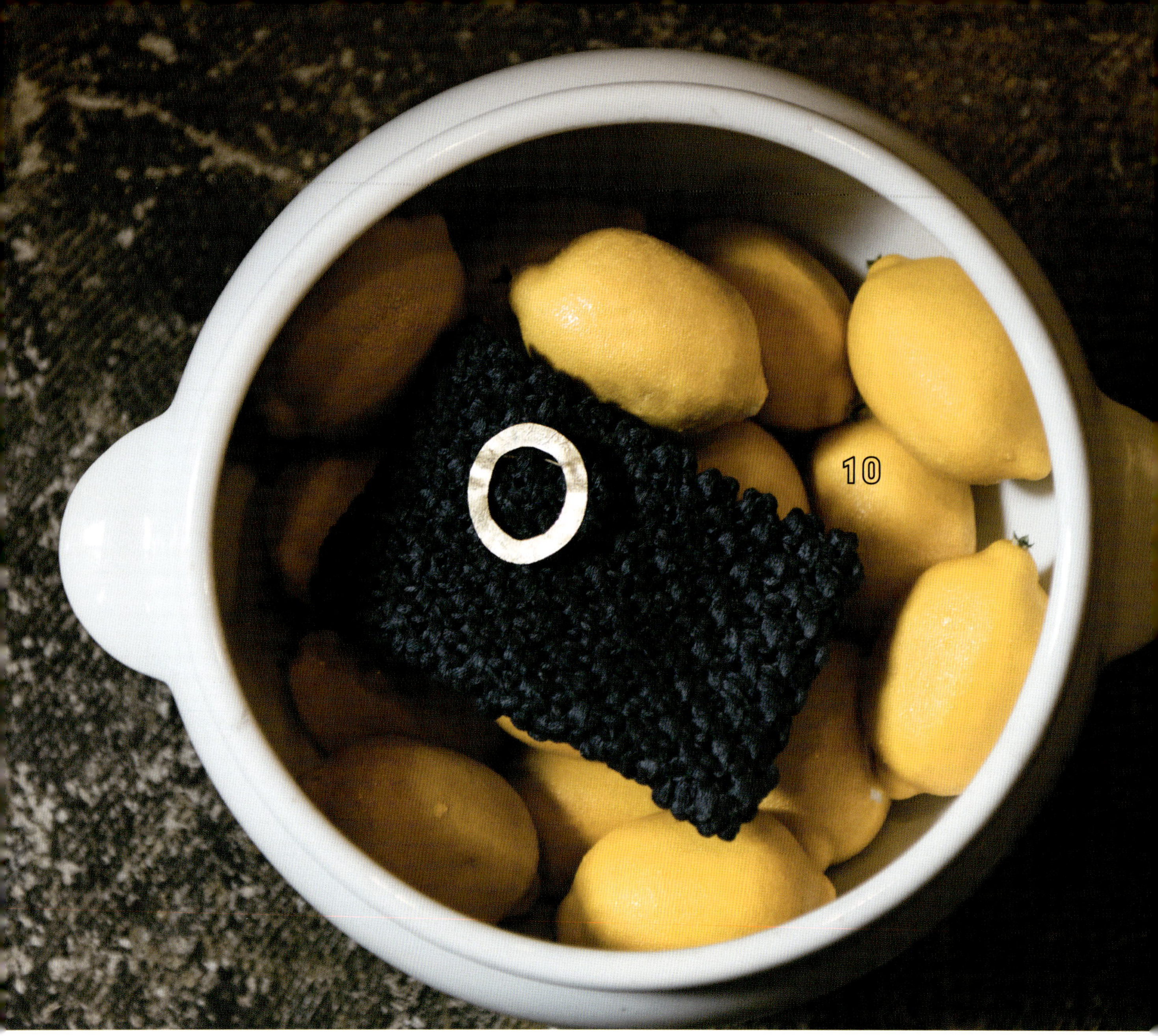
10

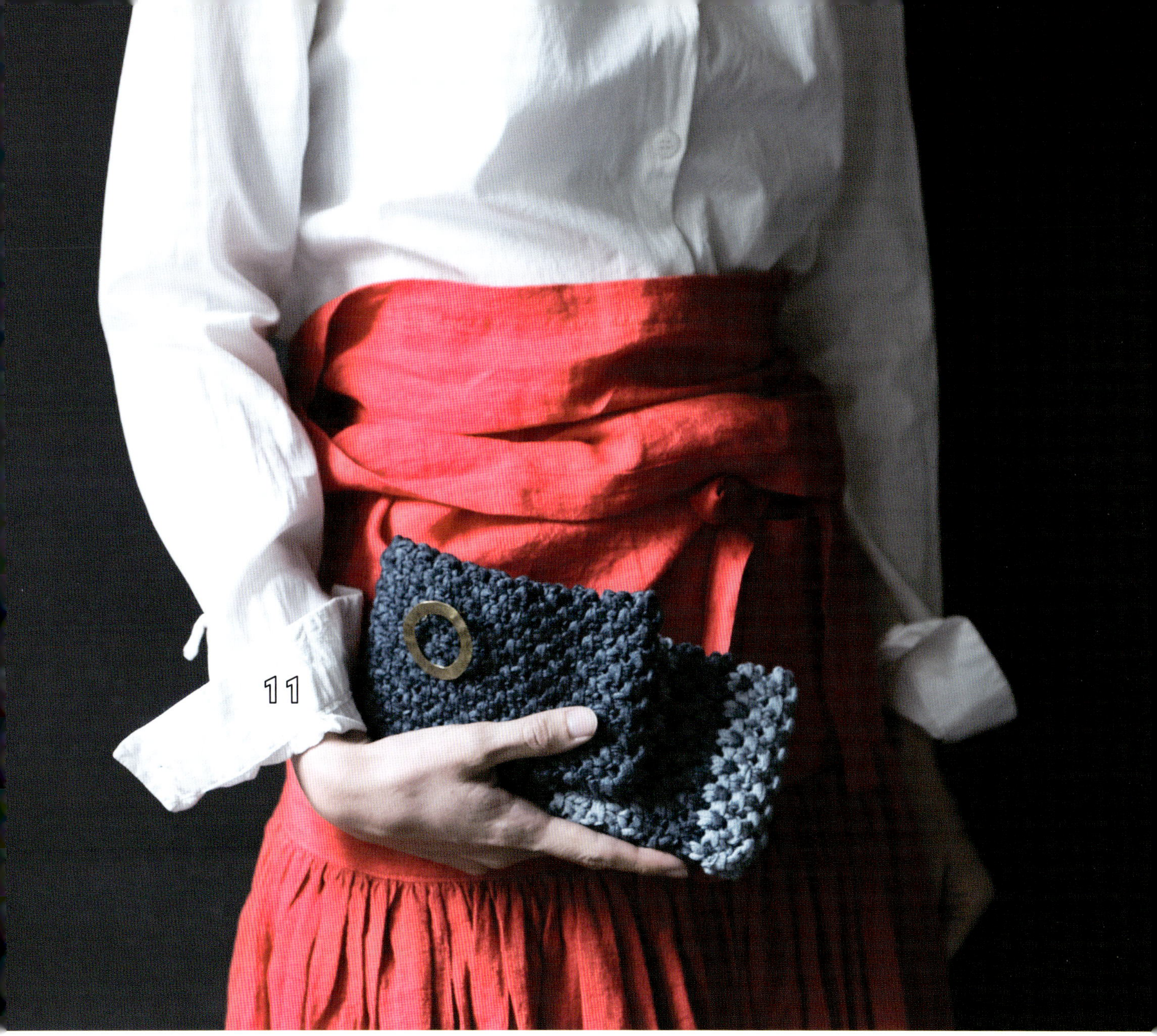

10 · 11

Kleine Täschchen – uni & gestreift

Anleitung ▷ **Seiten 98 und 100**

Ein glattes handgefärbtes Garn in zarten Farben verleiht diesen Täschchen eine künstlerische Note. Die Größe ist perfekt für kleine Kosmetikartikel oder Kreditkarten.

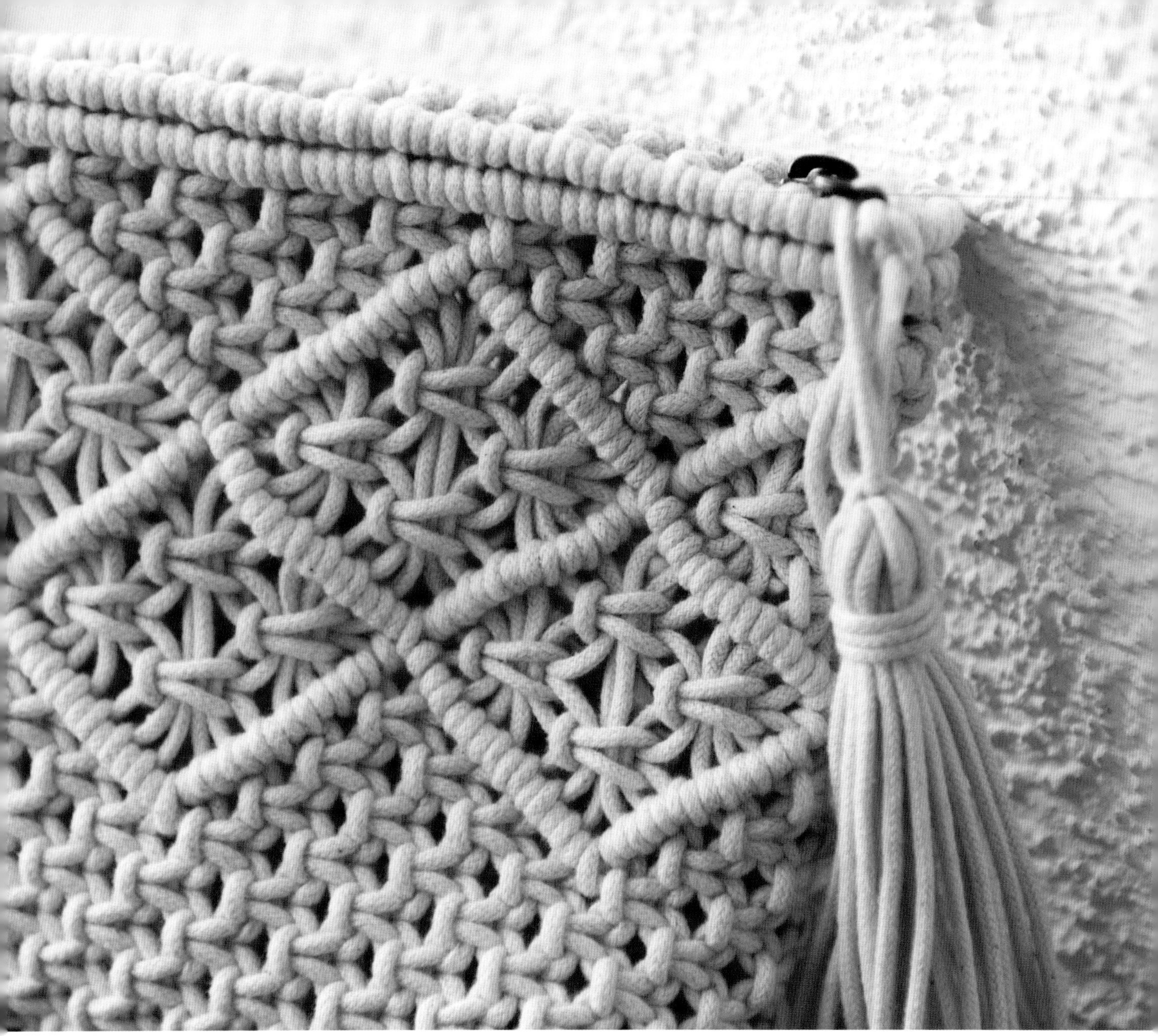

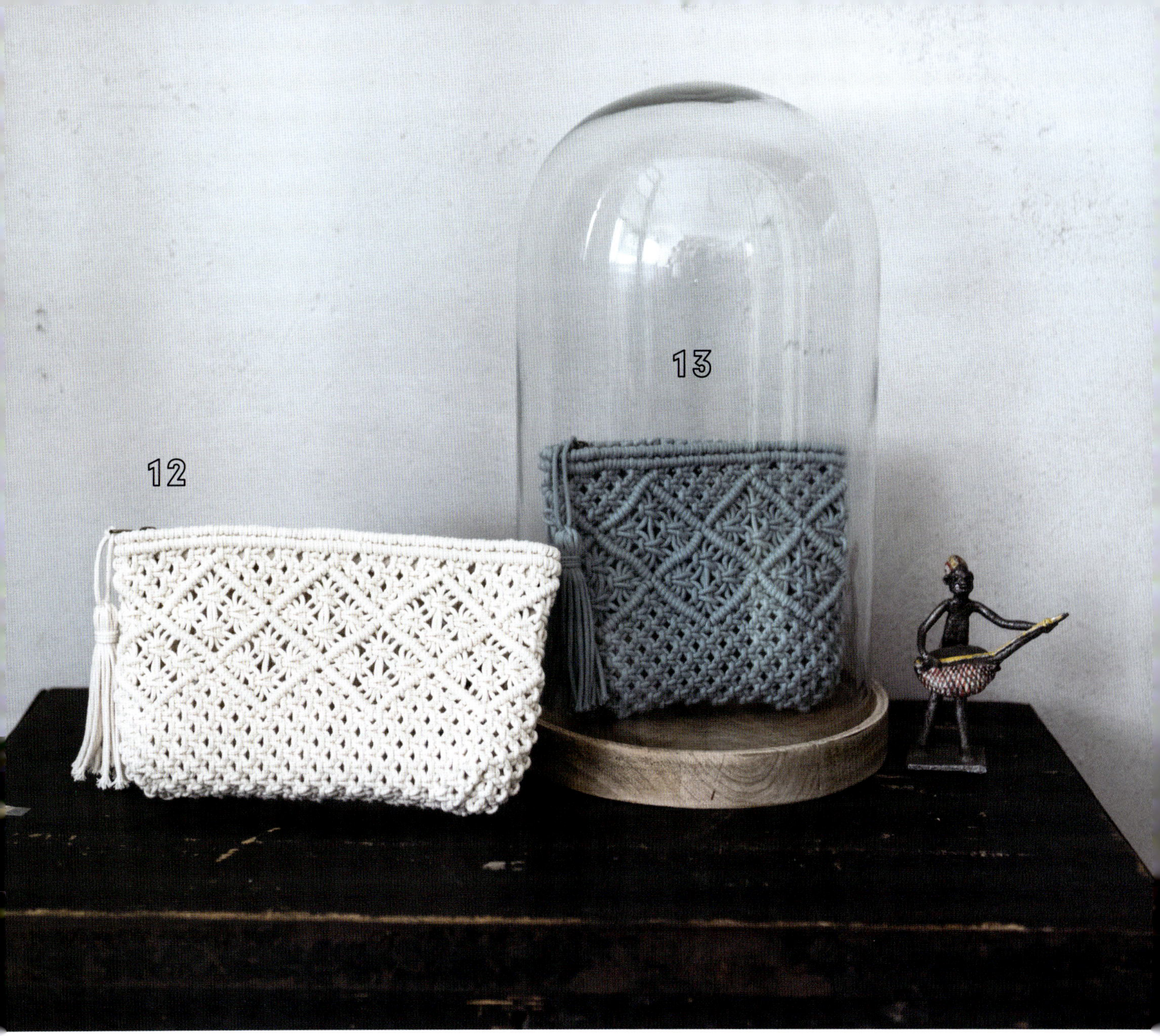

12 · 13

Clutches mit Quaste

Anleitung ▷ **Seiten 102 und 105**

Diese schönen und nützlichen Reißverschlusstäschchen fallen auf durch ein dekoratives Rautenmotiv, bestehend aus Rippenknoten vor dem Hintergrund von einfachen Kreuzknoten. Die Quaste ist ein besonders originelles Detail.

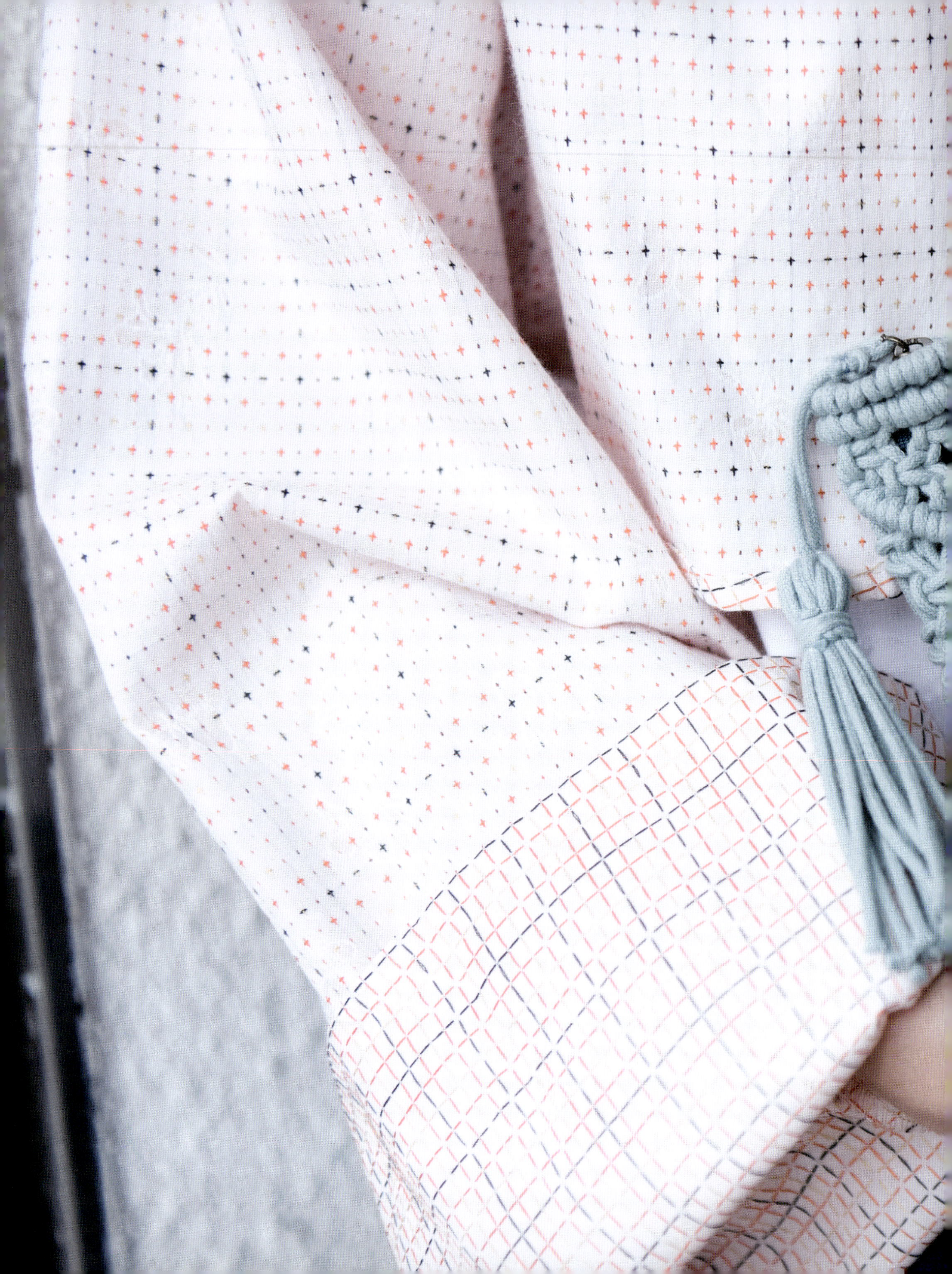

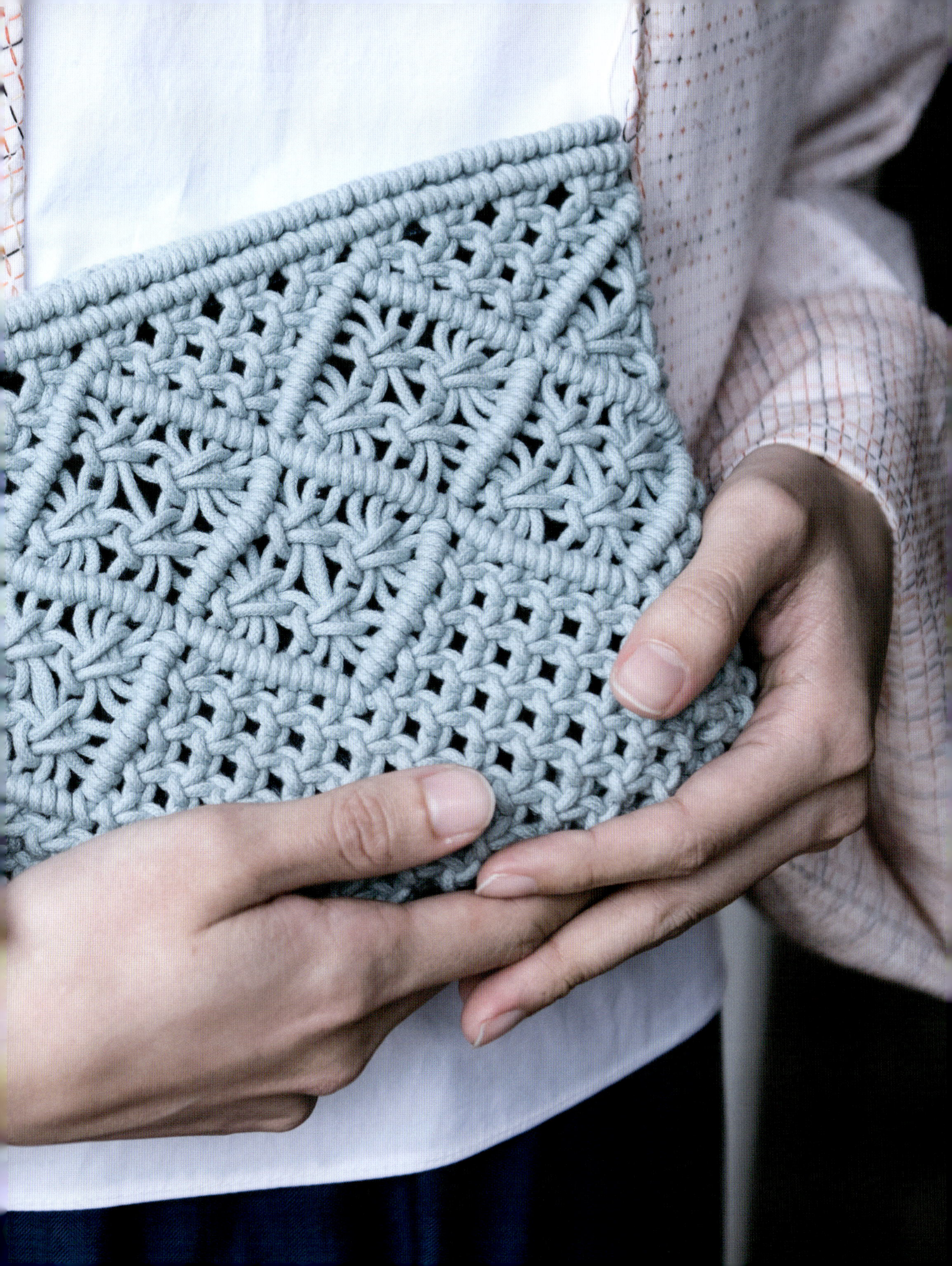

Die Modelle 14 bis 17 sind besonders vielseitig: Sie können als Gürtel oder als Taschenriemen verwendet werden. Toll zum Aufpeppen der Sommergarderobe im Boho-Chic!

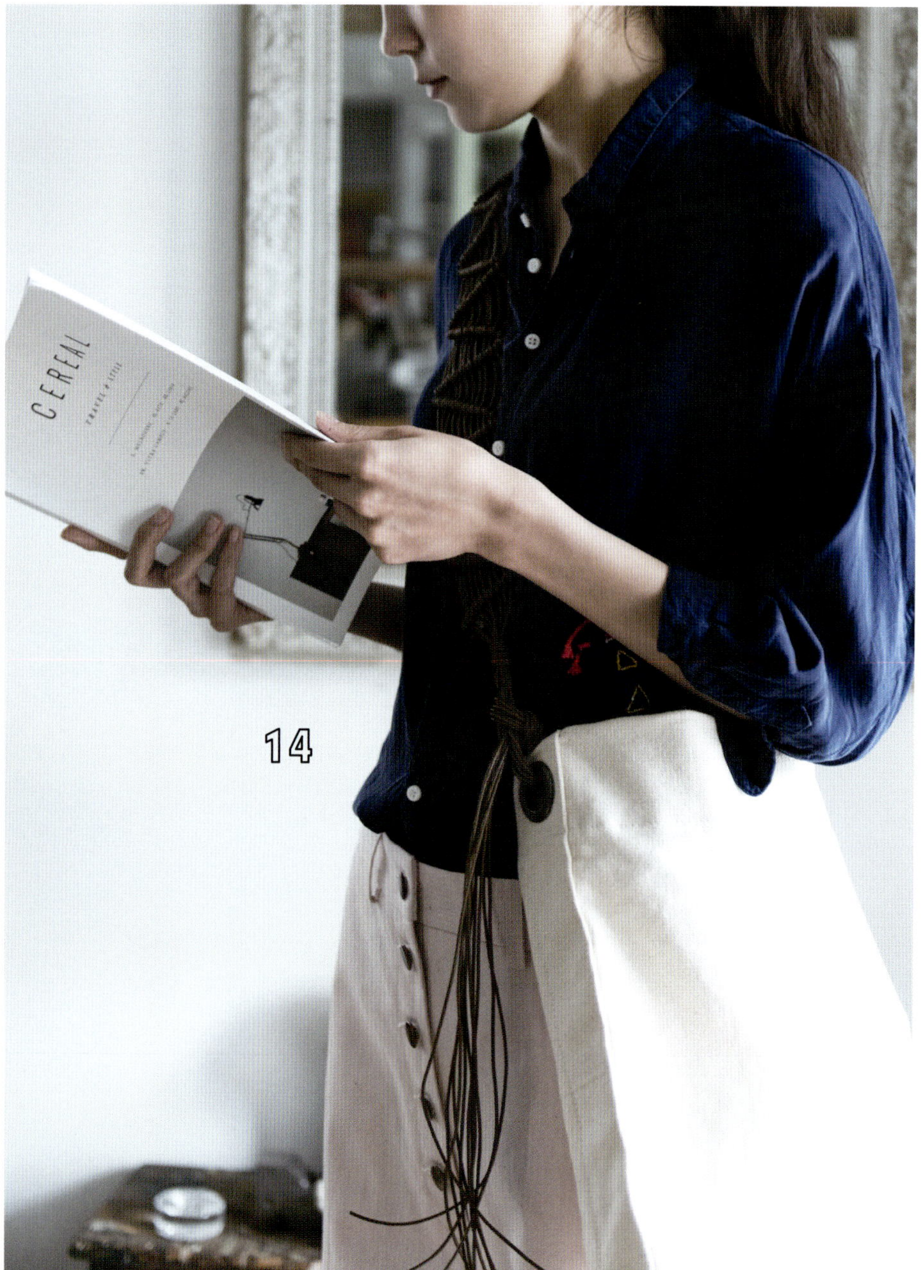

14

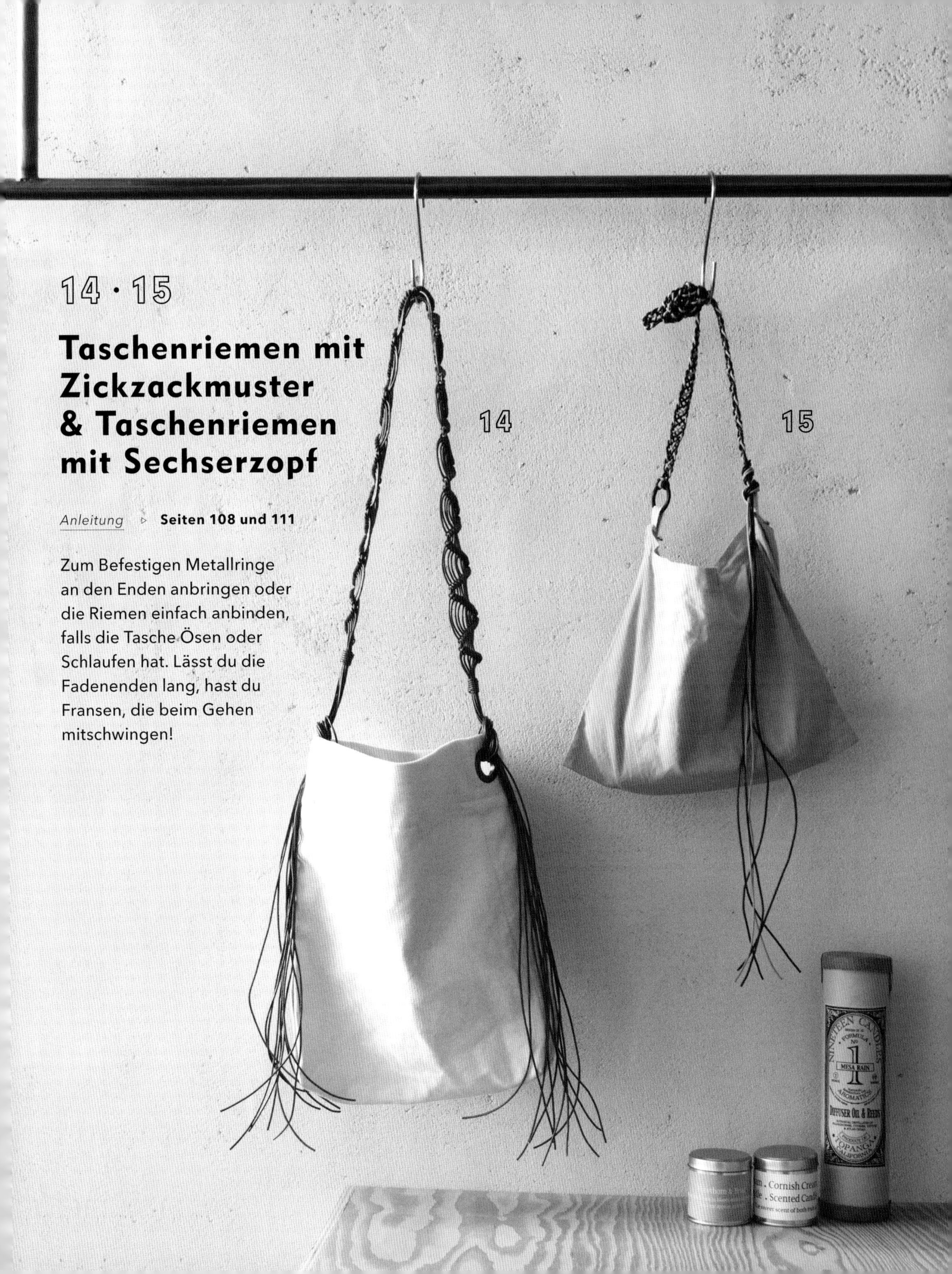

14 · 15

Taschenriemen mit Zickzackmuster & Taschenriemen mit Sechserzopf

Anleitung ▹ **Seiten 108 und 111**

Zum Befestigen Metallringe an den Enden anbringen oder die Riemen einfach anbinden, falls die Tasche Ösen oder Schlaufen hat. Lässt du die Fadenenden lang, hast du Fransen, die beim Gehen mitschwingen!

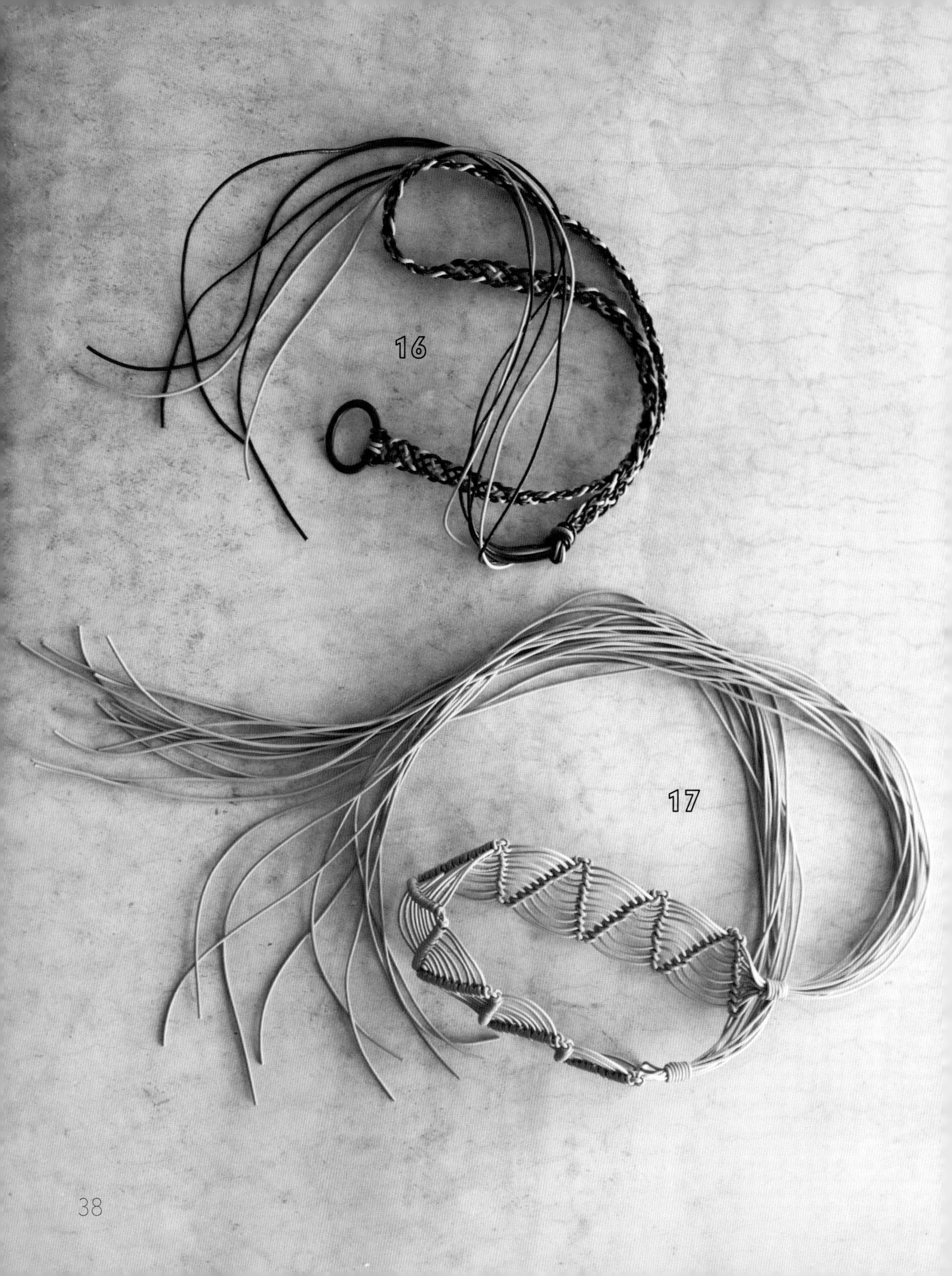
16
17

16 · 17

Gürtel mit Sechserzopf & Gürtel mit Zickzackmuster

Anleitung ▹ **Seiten 108 und 111**

Der breitere Gürtel auf Seite 38 hat ein markantes Zickzackmuster aus Knoten und durchbrochenen Partien - der perfekte Boho-Look! Der schmalere Flechtstrang-Gürtel im Bild unten wirkt dagegen edler.

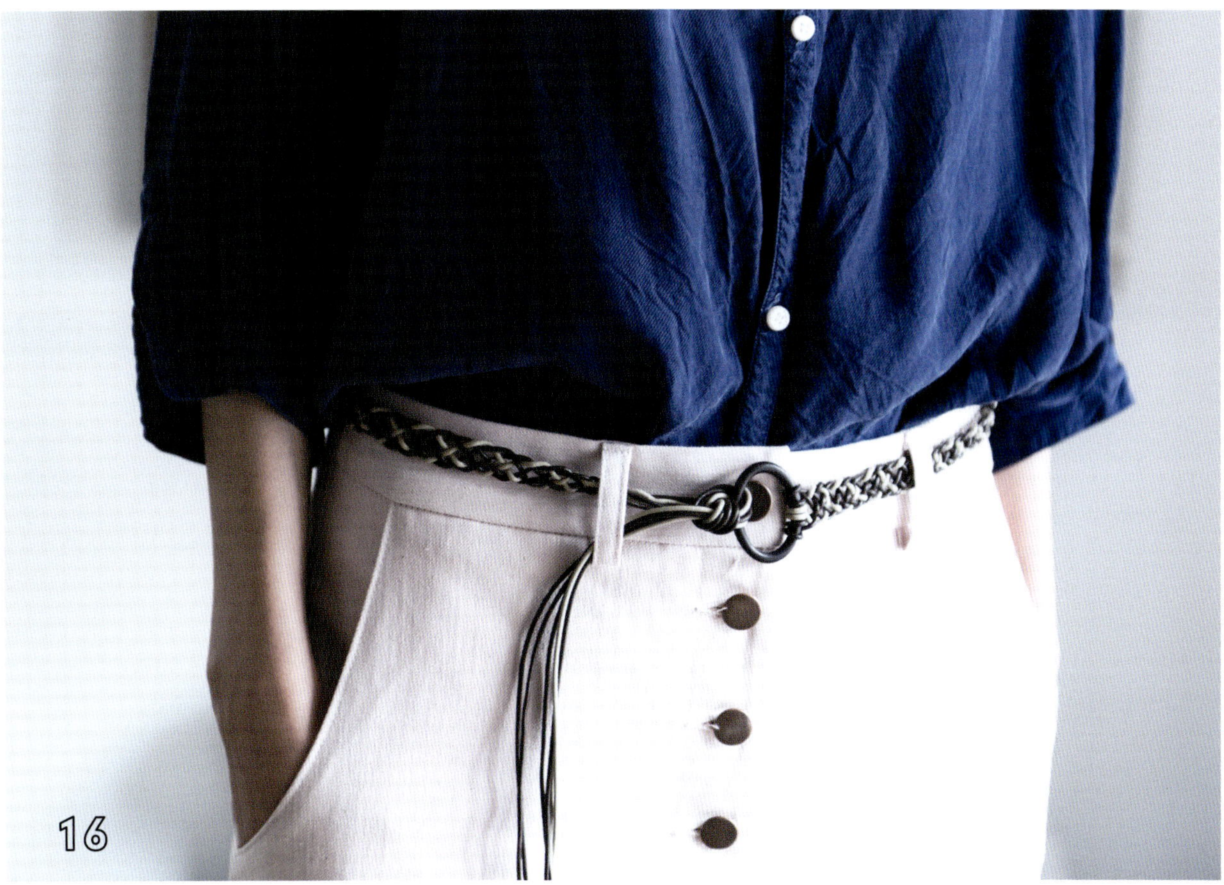

16

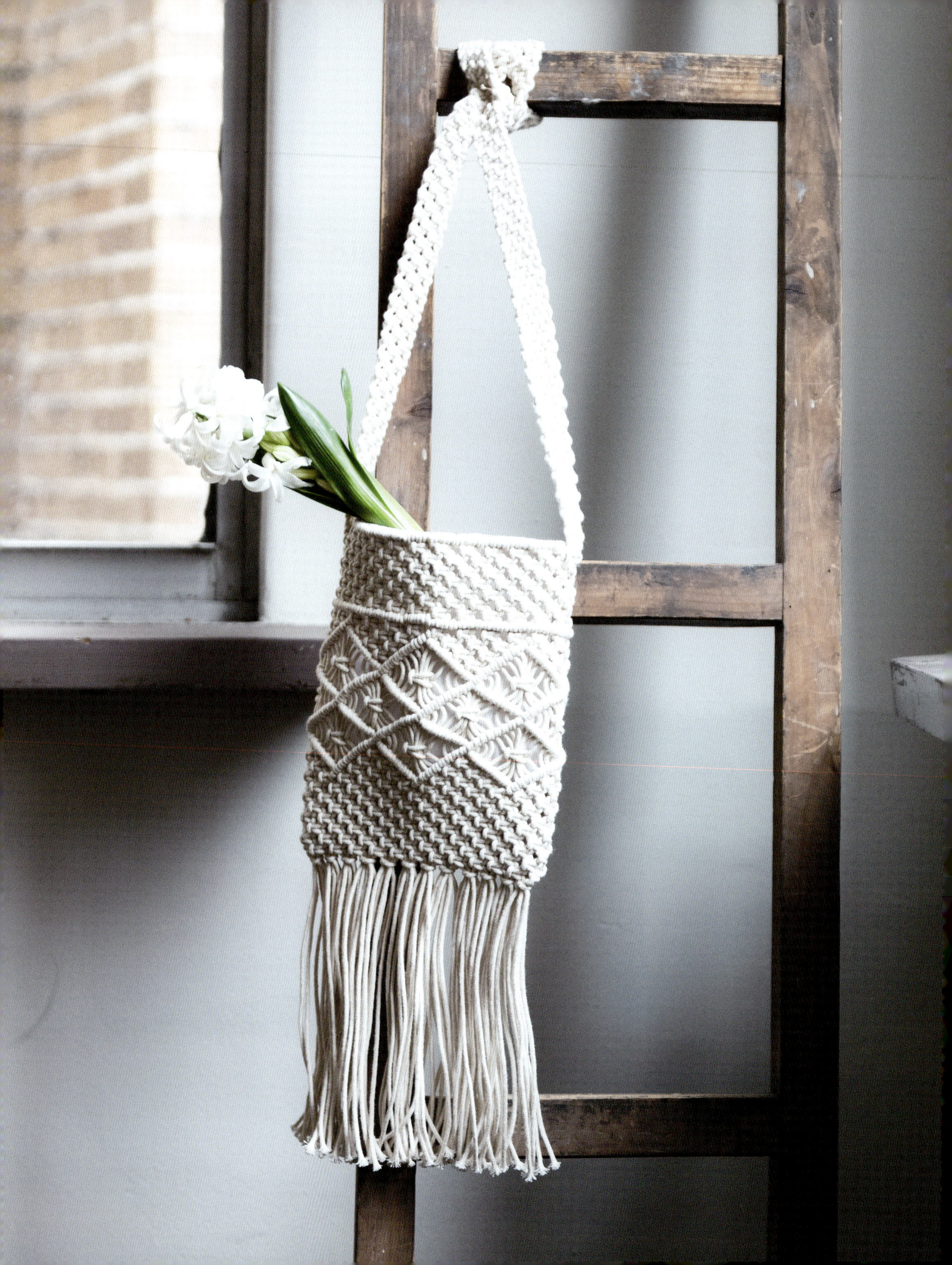

18

Schultertasche mit Fransen

Anleitung ▹ **Seite 113**

Diese Schultertasche hat wunderschöne Rautenmotive und lange, elegante Fransen. Mit einem längeren Riemen wird das Modell zur Crossbody-Tasche.

19 · 20

Flache Taschen aus Nylon & Jute

Anleitung ▹ **Seite 117**

Für diese eleganten Clutch-Taschen werden nur drei einfache Knoten verwendet – das Geheimnis besteht darin, die Knoten fest zu knüpfen, sodass die Taschen ihre Form behalten. Einfarbig wirken die Taschen besonders edel.

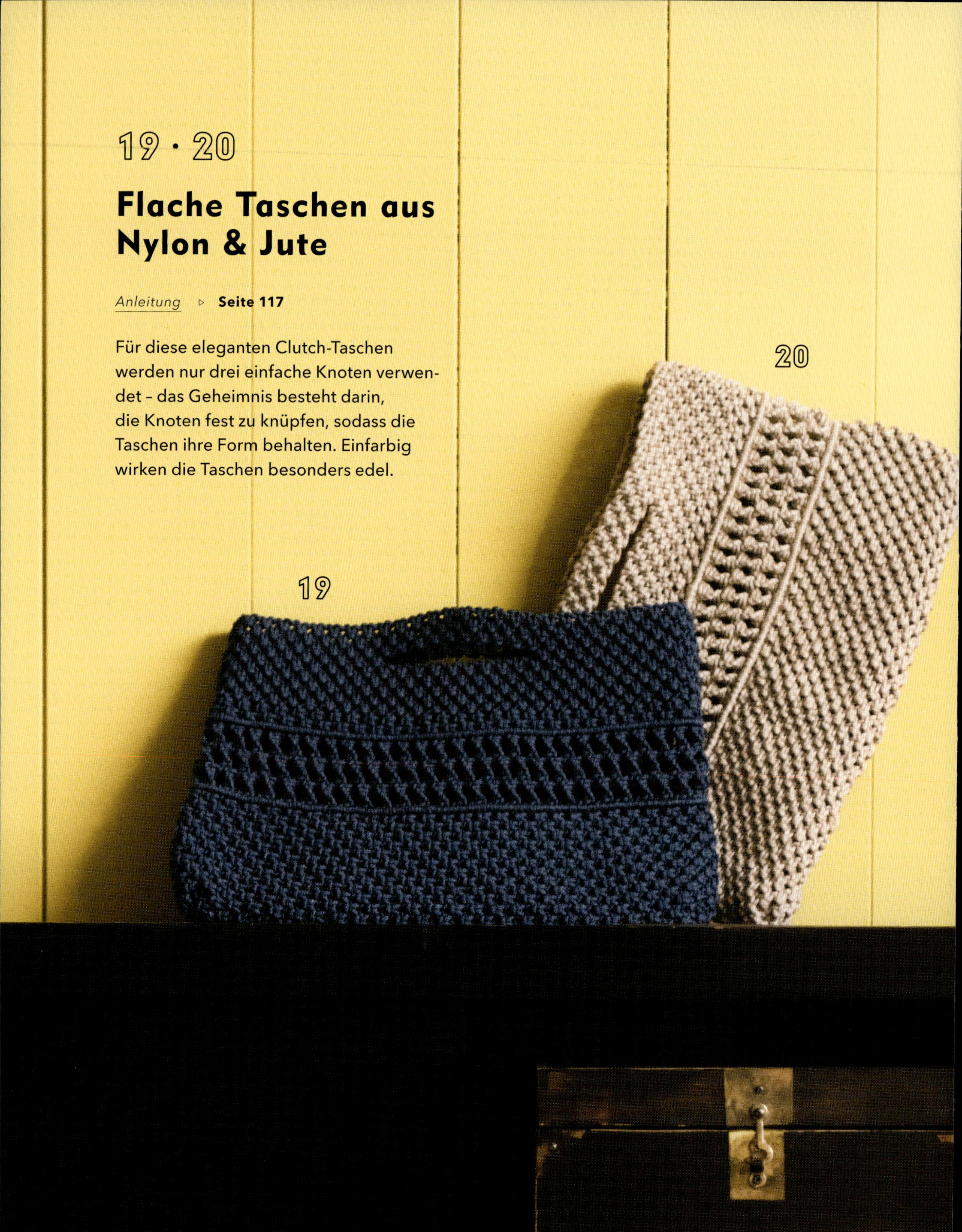

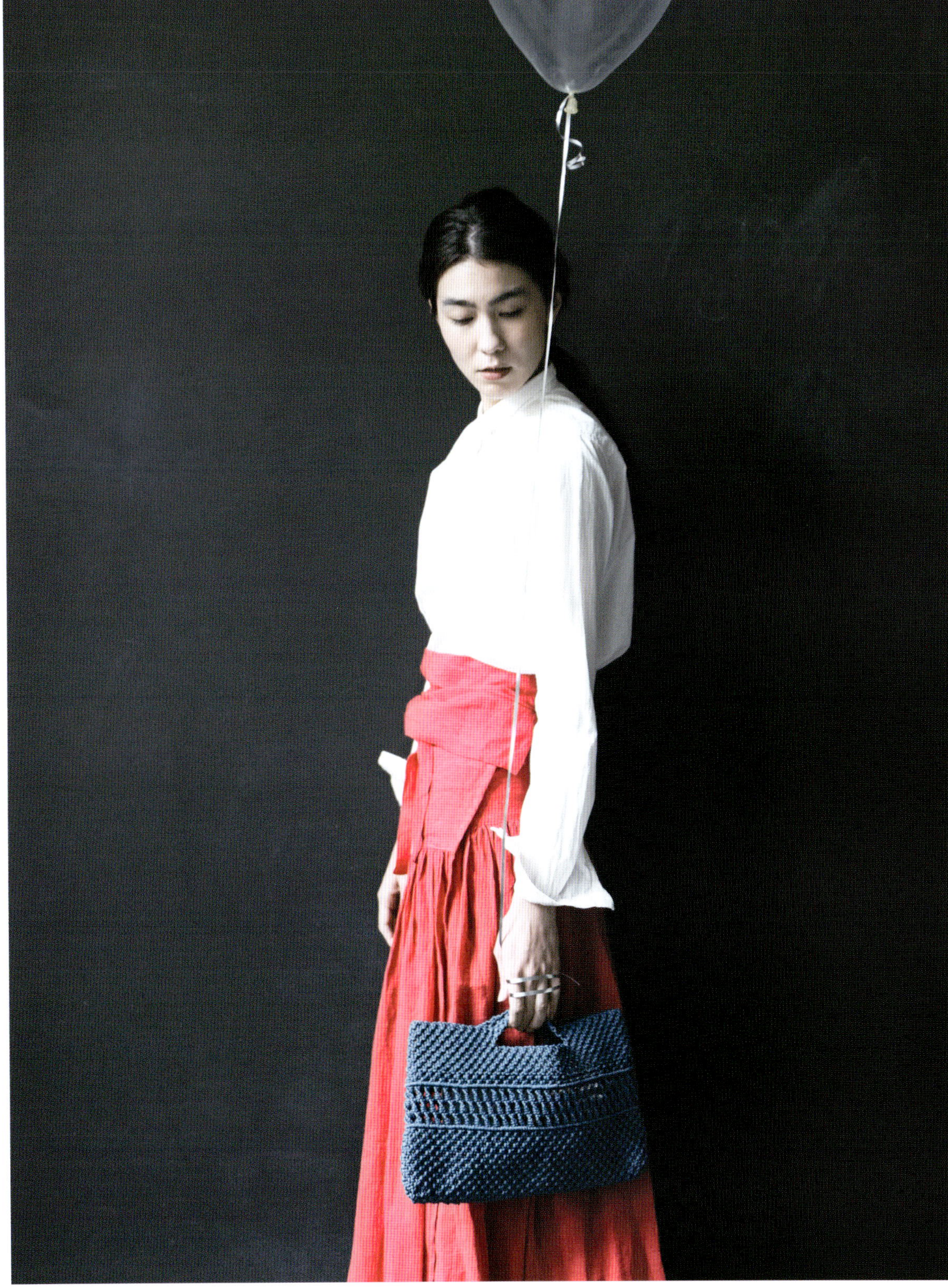

Eine Freundin von mir, die in Tokio den Second-Hand-Laden *Oz Vintage* besitzt, hat eine wunderschöne Makramee-Tasche aus den 1920er-Jahren geerbt (rechts im Bild gegenüber). Auch wenn die Farbe der Tasche mit der Zeit verblasst ist, hat sie ihren ganz eigenen Charme.
Wir haben das Muster nachgearbeitet, sodass Makramee-Fans auf der ganzen Welt ihr eigenes Erbstück erschaffen können.

21

Handtäschchen im Vintage-Stil

Anleitung ▹ **Seite 120**

Für das filigrane Muster dieser Tasche ist dünnes Baumwollgarn am besten geeignet. Durch die klassische Form passt sie gut zu einem schickeren Outfit, aber mit einem längeren Trageriemen wird sie zu einer lässigeren Schultertasche.

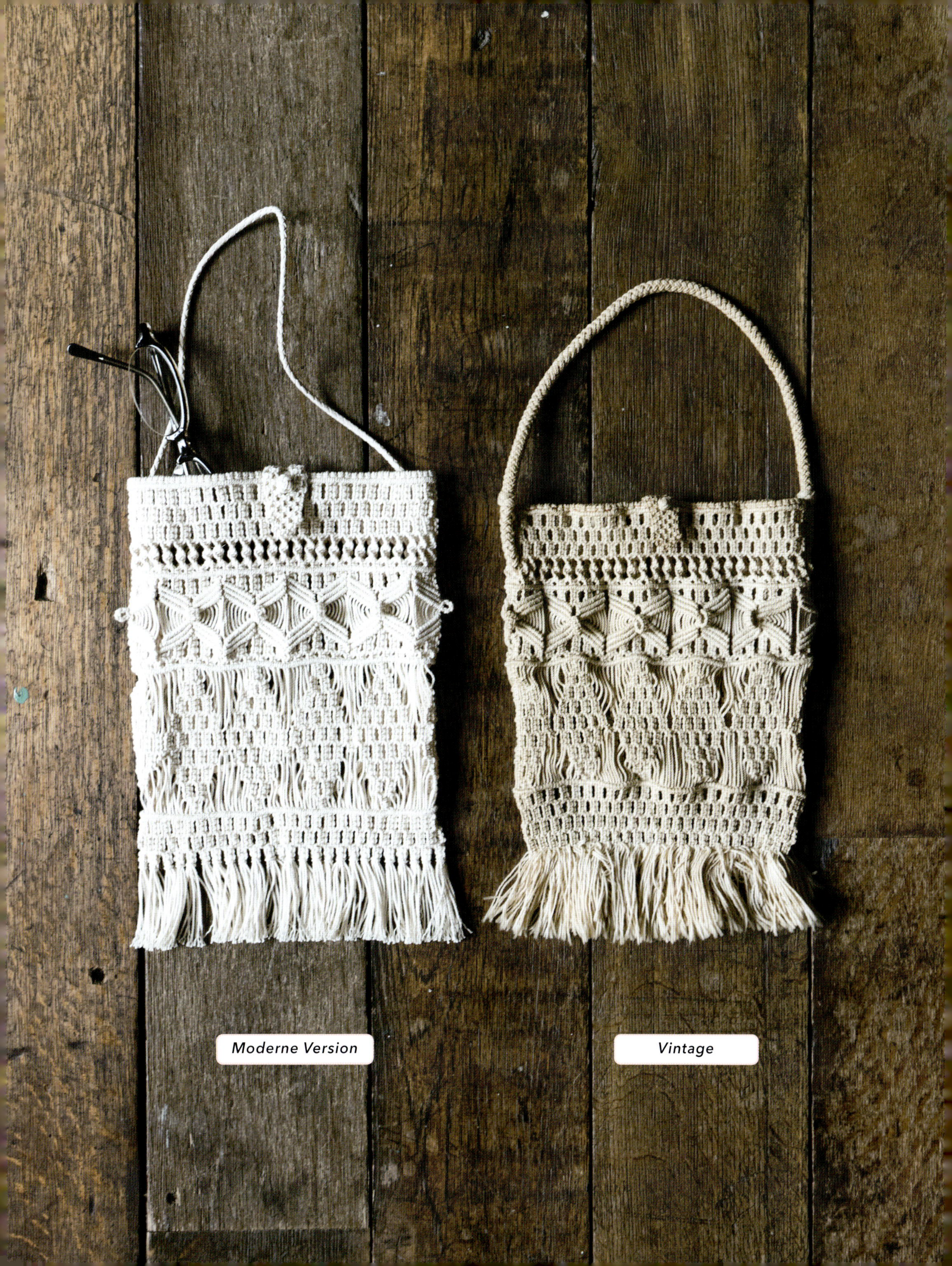
Moderne Version
Vintage

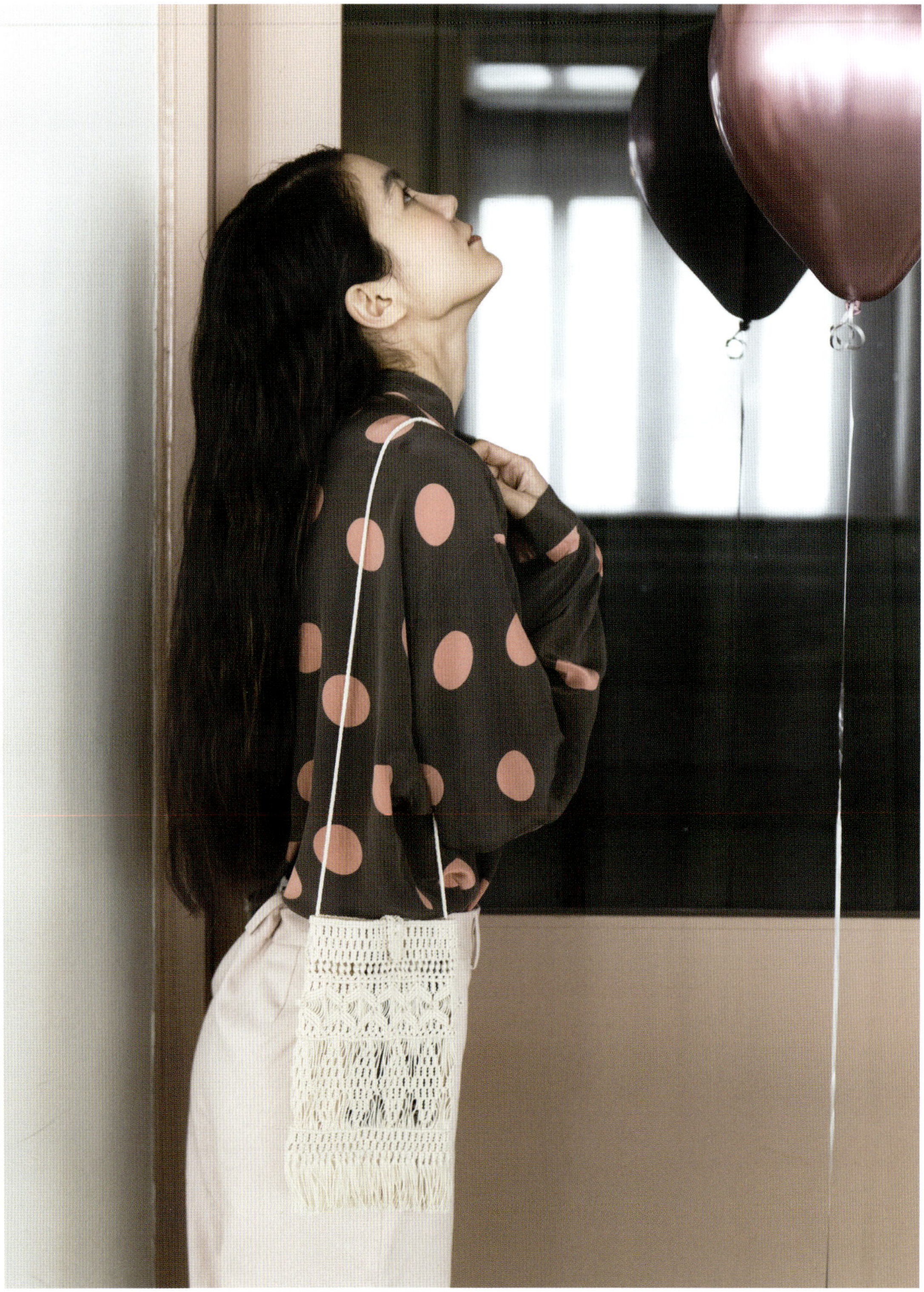

Erste Schritte ▷

Geeignetes Garn

Für Makramee kannst du nahezu jedes Garn verwenden. Naturfasern wie Baumwolle, Leinen, Hanf und Jute wirken etwas grober. Nylongarn ist leicht und schimmert schön, Lederschnüre wirken edel. Experimentiere einfach, um dein Lieblingsmaterial und deine Lieblingsfarben zu finden, mit denen du ganz individuelle Taschen kreierst.

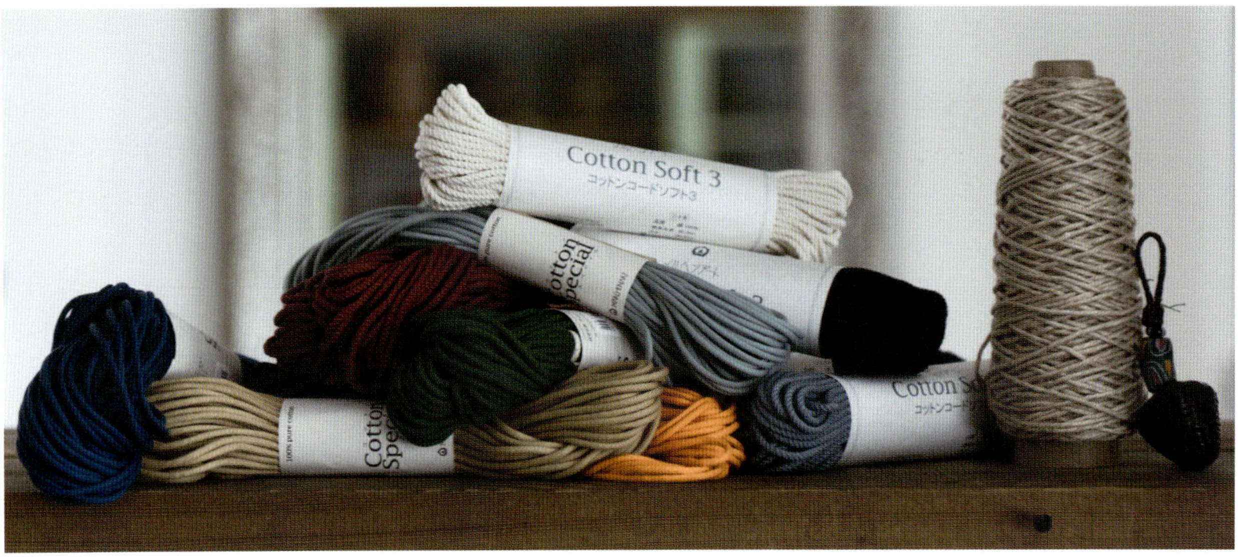

TIPP

Garn zu kleinen Knäueln aufwickeln

Garn wird oft in Strängen verkauft, die sich leicht verwirren. Wickle das Garn in Form einer 8 um deine Finger (s. u.) zu einem ordentlichen Knäuel, das sauber abrollt.

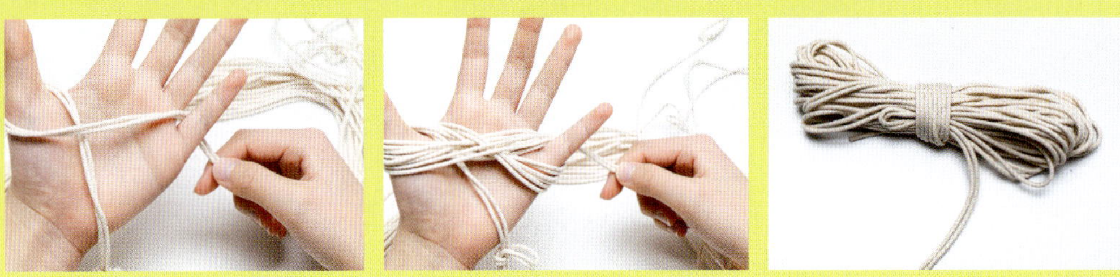

Hilfsmittel

Mit das Beste an Makramee ist, dass du keine Spezialwerkzeuge und keine aufwändige Ausstattung benötigst. Das meiste, das du brauchst, hast du wahrscheinlich schon zu Hause. Es ist sinnvoll, außer dem Garn ein hochwertiges Makramee-Brett und einige T-Nadeln zu kaufen. Du kannst dich auch mit einem beliebigen Brett und Stecknadeln behelfen, die du schon hast, doch das richtige Handwerkszeug steigert die Motivation und bringt dich deiner ersten fertigen Tasche ein Stück näher.

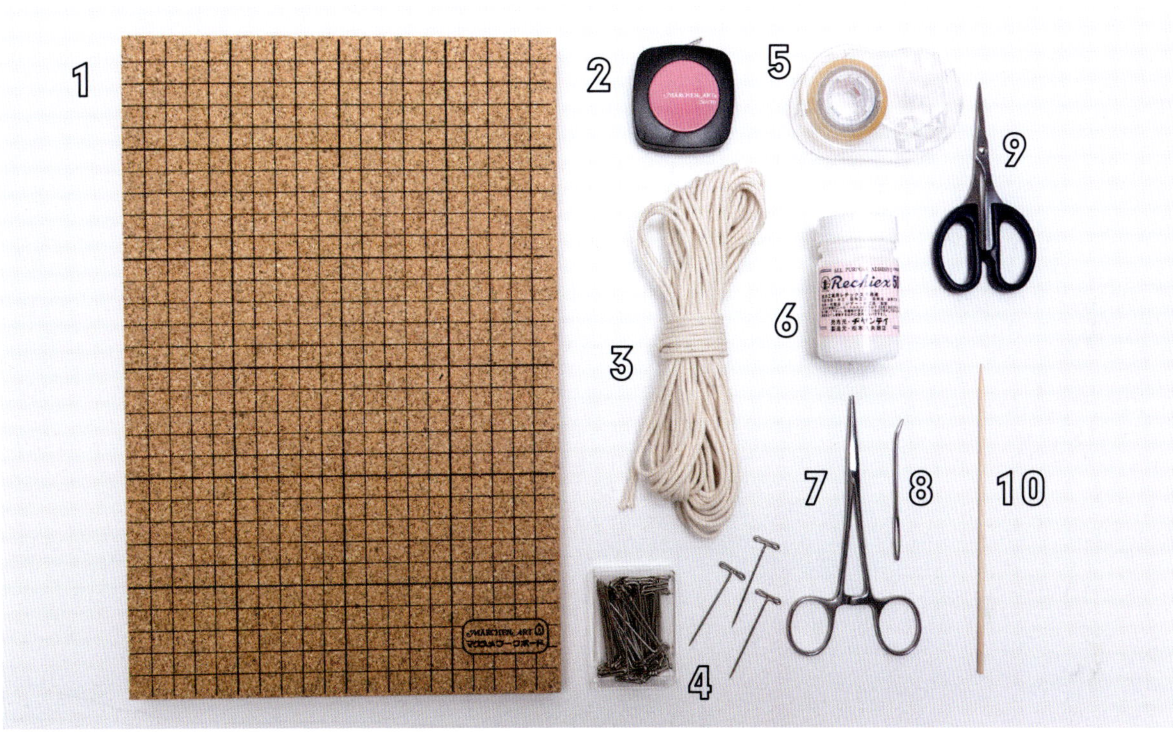

1 **Makramee-Brett** Ein Korkbrett erleichtert das Befestigen der Fäden und auch das Knüpfen. Spezielle Makramee-Bretter sind mit einem Raster versehen, mit dem sich der Abstand zwischen den Knoten ganz einfach abmessen lässt. Wenn du kein Makramee-Brett besitzt, tut es auch ein normales Korkbrett, ein Stück Pappkarton oder sogar ein Bügelbrett!

2 **Maßband** Zum Abmessen der Fadenlängen und der Größe der Tasche.

3 **Garn** Für Makramee eignen sich ganz verschiedene Garne. Weitere Informationen zu den in diesem Buch verwendeten Garnen siehe Seite 48.

4 **T-Nadeln** Zum Befestigen der Fäden am Brett.

5 **Klebeband** Bei leicht ausfransendem Garn die Enden vor dem Zuschneiden mit Klebeband umwickeln.

6 **Klebstoff** Zum sicheren abschließenden Fixieren der Fadenenden starken Klebstoff verwenden.

7 **Pinzette** Zum Durchziehen von Fäden durch enge Lücken zwischen den Knoten.

8 **Wollnadel** Zum Vernähen von Fadenenden auf der Rückseite der Arbeit.

9 **Schere** Zum Zuschneiden der Fäden. Verwende am besten eine scharfe Handarbeitsschere.

10 **Bambusstäbchen** Zum Auftragen von Klebstoff beim Fixieren der Fadenenden.

Ankerstich (Startknoten)

Viele Projekte in diesem Buch beginnen mit einem der vier gebräuchlichsten Makramee-Startknoten. Schlage bei Bedarf zu Beginn eines Projekts einfach in der folgenden Übersicht nach.

Methode A: Ankerstich

Mit dem Ankerstich (Ankerknoten) wird ein Arbeitsfaden an einem Trägerfaden befestigt, der die Oberkante der Arbeit ausmacht.

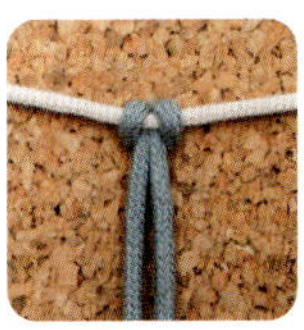

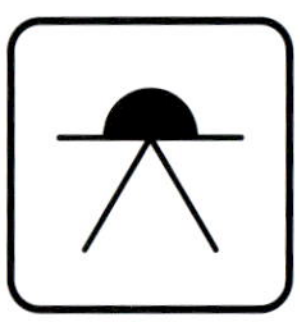

1

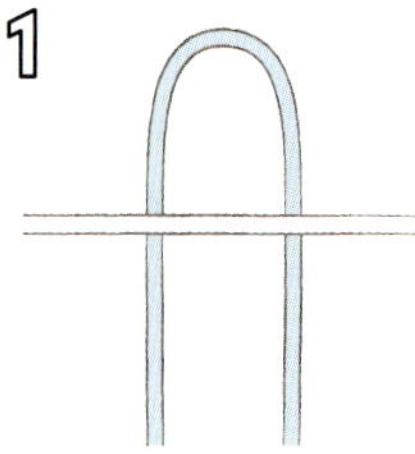

Den Arbeitsfaden mittig falten und mit der Schlaufe nach oben unter den Trägerfaden legen.

2

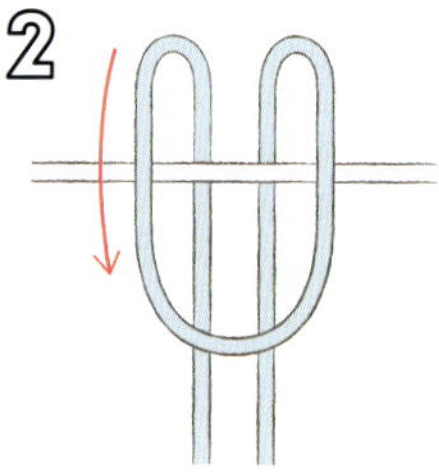

Die Schlaufe nach vorn über den Trägerfaden legen.

3

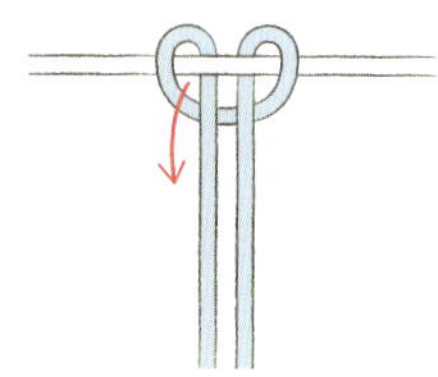

Die Fadenenden durch die Schlaufe führen und festziehen.

Methode B: Umgekehrter Ankerstich

Diese Methode ähnelt Methode A (s. o.), doch hier ist die Schlaufe des fertigen Ankerknotens sichtbar.

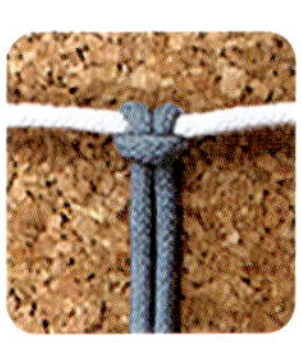

1

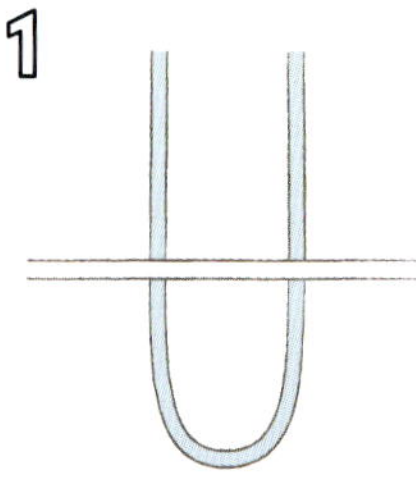

Den Arbeitsfaden mittig falten und mit der Schlaufe nach unten unter den Trägerfaden legen.

2

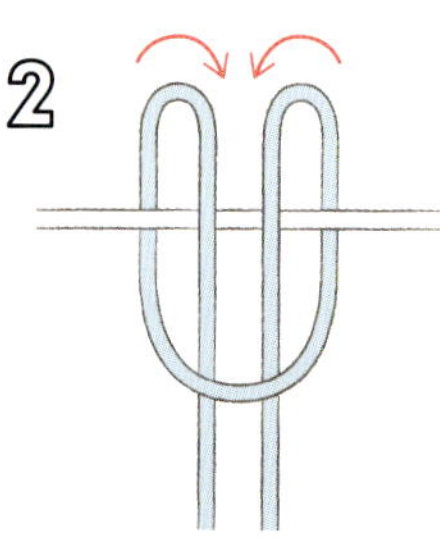

Die Enden der Arbeitsfäden durch die Schlaufe führen.

3

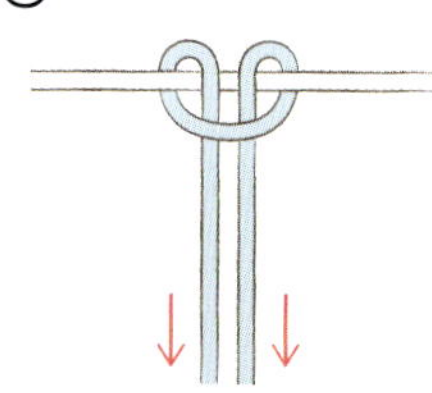

Den Knoten an beiden Fadenenden festziehen.

TIPP

Fäden kennzeichnen

Wenn du an einem Projekt mit vielen Fäden arbeitest, ist es hilfreich, ihre Enden zu markieren. Verwende zur besseren Übersicht buntes Klebeband oder Aufkleber, so siehst du gleich, zu welchem Faden du greifen musst.

Methode C: Verbreiterter Ankerstich

Aufbauend auf Methode A. Durch eine weitere Schlinge auf einer Seite des Knotens entsteht ein breiterer Ankerknoten.

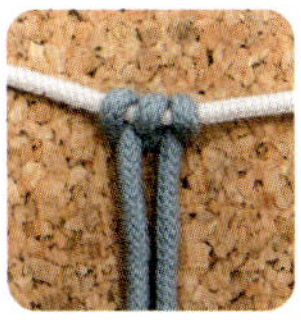

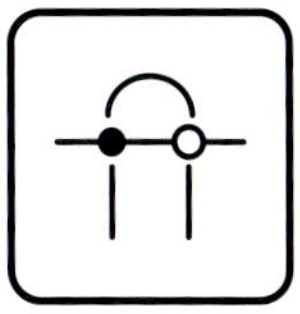

1

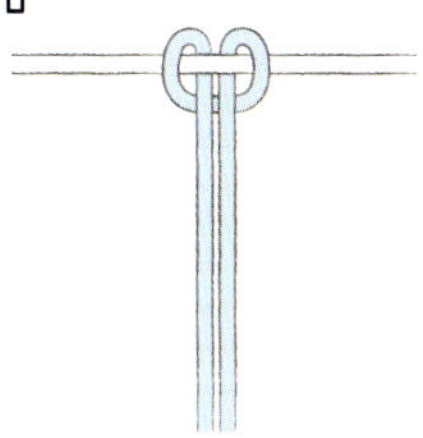

Die Schritte 1–3 von Methode A (Seite 50) durchführen.

2

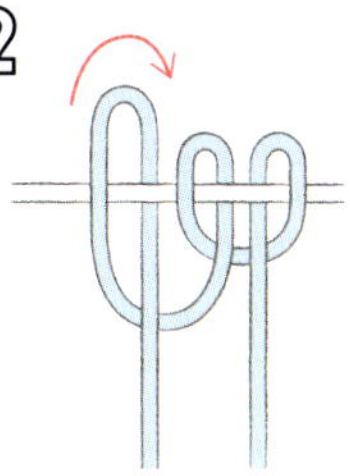

Das linke Fadenende nochmals um den Trägerfaden schlingen.

3

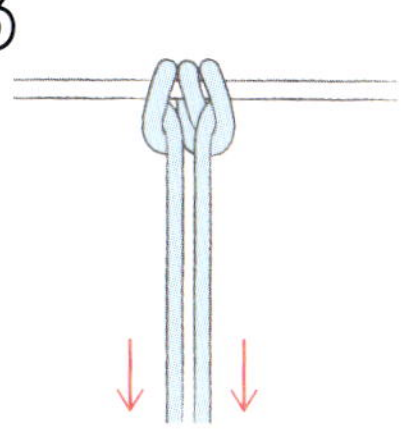

Den Knoten an beiden Fadenenden festziehen.

Methode D: Doppelter Ankerstich

Aufbauend auf Methode A. Durch eine weitere Schlinge auf beiden Seiten des Knotens entsteht ein noch breiterer Ankerknoten.

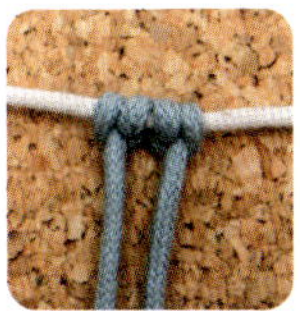

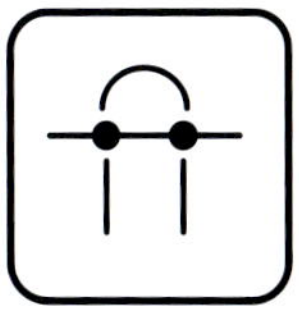

1

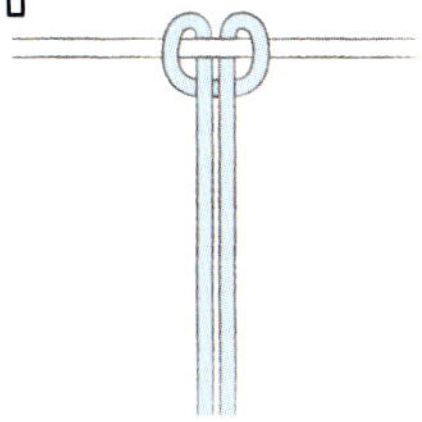

Die Schritte 1–3 von Methode A (Seite 50) durchführen.

2

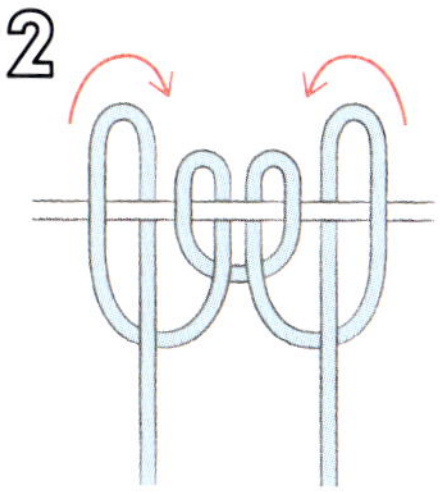

Das linke und rechte Fadenende nochmals um den Trägerfaden schlingen.

3

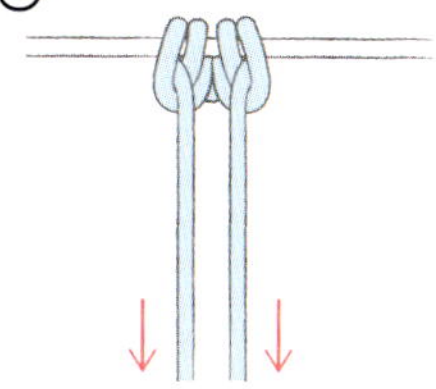

Den Knoten an beiden Fadenenden festziehen. Auf dem Trägerfaden sollten insgesamt 4 Schlaufen liegen.

Grundknoten

In der folgenden Übersicht werden die in diesem Buch verwendeten grundlegenden Knotentechniken erklärt. Zu jeder Technik gibt es ein Foto des fertigen Knotens sowie ein Symbol, mit dem der Knoten in den Knüpfdiagrammen der Anleitungen dargestellt wird.

Überhandknoten

Mit diesem Knoten werden andere Knoten verstärkt oder mehrere Fäden zusammengebunden.

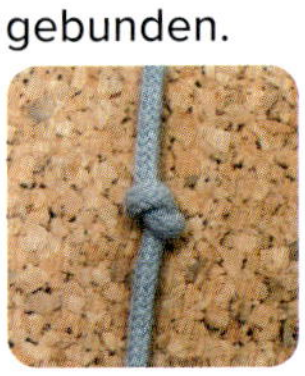

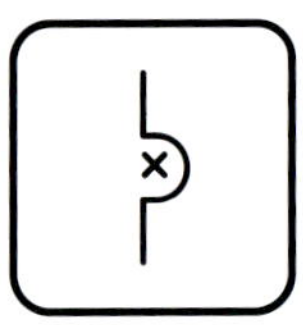

1

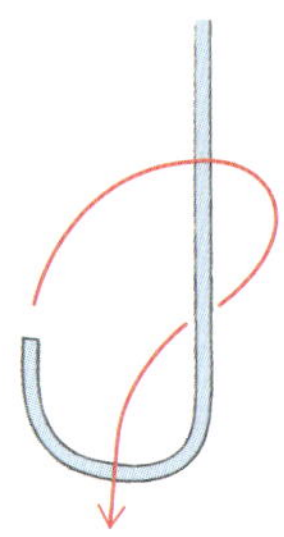

Mit dem Fadenende eine Schlinge bilden und das Ende durch diese Schlinge ziehen, wie durch den Pfeil gezeigt.

2

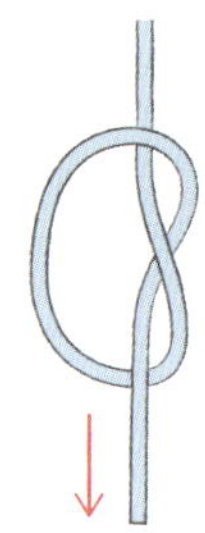

Den Knoten am Fadenende festziehen.

3

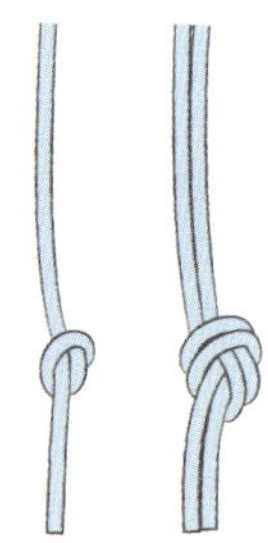

Fertiger Überhandknoten. Mit derselben Technik kann auch mit mehreren Fäden gleichzeitig ein Knoten geknüpft werden.

Kreuzknoten

Der nach dem Festziehen flache Kreuzknoten besteht aus 2 in entgegengesetzter Richtung geknüpften Überhandknoten.

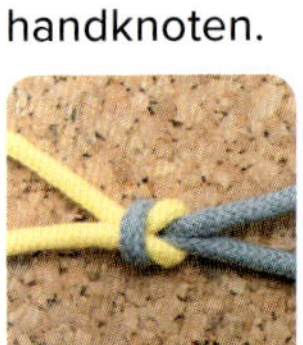

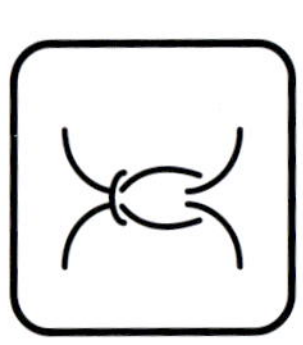

1

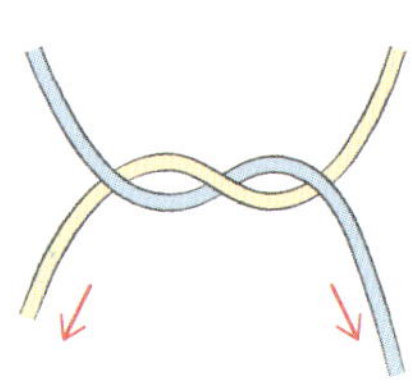

Den linken Faden (blau) über, unter und wieder über den rechten Faden (gelb) legen.

2

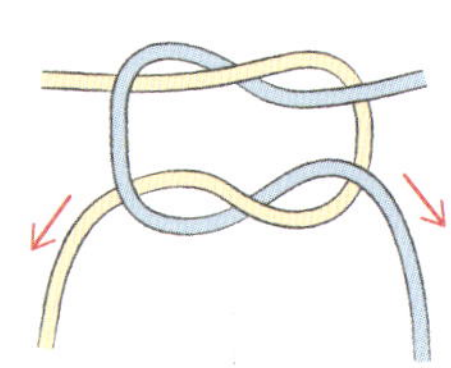

Nun den rechten Faden (gelb) mit dem linken Faden (blau) verkreuzen und die Enden beider Fäden durch die vom anderen Faden gebildete Schlaufe ziehen.

3

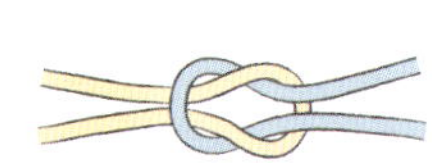

Den Knoten an den Fadenenden festziehen.

> **TIPP**
>
> **Übe deine Knoten**
>
> *Es ist immer gut, wenn du die für ein Modell benötigten Knoten zuerst übst, bevor du mit der Tasche beginnst. Auch wenn du schon Erfahrung mit Makramee hast, ist es hilfreich, mit deinem ausgewählten Garn ein paar Testknoten zu knüpfen, damit du ein Gefühl für das Garn bekommst.*

Schlingenknoten

Mit einem Schlingenknoten kann man mehrere Fäden zusammenfassen. Geknüpft wird nur mit einem Faden, sodass der Knoten stets klein ist, auch wenn damit mehrere Fäden befestigt werden. Achtung: Der Schlingenknoten löst sich leicht.

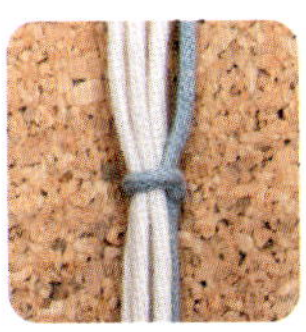

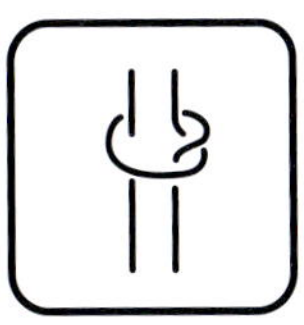

1

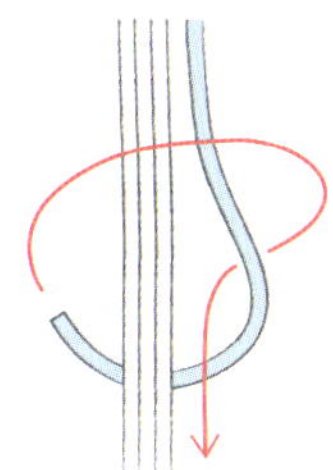

Einen Faden um die anderen und um sich selbst schlingen, dann das Fadenende durch die Schlaufe führen.

2

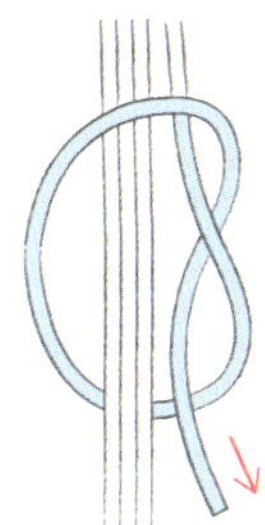

Den Knoten am Fadenende festziehen.

3

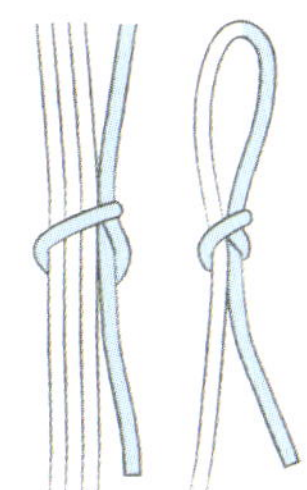

Fertiger Schlingenknoten. Mit derselben Technik kann man auch einen sogenannten Laufknoten in einen einzelnen Faden knüpfen.

Wickelknoten

Mit diesem Knoten wird eine Gruppe aus mehreren Fäden fest zusammengeknüpft.

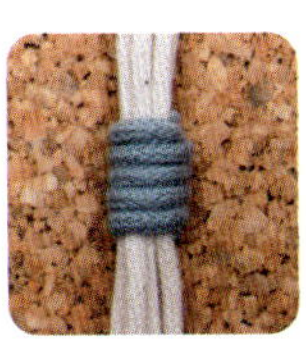

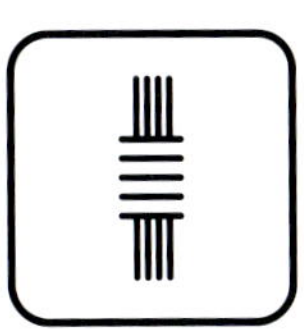

1

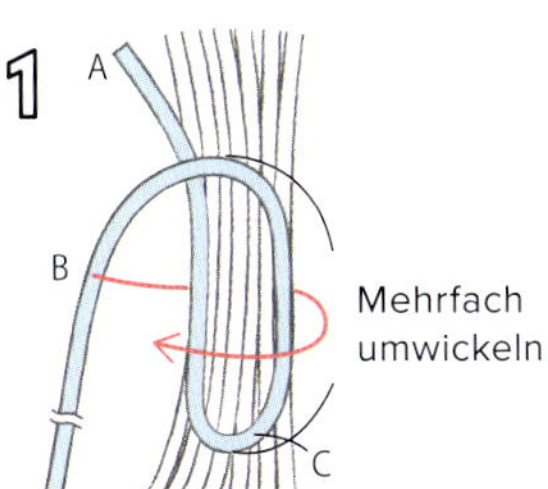

Mit dem Knüpffaden eine Schlaufe auf die Gruppe von Fäden legen, die zusammengebunden werden soll. Das Ende B von oben nach unten um das Fadenbündel wickeln. 5 mm oberhalb der Schlaufe C enden.

2

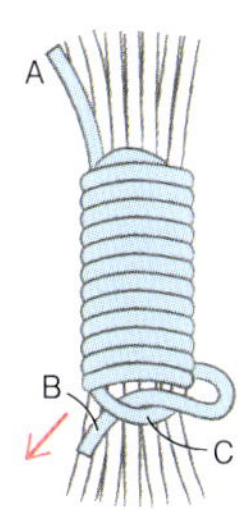

Das Ende B durch die Schlaufe C führen.

3

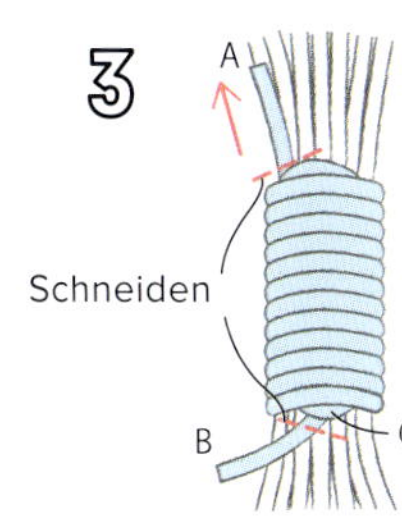

Ende A nach oben ziehen, bis Schlaufe C unter den Umwicklungen verschwindet. Fadenenden A und B knapp abschneiden, die losen Enden unter die Wicklungen schieben.

Chinesischer Kronenknoten (Freundschaftsknoten)

Von vorn sieht dieser Knoten quadratisch aus, auf der Rückseite bildet er ein Kreuz. Er gilt als Glückssymbol.

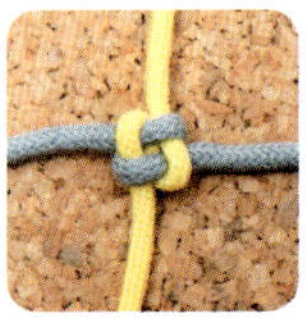

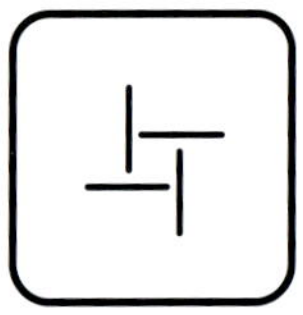

1

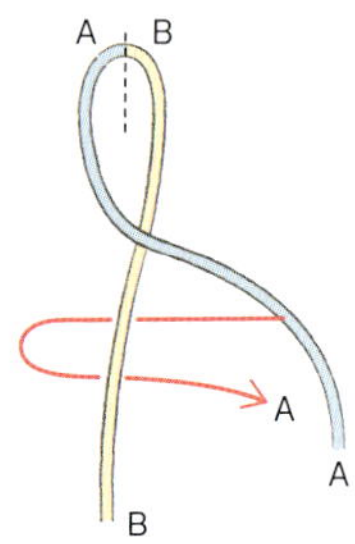

Den Faden mittig falten. A über B legen. A zu einer kleinen Schlaufe legen und unter B führen.

2

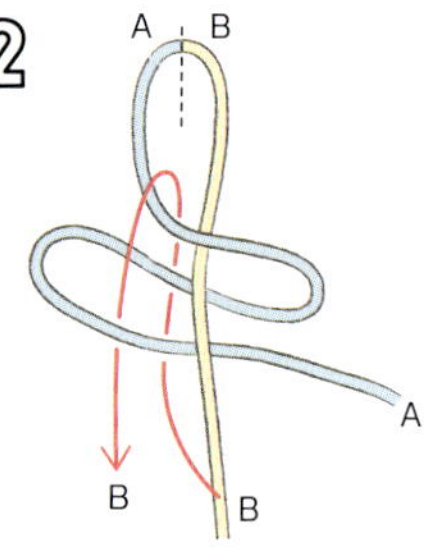

B unter A legen und durch die obere, dann durch die linke Schlaufe führen.

3

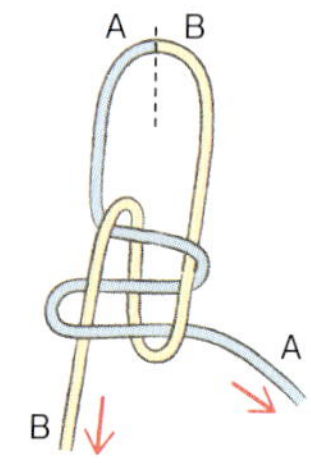

An den Enden A und B ziehen, um den Knoten festzuziehen und seine Form zu korrigieren.

Dreierzopf

Dies ist der bekannteste Flechtstrang, der auch für den klassischen Haarzopf verwendet wird. Dafür die äußeren Fäden immer abwechselnd über den mittleren Faden legen.

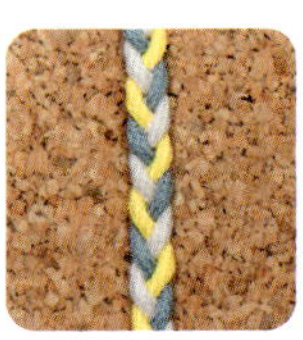

1

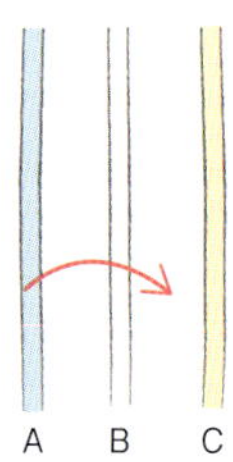

A über B legen.

2

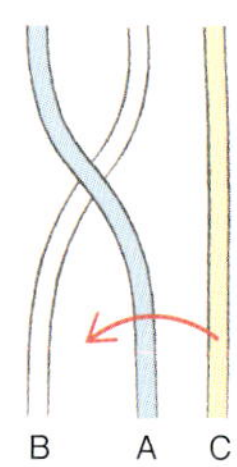

C über A legen.

3

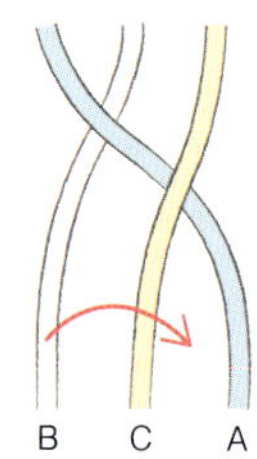

Fortlaufend abwechselnd den linken und rechten äußeren Faden über den Mittelfaden legen; den Zopf dabei festziehen.

Sechserzopf

Mit dieser Technik entsteht ein breiterer Flechtstrang.

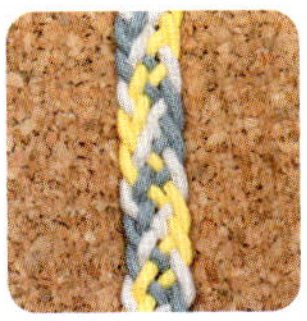

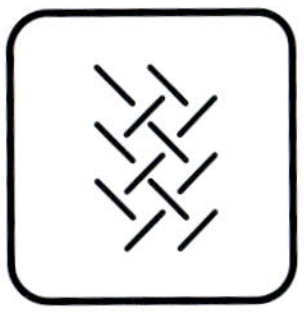

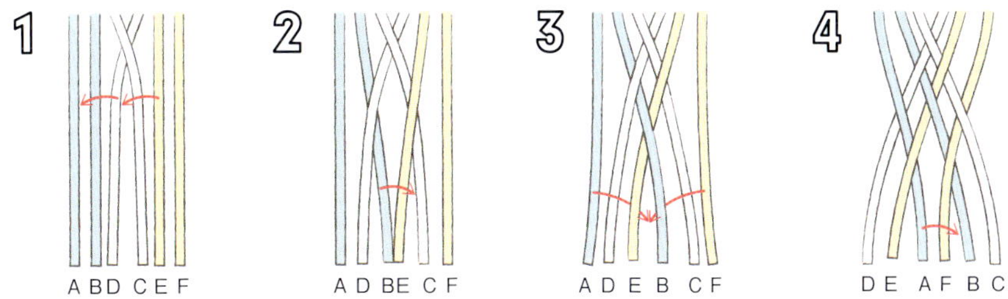

1. C über D legen. Dann D über B und E über C legen.
2. B über E legen.
3. A und F in die Mitte legen, dabei erst über, dann unter die anderen Fäden führen (siehe Pfeile).
4. A über F legen. Schritte 3 und 4 wiederholen; den Flechtstrang dabei stets festziehen.

Kettknoten

Der Knüpffaden und der Leitfaden werden abwechselnd in halben Schlägen umeinander geknotet.

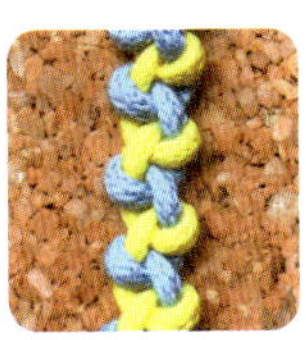

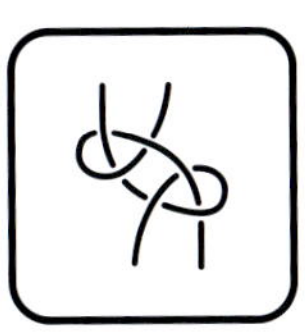

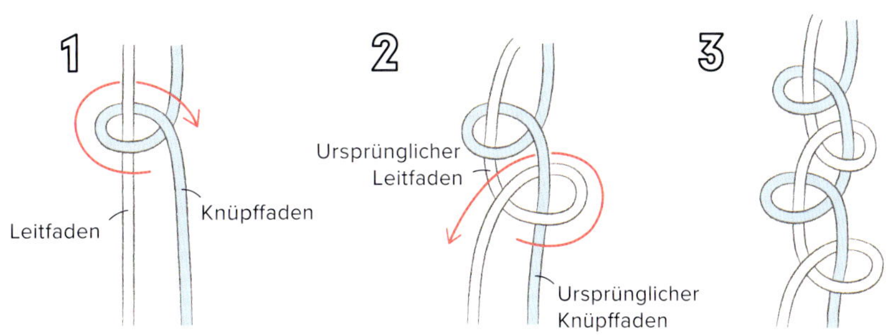

1. Den Knüpffaden im Uhrzeigersinn um den Leitfaden schlingen (= halber Schlag).
2. Nun den Leitfaden gegen den Uhrzeigersinn um den Knüpffaden schlingen.
3. Damit ist ein Kettknoten fertig. Diesen Vorgang bis zur gewünschten Länge wiederholen.

Kreuzknoten (von links und von rechts)

Mit dieser Technik wird der einfache Kreuzknoten um einen oder mehrere Leitfäden herum geknüpft.

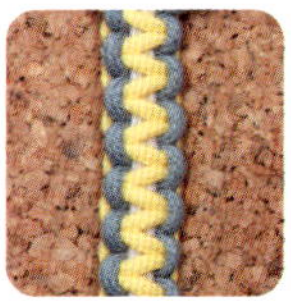

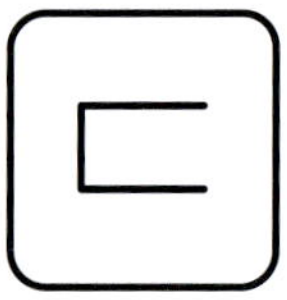

Von links

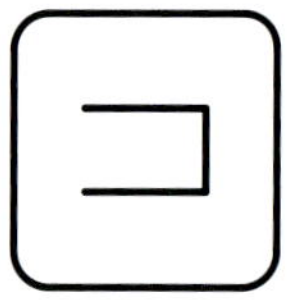

Von rechts

Anmerkung *Mit diesen Schritten erhältst du einen Kreuzknoten von links. Für einen Kreuzknoten von rechts legst du einfach zuerst B über die Leitfäden. Welche Art Kreuzknoten du geknüpft hast, erkennst du an der senkrechten seitlichen Schlaufe – beim Kreuzknoten von links sitzt sie links, beim Kreuzknoten von rechts dagegen rechts. Beide Arten sind auf dem Foto oben zu sehen.*

1

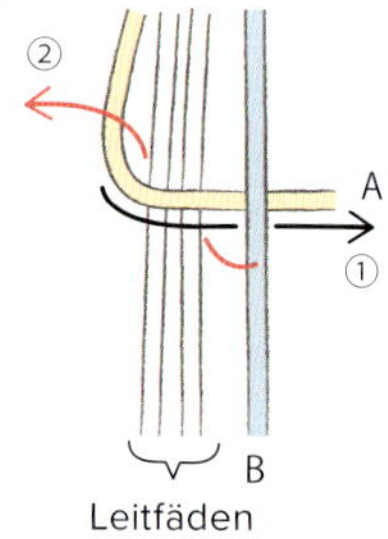

A im Bogen über die Leitfäden und unter B legen (1). B unter den Leitfäden her durch die von A gebildete Schlaufe führen (2).

2

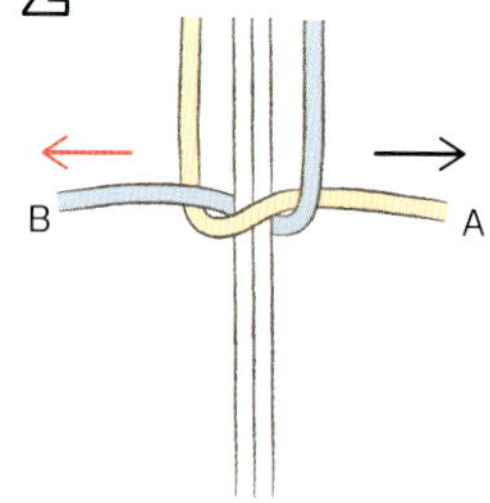

A und B waagerecht festziehen. Damit ist ein halber Kreuzknoten fertig.

3

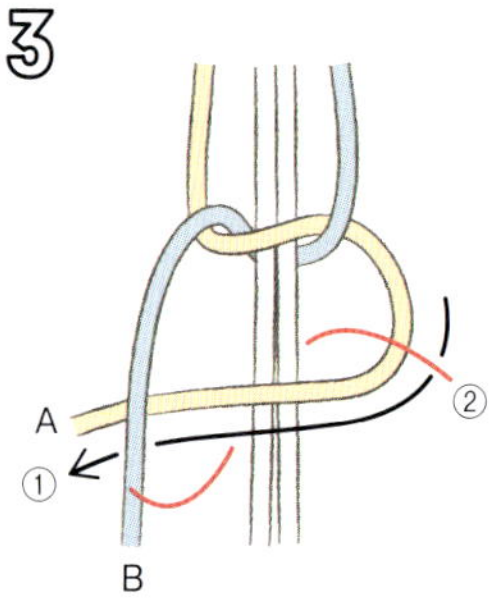

A im Bogen über die Leitfäden und unter B legen (1). B unter den Leitfäden her durch die von A gebildete Schlaufe führen (2).

4

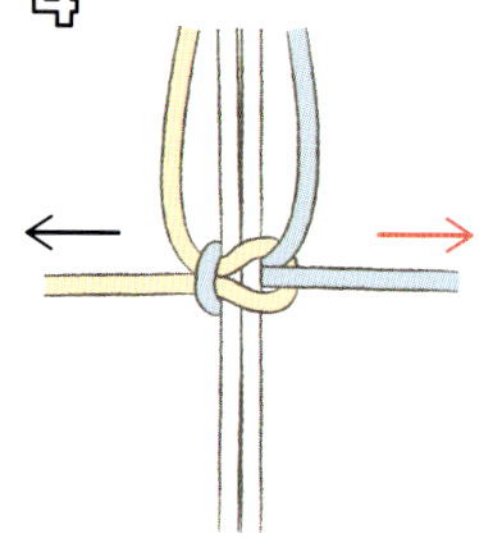

A und B waagerecht festziehen. Damit ist ein ganzer Kreuzknoten fertig.

Beerenknoten

Ein Band aus Kreuzknoten wird zu einer beerenförmigen Kugel aufgerollt. Mit der Anzahl der Kreuzknoten kann man die Größe des Beerenknotens variieren. Die Zahl im Symbol gibt die Anzahl der verwendeten Kreuzknoten an.

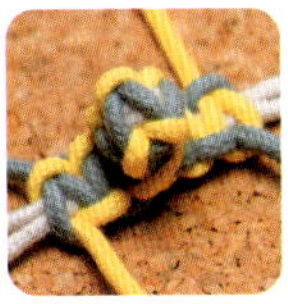

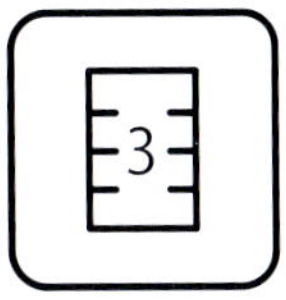

1

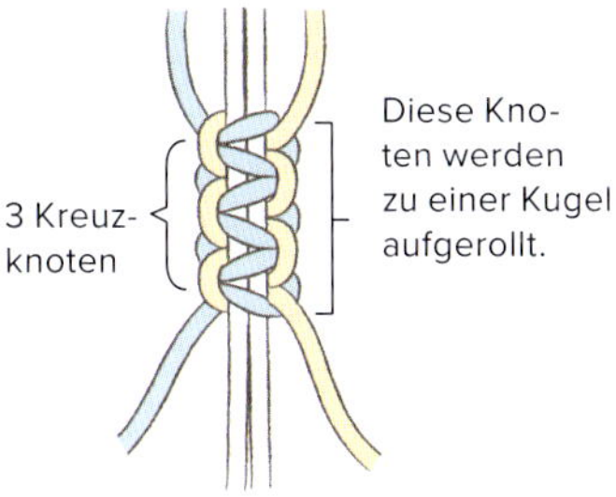

Die angegebene Anzahl Kreuzknoten knüpfen.

2

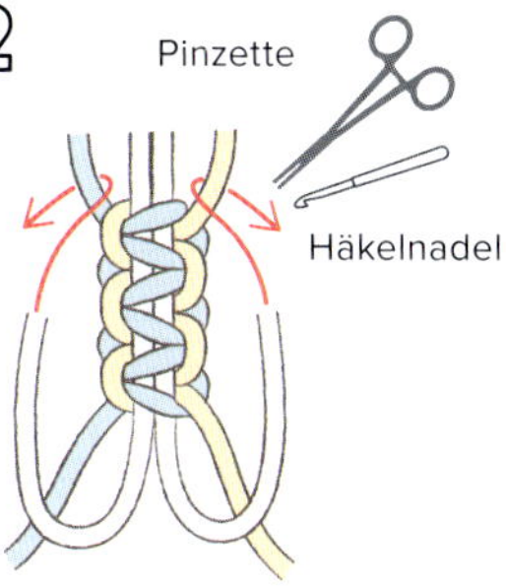

Die Enden der Leitfäden durch die von den Knüpffäden gebildeten Schlaufen führen (siehe Pfeile). Bei Bedarf eine Pinzette oder Häkelnadel zur Hilfe nehmen.

3

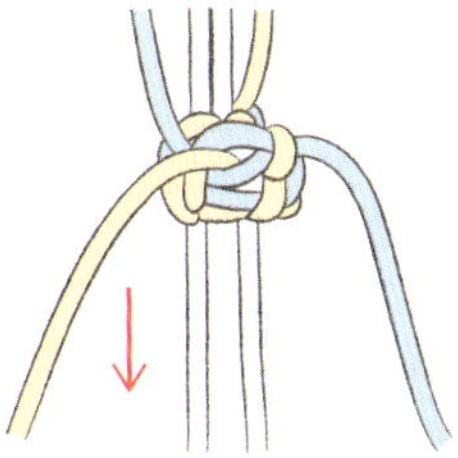

Die Leitfäden nach unten ziehen. Dadurch werden die Kreuzknoten zur Kugel aufgerollt.

4

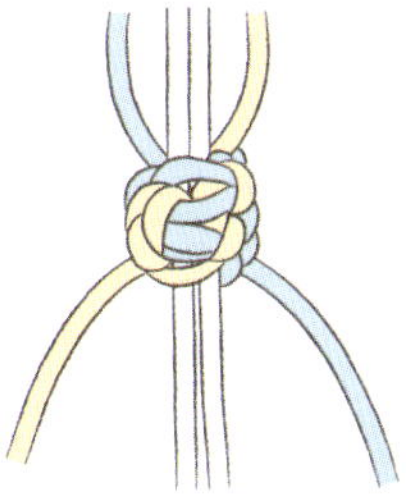

Unter der Kugel einen Kreuzknoten knüpfen, um den Beerenknoten zu sichern.

Spiralknoten (Wellenknoten)

Dieser Knoten entsteht durch eine fortlaufende Reihe halber Kreuzknoten (Kreuzknoten stets von derselben Seite aus geknüpft). Halbe Kreuzknoten von links bilden eine rechtsdrehende Spirale, halbe Kreuzknoten von rechts eine linksdrehende Spirale.

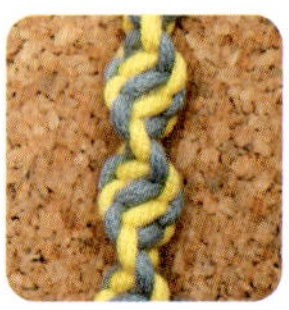

Von links

Von rechts

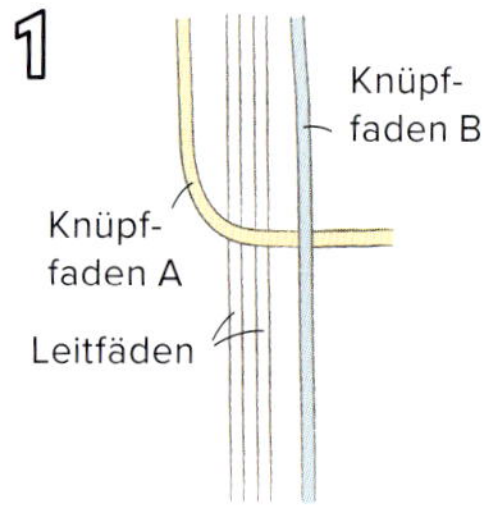

A im Bogen über die Leitfäden führen, dann B darüberlegen.

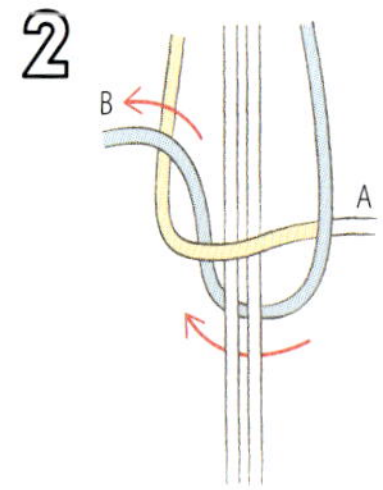

B unter den Leitfäden her durch die von A gebildete Schlaufe führen.

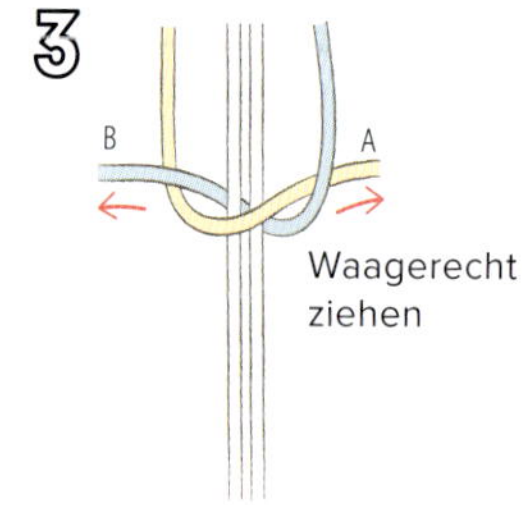

A und B waagerecht festziehen. Damit ist ein halber Kreuzknoten fertig.

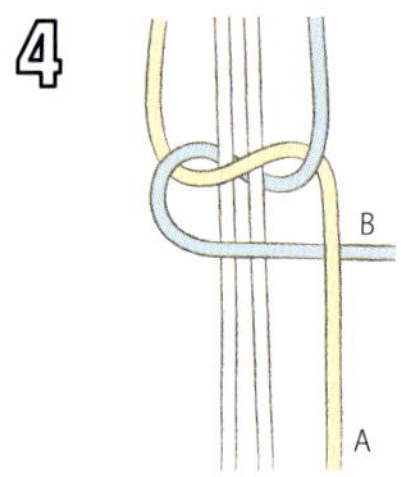

B im Bogen über die Leitfäden führen, dann A darüberlegen.

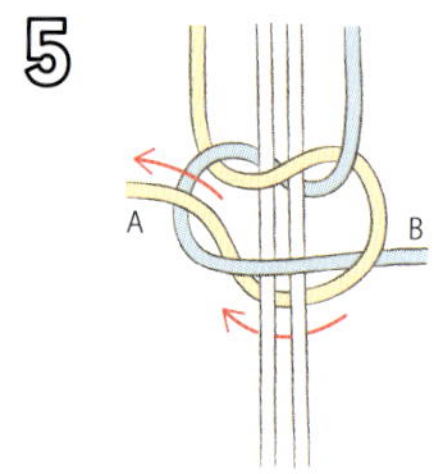

A unter den Leitfäden her durch die von B gebildete Schlaufe führen.

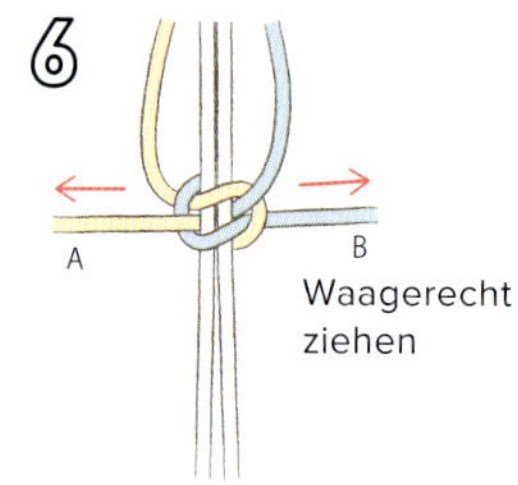

A und B waagerecht festziehen. Damit sind zwei halbe Kreuzknoten fertig.

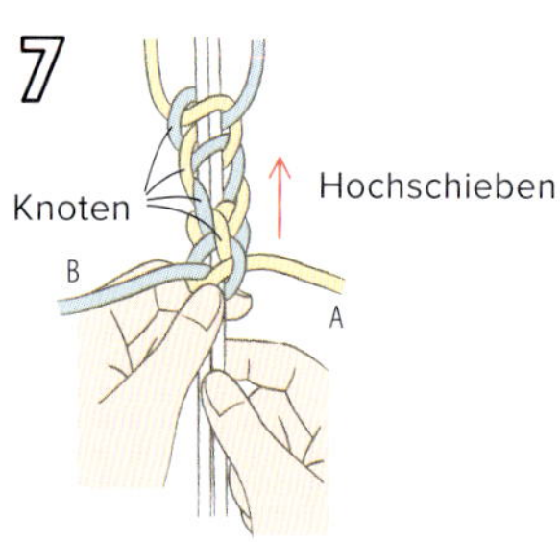

Die Schritte 1–6 bis zur gewünschten Länge wiederholen. Die Kreuzknoten zum Befestigen nach oben schieben.

Anmerkung *Wenn die Spiralform entsteht, wechseln der linke und rechte Knüpffaden von selbst die Position und die Arbeit dreht sich. Da der Knoten jedoch von beiden Seiten gleich aussieht, spielt dies für den Knüpfvorgang keine Rolle.*

Kronenknoten

Dieser Knoten wird oft als dekorativer Abschluss verwendet. Die Fäden scheinen kompliziert miteinander verschlungen zu sein, doch im Grunde knüpft man nur einen geflochtenen Ring.

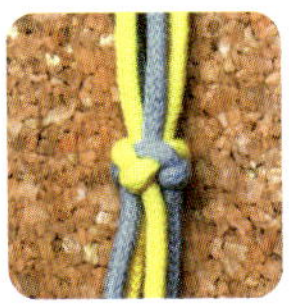

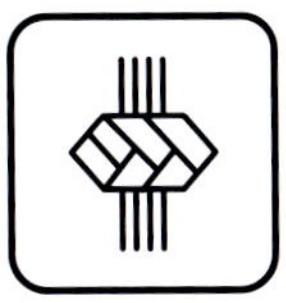

1

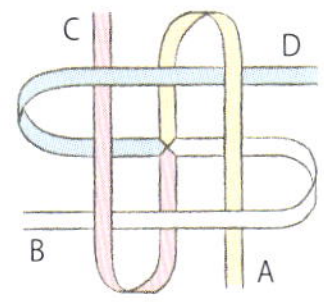

Beide Fäden zu einer Schlaufe legen, dann im Uhrzeigersinn jedes Fadenende durch die jeweils angrenzende Schlaufe führen.

2

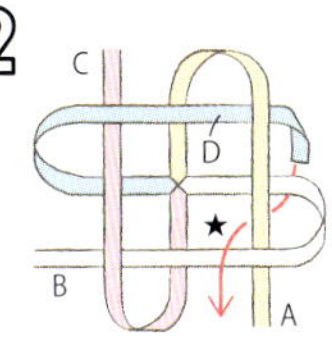

D von hinten nach vorn durch die Lücke ★ führen.

3

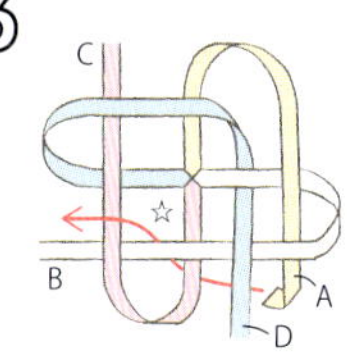

A von hinten nach vorn durch die Lücke ☆ führen.

4

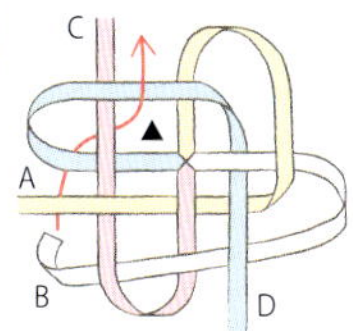

B von hinten nach vorn durch die Lücke ▲ führen.

5

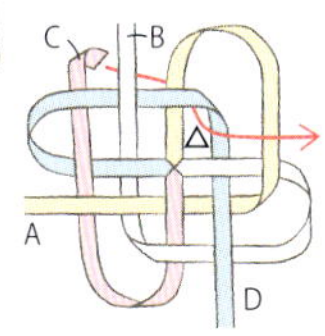

C von hinten nach vorn durch die Lücke △ führen.

6

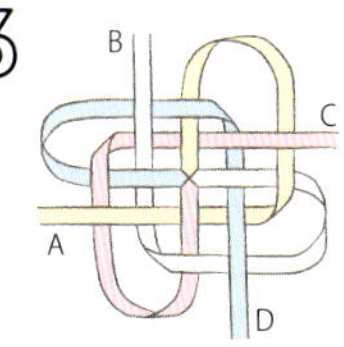

Darauf achten, dass alle Fadenenden beim Austritt aus dem Mittelpunkt obenauf liegen.

7

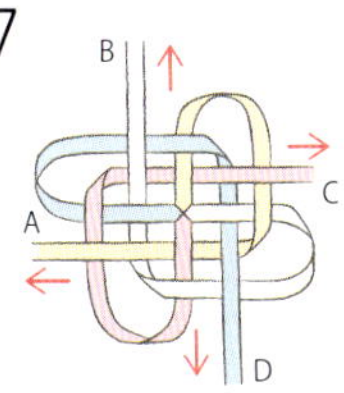

Zum Festziehen des Knotens in Pfeilrichtung an den Fadenenden ziehen.

8

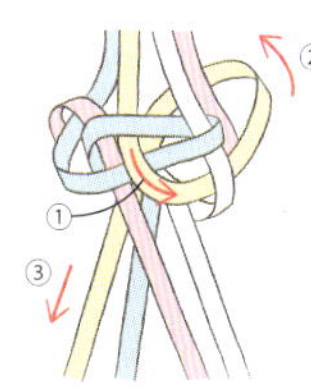

Mithilfe einer Ahle die einzelnen Fäden des Knotens noch fester anziehen.

9

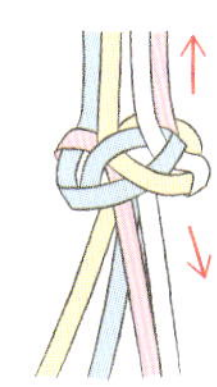

Die Fadenenden nach oben und unten ziehen, um die Form des Knotens zu regulieren.

Horizontaler Rippenknoten

Bei dieser Technik wird jeder Knüpffaden zweimal um einen waagerechten Leitfaden geschlungen, sodass ordentliche Knotenreihen entstehen.

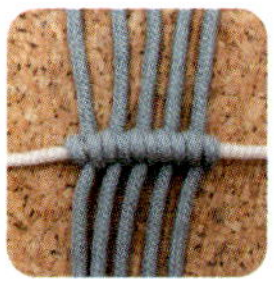

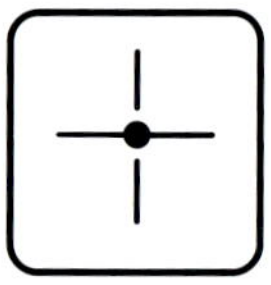

1

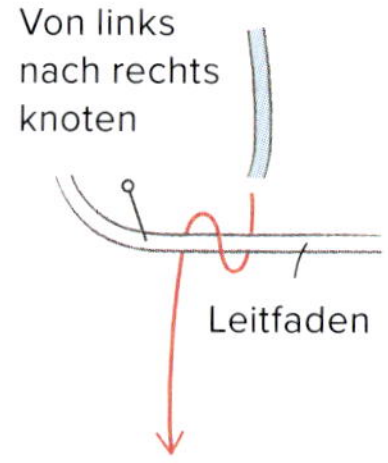

Einen waagerechten Leitfaden straff gespannt auf das Brett stecken. Einen senkrechten Knüpffaden darum schlingen (unter, über und wieder unter den Leitfaden).

2

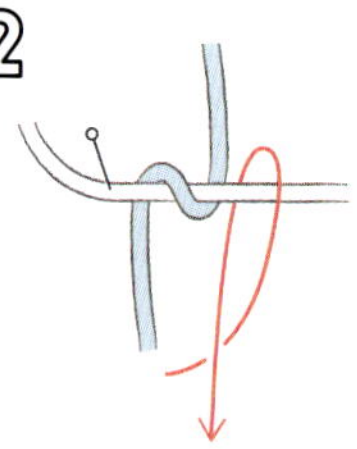

Das linke Ende des Knüpffadens erneut um den Leitfaden schlingen (siehe Pfeile).

3

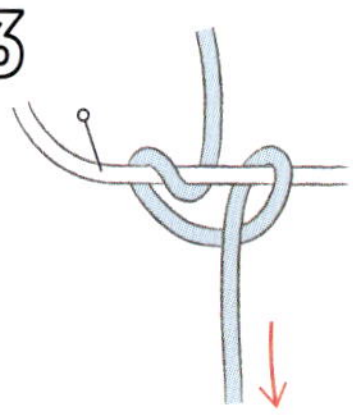

Zum Befestigen das Fadenende nach unten ziehen.

4

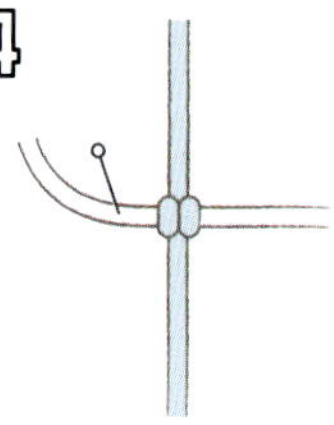

Damit ist ein horizontaler Rippenknoten fertig.

5

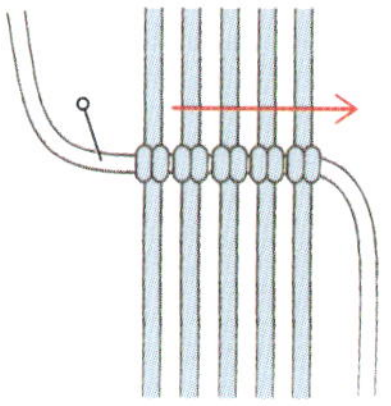

Die Schritte 1–3 mit weiteren Knüpffäden am gleichen Leitfaden wiederholen.

6

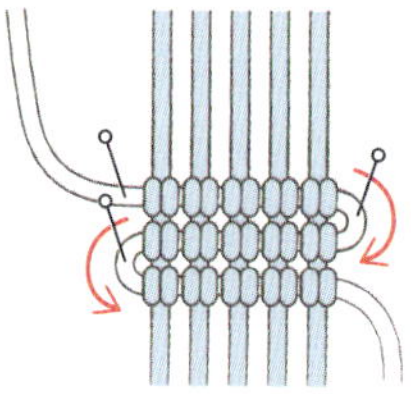

Wenn die erste Reihe fertig ist, den Leitfaden feststecken und in der Gegenrichtung unter der Knotenreihe herführen. Die nächste Reihe horizontaler Rippenknoten von rechts nach links arbeiten (siehe Abbildung oben). Die zweite Knotenreihe möglichst dicht an der ersten anbringen. Auf diese Weise weiter hin und her arbeiten.

TIPP

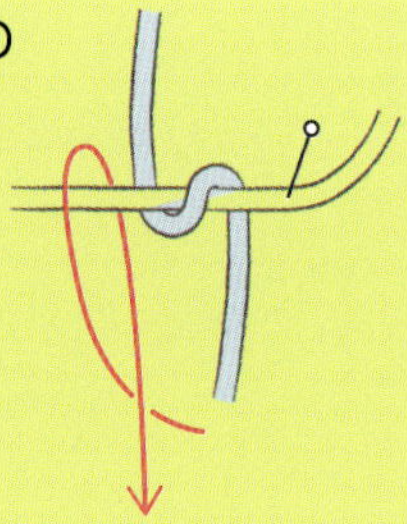

Zum Arbeiten von rechts nach links den Knüpffaden wie oben gezeigt um den Leitfaden schlingen.

Vertikaler Rippenknoten

Für den vertikalen Rippenknoten wird ein waagerechter Knüpffaden zweimal um jeden senkrechten Leitfaden geschlungen.

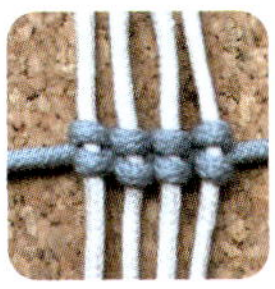

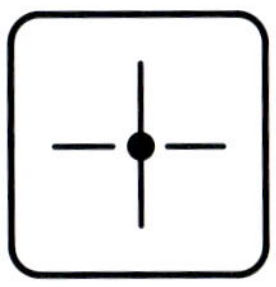

1

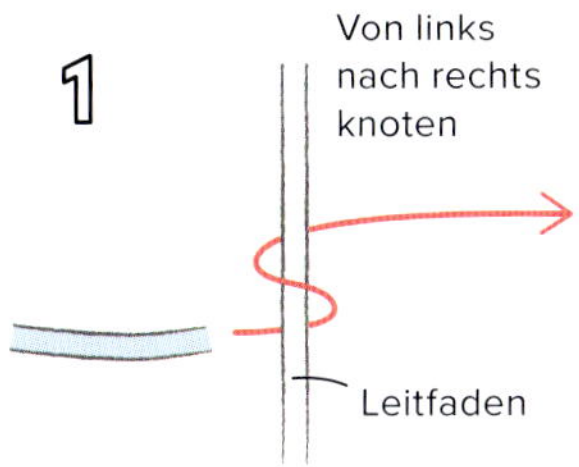

Einen senkrechten Leitfaden straff gespannt auf das Brett stecken. Von links beginnend einen waagerechten Knüpffaden darum schlingen (unter, über und wieder unter den Leitfaden).

2

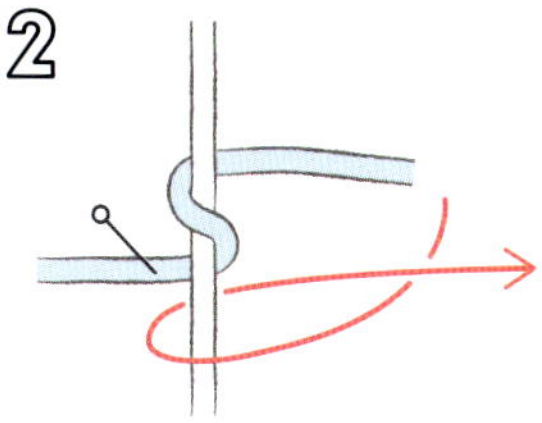

Das obere Ende des Knüpffadens erneut um den Leitfaden schlingen (siehe Pfeile).

3

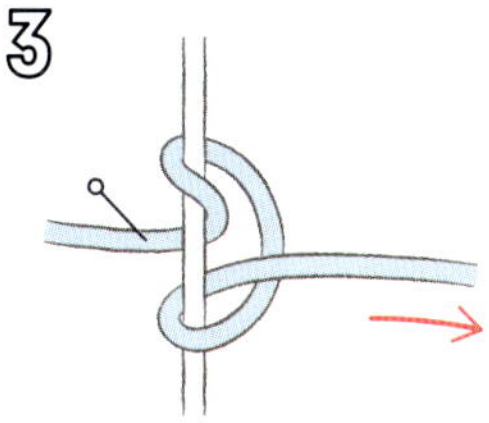

Zum Befestigen das Fadenende nach rechts ziehen. Damit ist ein vertikaler Rippenknoten fertig. Weitere Leitfäden auf das Brett stecken und die Schritte 1–3 wiederholen, um den Knüpffaden um die Leitfäden zu knoten.

Anmerkung *Wenn die erste Reihe fertig ist, den Knüpffaden rechts neben den Leitfäden feststecken. Dann die nächste Reihe von rechts nach links arbeiten, also in der Gegenrichtung.*

Diagonaler Rippenknoten

Bei dieser Variante wird der Rippenknoten diagonal gearbeitet.

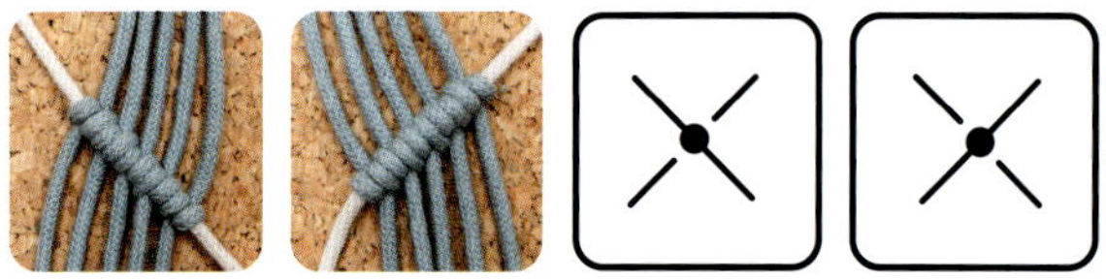

1

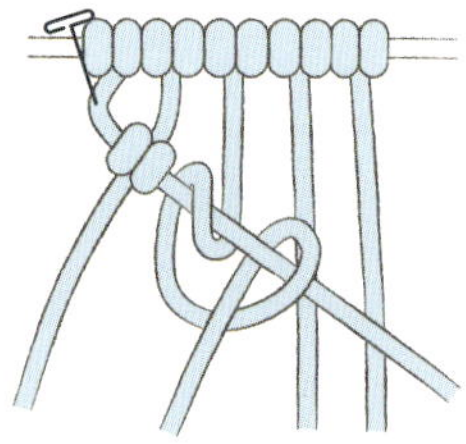

Den ersten senkrechten Faden als Leitfaden verwenden, die übrigen senkrechten Fäden als Knüpffäden. Horizontale Rippenknoten knüpfen, wie auf Seite 60 gezeigt, die Knoten jedoch diagonal anordnen.

2

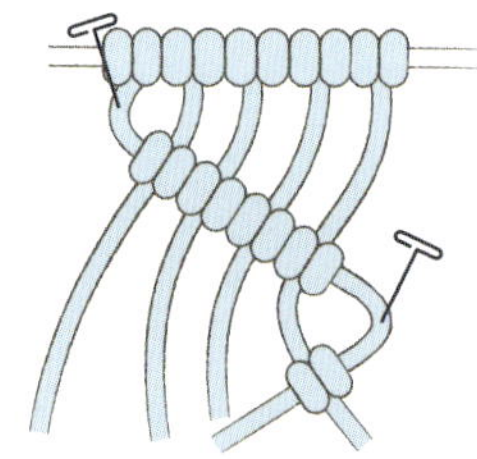

Am Ende der Reihe den Leitfaden feststecken und in Gegenrichtung diagonal unter der Arbeit herführen. Auch die Knüpffäden in umgekehrter Richtung um den Leitfaden schlingen.

Umgekehrter horizontaler Rippenknoten

Bei diesem Knoten ist auf der Vorderseite der Arbeit die Rückseite des Knotens zu sehen. Es entsteht ein Kreuzmuster.

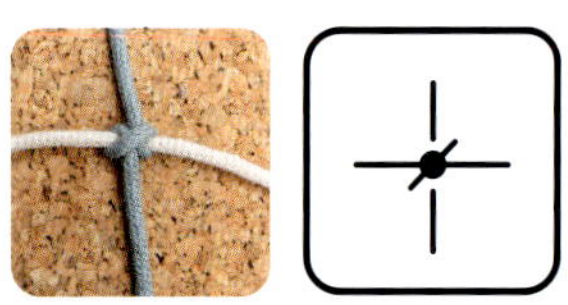

1

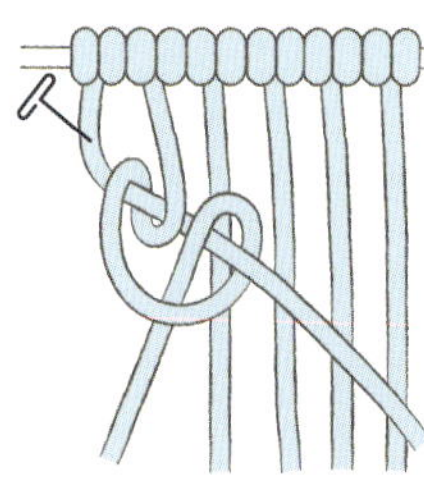

Den ersten senkrechten Faden als Leitfaden verwenden, die übrigen senkrechten Fäden als Knüpffäden. Den Knüpffaden über, unter und wieder über den Leitfaden schlingen, dann erneut unter und über den Leitfaden.

2

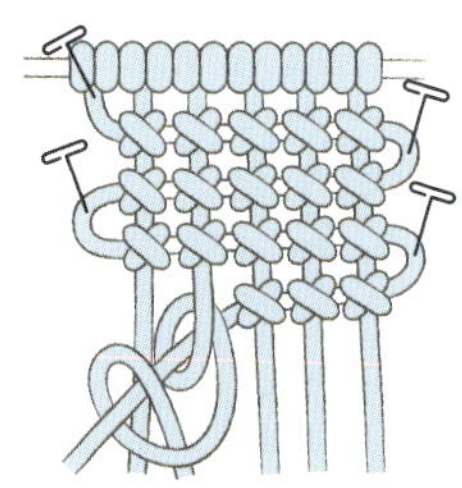

Auf diese Weise fortfahren, bis die erste Reihe fertig ist. Dann den Leitfaden in Gegenrichtung unter der Arbeit herführen und die Knüpffäden in umgekehrter Richtung um den Leitfaden schlingen. Für weitere Reihen fortlaufend hin und her arbeiten.

Umschließender Rippenknoten

Mit dieser Technik kann man einen nicht benutzten senkrechten Arbeitsfaden verbergen.

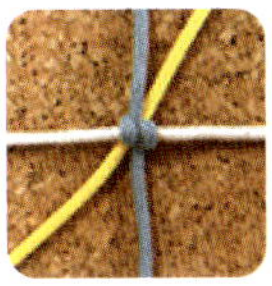 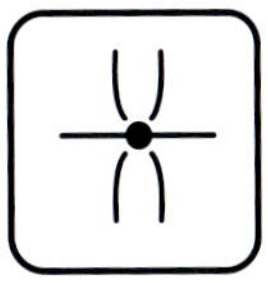

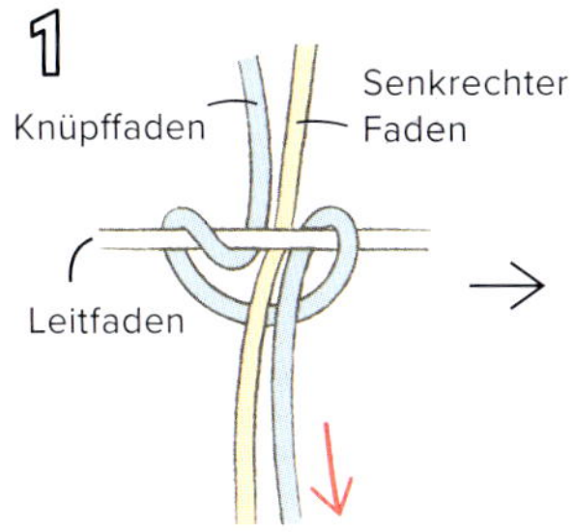

Den senkrechten Faden vor dem Festziehen durch den horizontalen Rippenknoten führen.

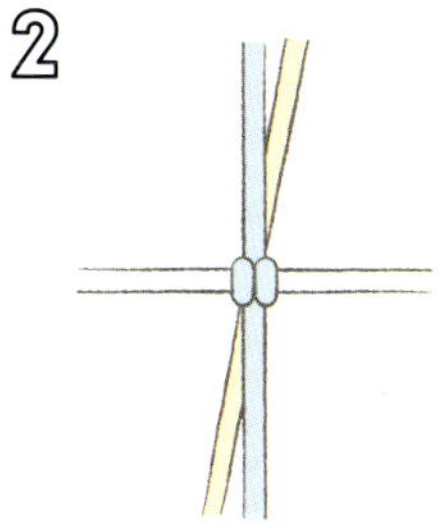

Der Knoten ist fertig.

Umgekehrter umschließender Rippenknoten

Nach dem oben gezeigten Prinzip kann man auch mit dem umgekehrten horizontalen Rippenknoten einen senkrechten Faden verbergen.

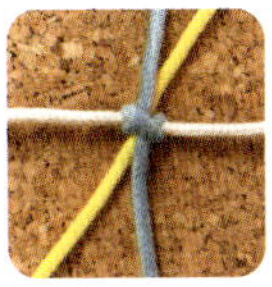 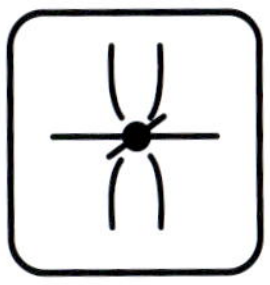

Beispielanleitung: Schritt für Schritt

Die folgende bebilderte Anleitung erläutert Schritt für Schritt die Herstellung der Tasche mit Kreuzknoten-Netzmuster von Seite 20. Auch wenn die Fotos nur diese Tasche zeigen, werden dieselben Grundtechniken auch bei anderen Modellen im Buch angewendet. Weitere Informationen zur Anfertigung der Tasche mit Kreuzknoten-Netzmuster siehe Seite 88.

Schritt 1: Anfertigung der Henkel

Die Henkel dieser Tasche werden durchgehend mit Kreuzknoten gearbeitet. Bei jedem Henkel beginnst du in der Mitte und knüpfst bis zu einem Ende. Dann wendest du die Arbeit und knüpfst von der Mitte zum anderen Ende. Für den zweiten Henkel wiederholst du das Ganze.

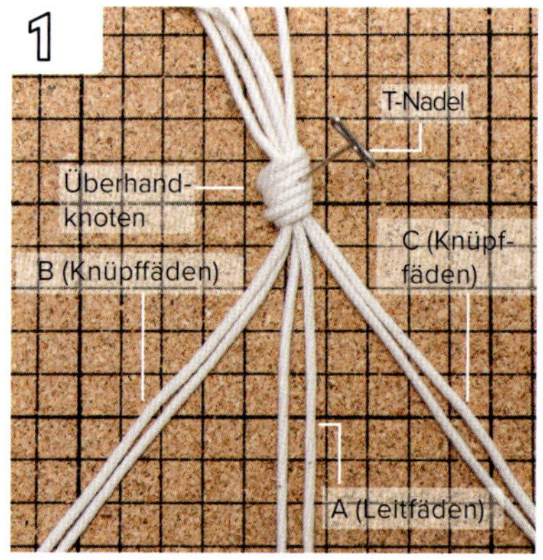

In die Mitte zwei Leitfäden legen (A), links und rechts davon je zwei Knüpffäden (B und C). Die Fäden an ihrem Mittelpunkt zusammenlegen und vorübergehend mit einem Überhandknoten sichern. Diesen Knoten mit einer T-Nadel am Brett feststecken.

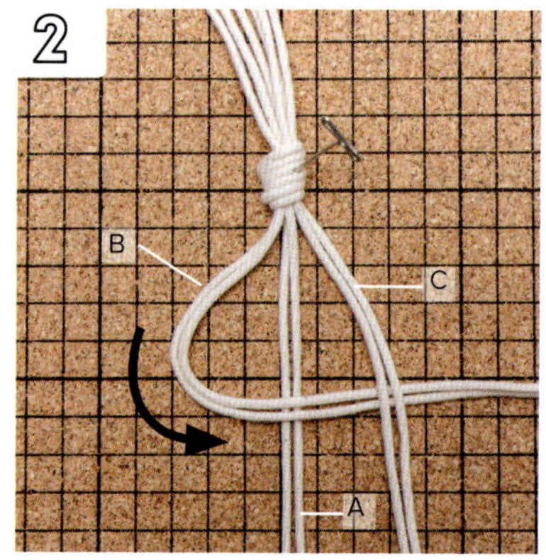

B im Bogen über A und dann unter C legen.

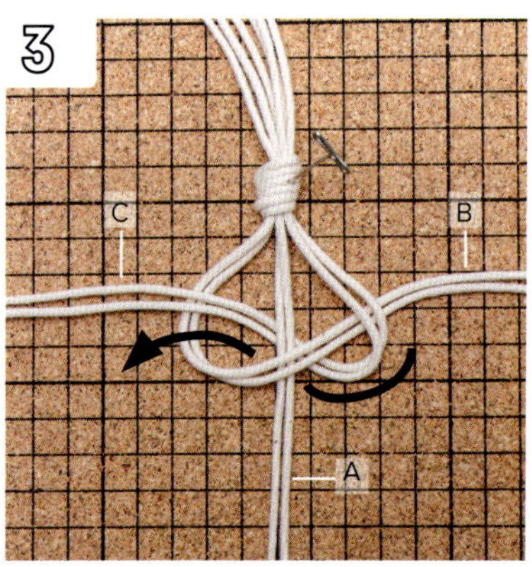

C unter A und dann durch die von B gebildete Schlaufe führen.

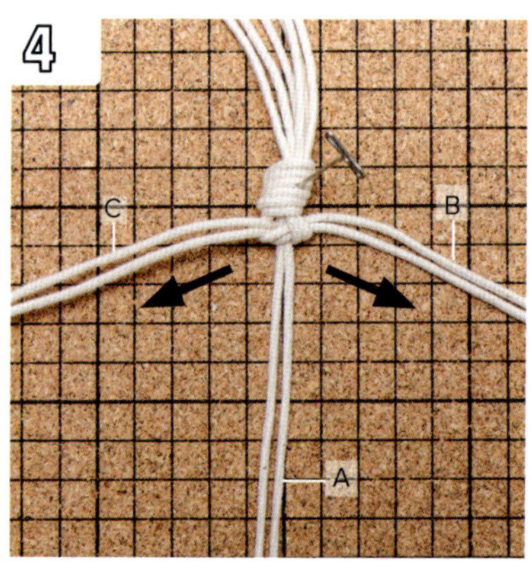

Die Knüpffäden B und C zur Seite hin festziehen. Damit ist ein halber Kreuzknoten fertig.

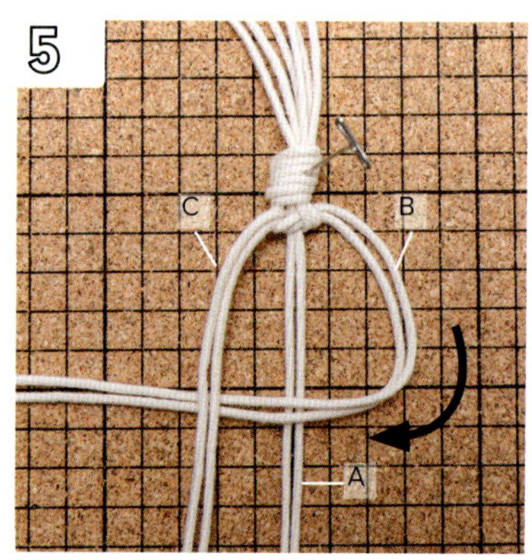

Nun B (jetzt auf der rechten Seite) über A und dann unter C legen.

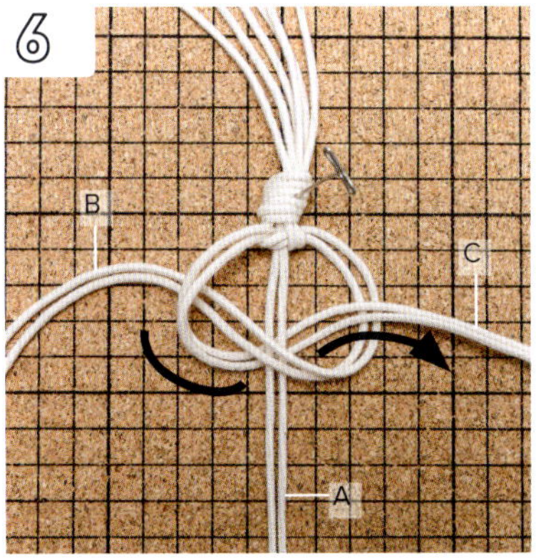

C unter A und dann durch die von B gebildete Schlaufe führen.

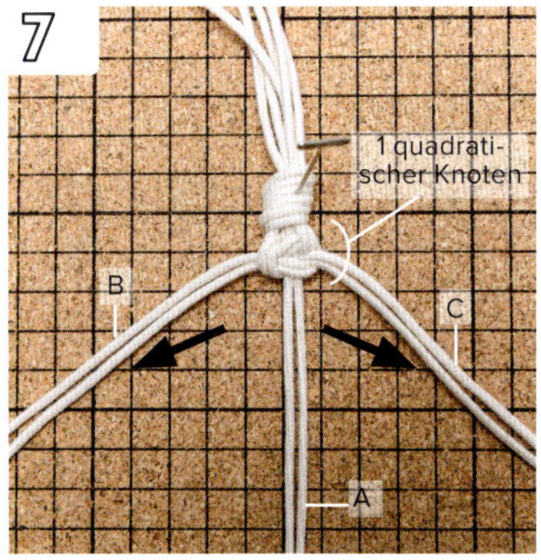

Die Knüpffäden B und C zur Seite hin festziehen. Damit ist ein ganzer Kreuzknoten fertig.

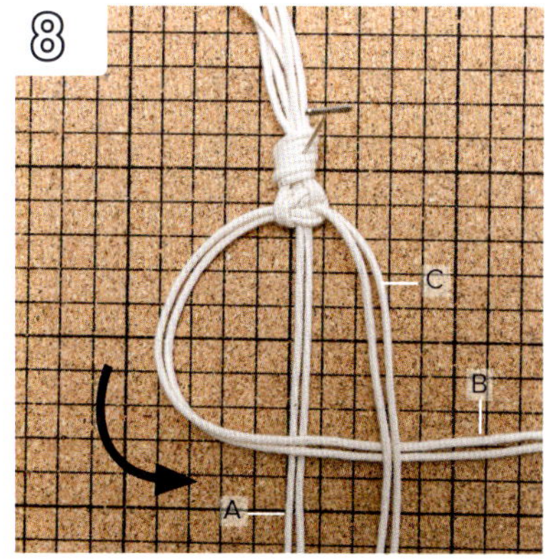

Nun den in den Schritten 2–4 gezeigten Vorgang wiederholen, also zuerst B über A und unter C legen.

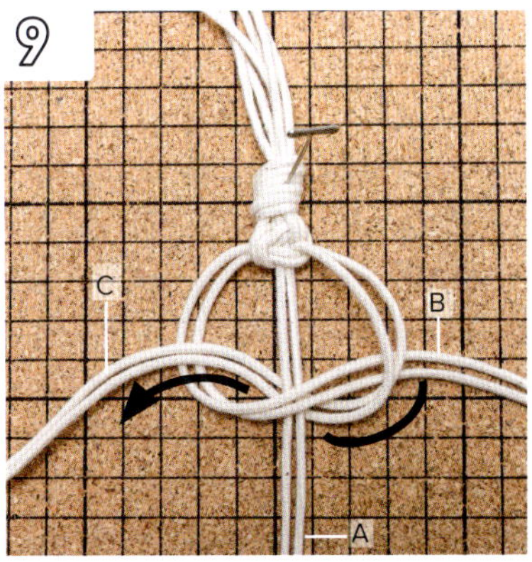

C unter A und dann durch die von B gebildete Schlaufe führen.

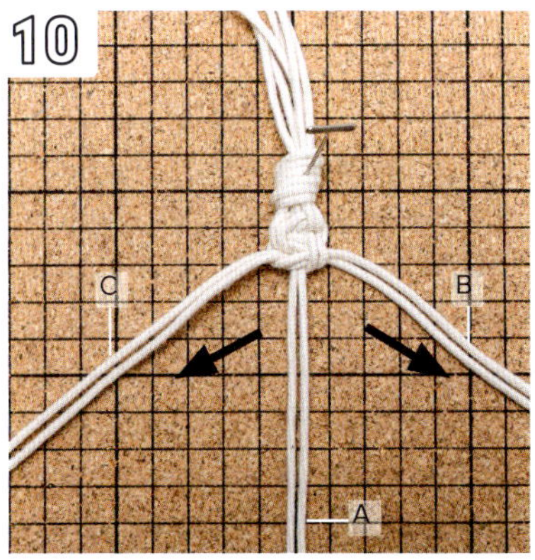

Die Knüpffäden B und C zur Seite hin festziehen. Damit sind anderthalb Kreuzknoten fertig.

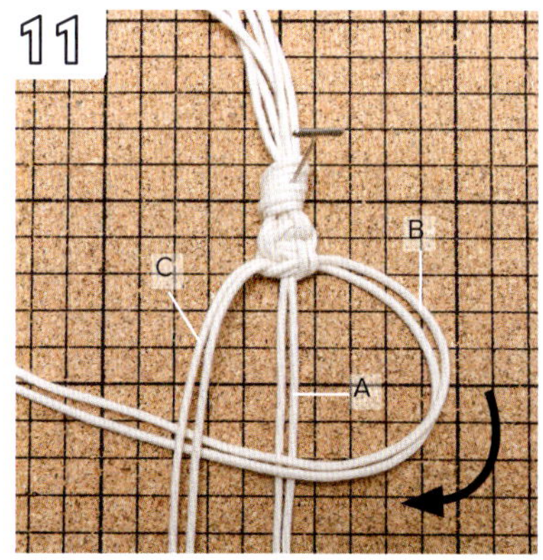

Nun den in den Schritten 5-7 gezeigten Vorgang wiederholen, also zuerst B (jetzt auf der rechten Seite) über A und unter C legen.

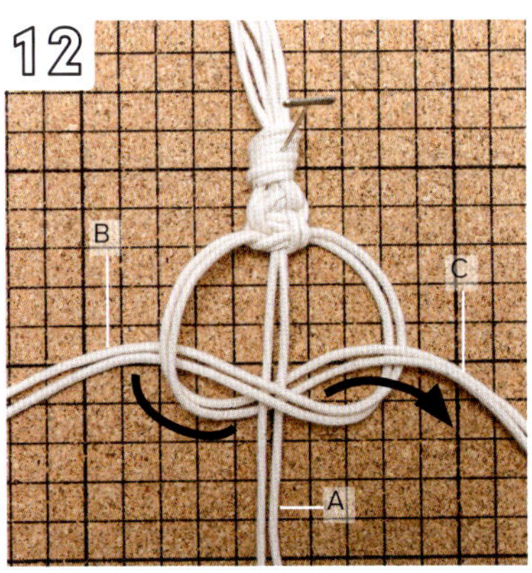

C unter A und durch die von B gebildete Schlaufe führen.

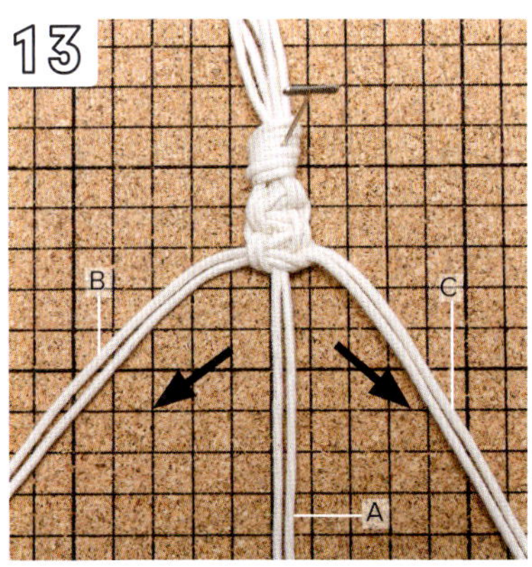

Die Knüpffäden B und C zur Seite hin festziehen. Damit sind zwei Kreuzknoten fertig.

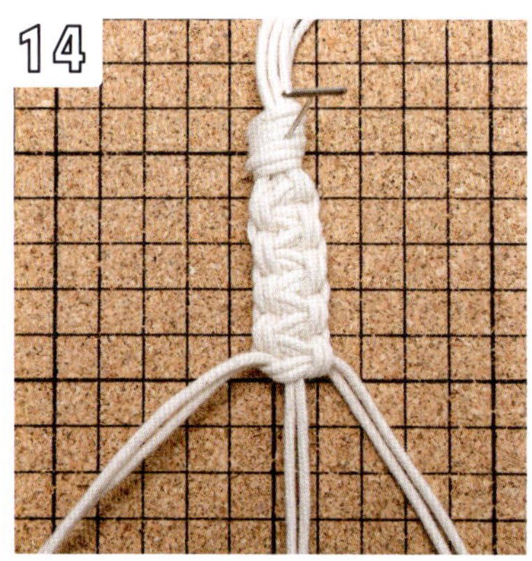

Auf diese Weise ein 16 cm langes Kreuzknotenband knüpfen; dabei die T-Nadel nach Bedarf versetzen.

15

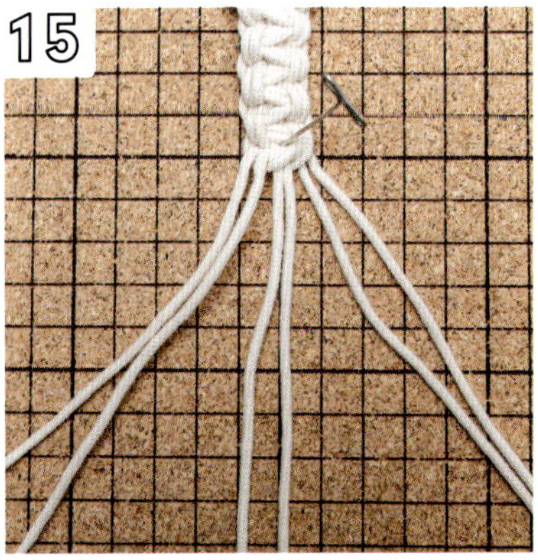

Wenn das Kreuzknotenband 16 cm lang ist, den Überhandknoten aus Schritt 1 lösen, den Henkel um 180 Grad drehen und wieder mit der T-Nadel feststecken. Weitere 16 cm Kreuzknoten knüpfen, wie oben beschrieben.

16

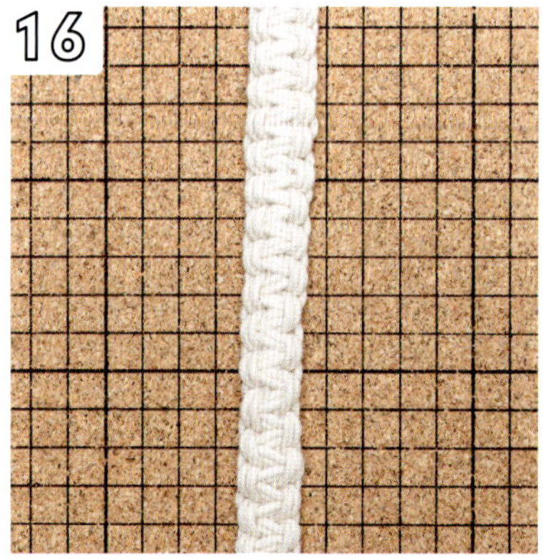

Ansicht des fertigen Henkels nach dem Knüpfen der zweiten 16-cm-Partie.

17

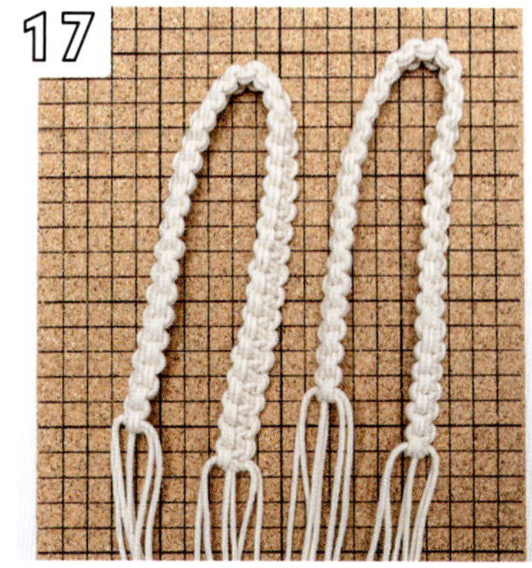

Für die Herstellung des zweiten Henkels den gesamten Vorgang wiederholen.

Schritt 2: Hauptteil der Tasche

OBERE PARTIE DES HAUPTTEILS

Mithilfe des Diagramms auf S. 91 die obere Partie der Tasche im Kreuzknoten-Netzmuster arbeiten. Das Muster besteht nur aus versetzten Kreuzknoten – es sieht daher komplizierter aus, als es ist!

1

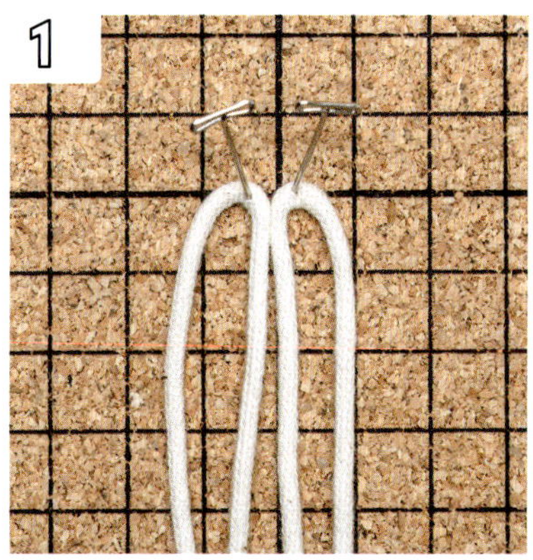

zwei 120 cm lange Fäden mittig falten und die Mittelpunkte nebeneinander am Brett feststecken, sodass die Fäden nebeneinanderliegen.

2

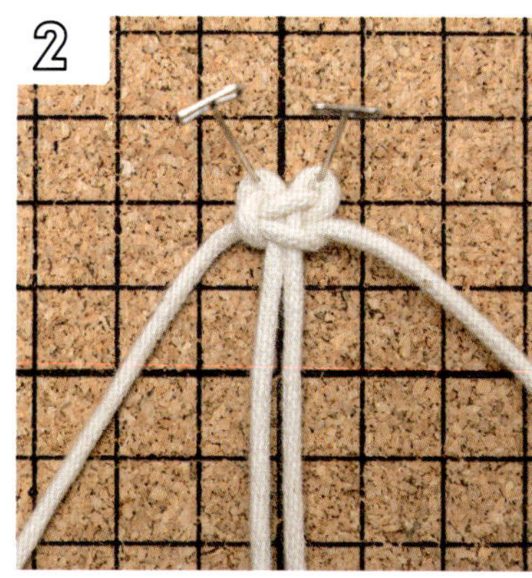

Mit den beiden mittleren Fäden als Leitfäden einen Kreuzknoten knüpfen.

3

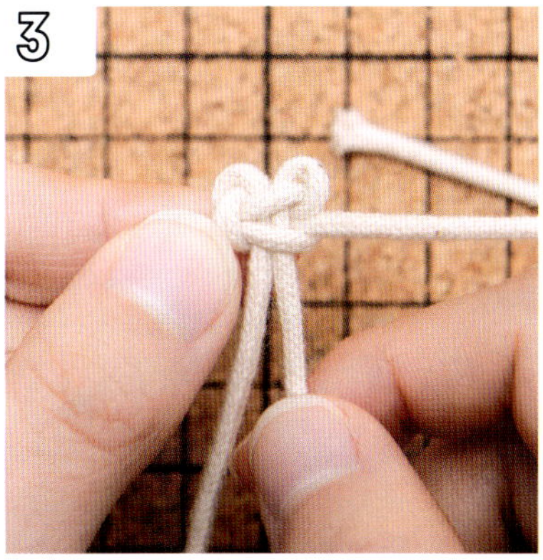

Die Partie oben rechts am rechten Leitfaden in Form ziehen.

4

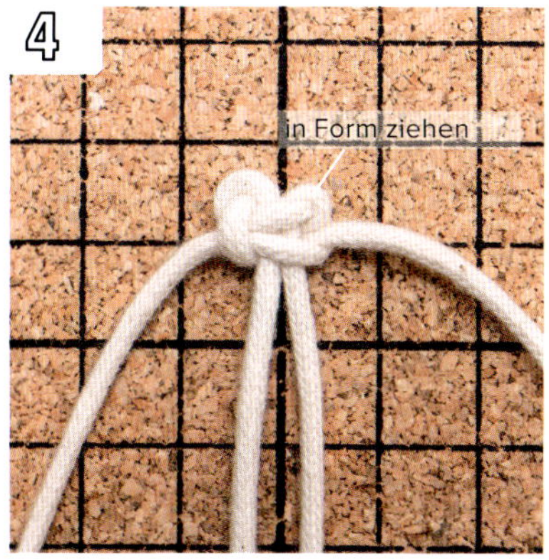

Ansicht, nachdem die Partie rechts in Form gezogen ist.

5

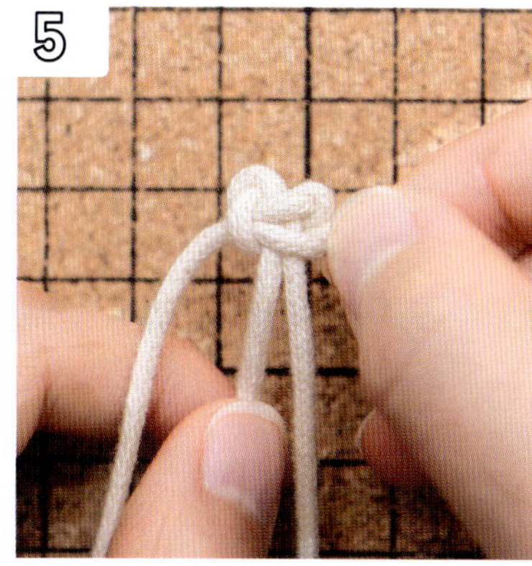

Die Partie oben links am linken Leitfaden in Form ziehen.

6

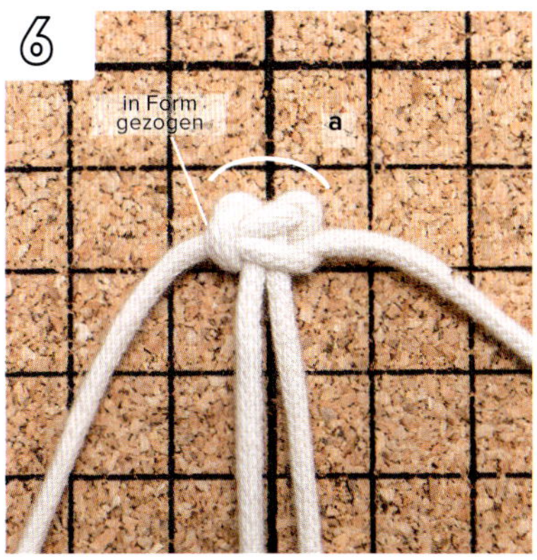

Ansicht, nachdem die Partie oben links in Form gezogen ist. Diese Fadengruppe wird im Folgenden **a** genannt.

7

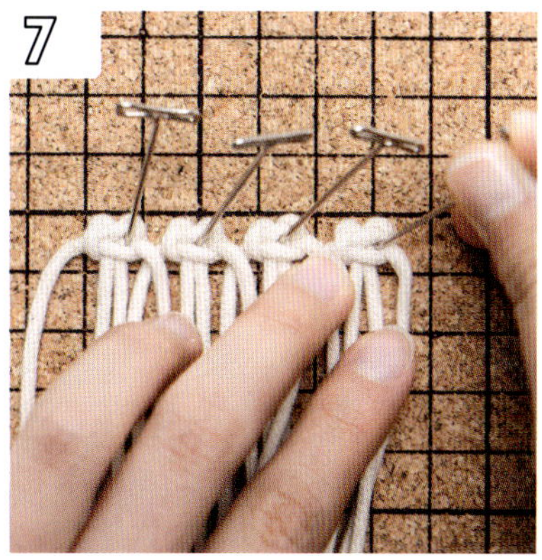

36-mal Fadengruppe **a** anfertigen und nebeneinander auf das Brett stecken.

8

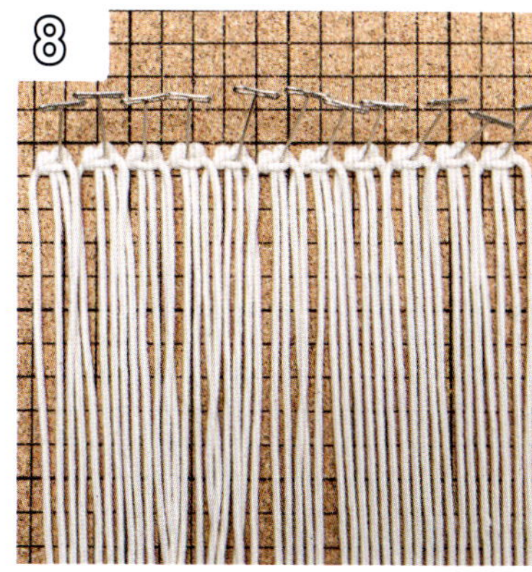

Wenn nicht alle 36 Fadengruppen **a** auf das Brett passen, nur die bequem passende Anzahl feststecken und in Etappen arbeiten.

9

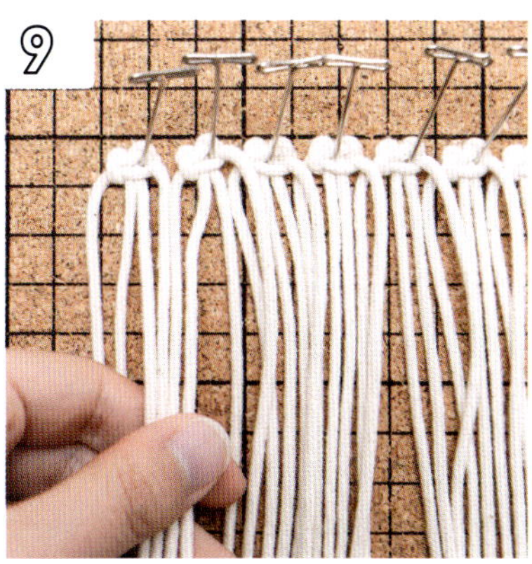

Zum Knüpfen der 1. Reihe die ersten 2 Fäden überspringen. Dann die beiden rechten Fäden der ersten Gruppe **a** und die beiden linken Fäden der zweiten Gruppe **a** zusammen gruppieren. Mit diesen 4 Fäden einen Kreuzknoten knüpfen.

10

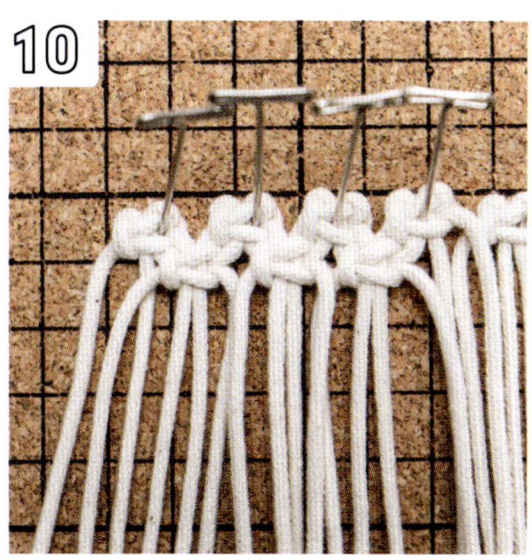

Den in Schritt 9 beschriebenen Vorgang wiederholen und fortlaufend Kreuzknoten aus Fäden nebeneinanderliegender Fadengruppen knüpfen.

11

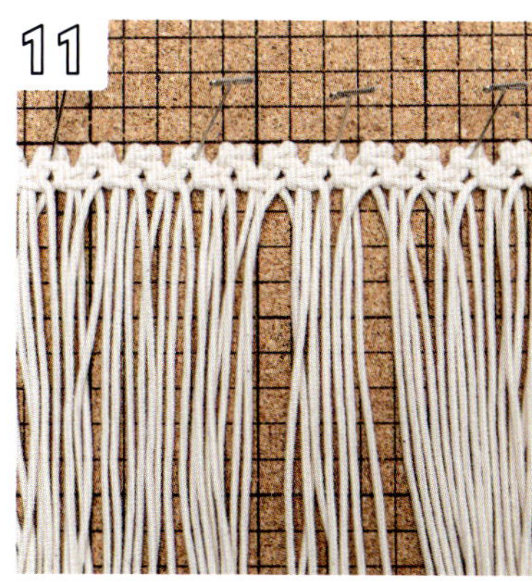

Die 1. Reihe des Kreuzknoten-Netzmusters ist fertig (mit so vielen Fadengruppen **a**, wie auf das Brett passen).

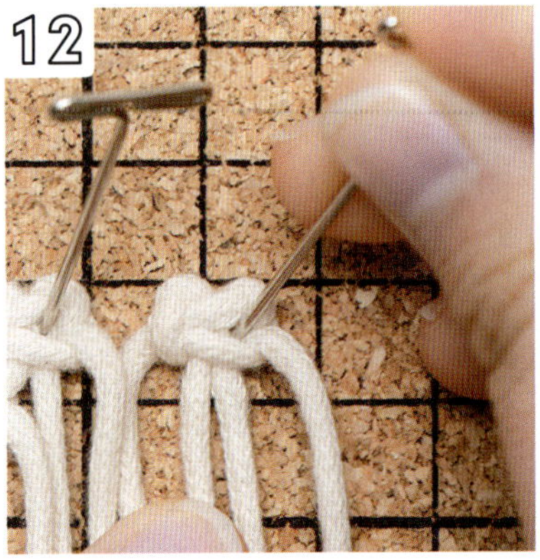

Die T-Nadeln lösen und die Arbeit versetzen. Die übrigen Fadengruppen **a** neben der fertigen Partie auf das Brett stecken und wie beschrieben weiterarbeiten, um die 1. Reihe des Kreuzknoten-Netzmusters fertigzustellen. Achtung, auf beiden Seiten der Arbeit werden 2 Fäden nicht geknotet.

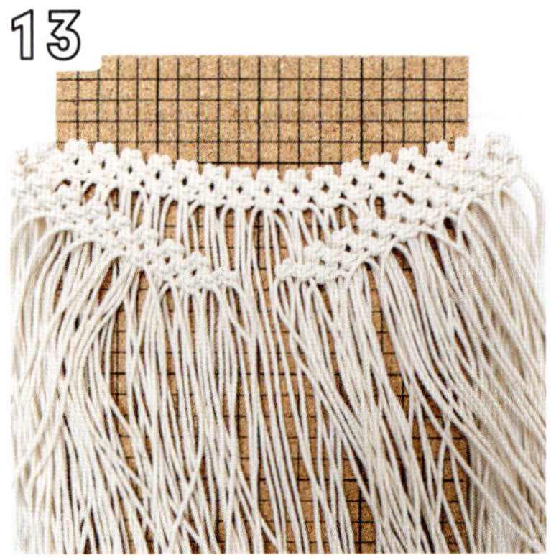

Für die 2. Reihe des Kreuzknoten-Netzmusters werden beidseits die 4 äußersten Fäden nicht geknotet. Ab dem 5. Faden fortlaufend mit jeweils 4 angrenzenden Fäden Kreuzknoten knüpfen. Das Foto oben zeigt die Arbeit nach Fertigstellung der 2. Reihe des Kreuzknoten-Netzmusters.

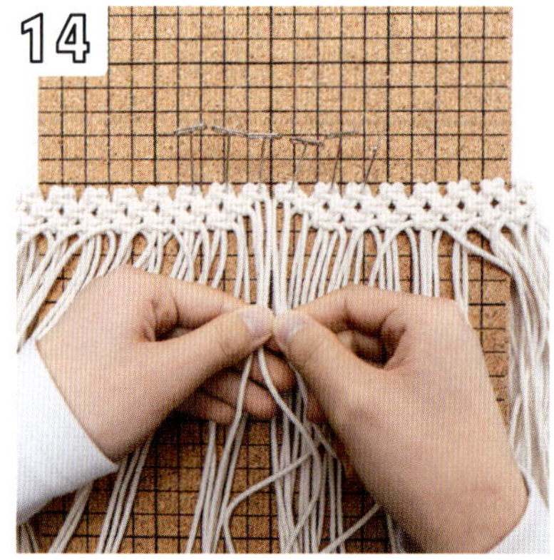

Die Arbeit um das Brett herumlegen und die Enden auf derselben Höhe ausrichten. Die beiden Fäden von jedem Ende der 1. Reihe zusammen gruppieren.

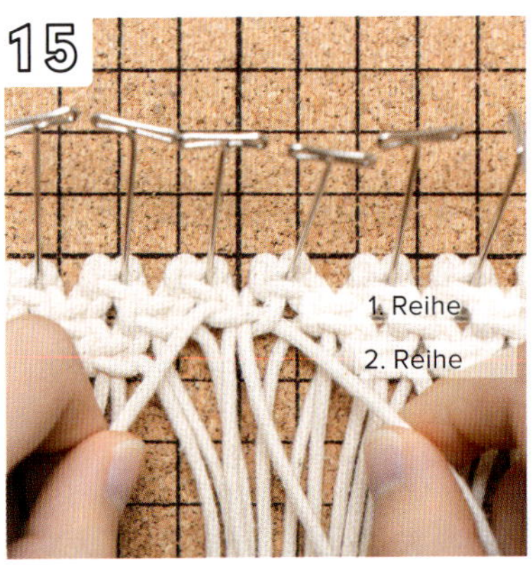

Mit den 4 Fäden aus Schritt 14 einen Kreuzknoten knüpfen. Damit wurden die Enden der Arbeit zum Ring verbunden. Nun die ungeknotet gebliebenen Fäden der 2. Reihe nehmen und aus jeder Fadengruppe (4 Fäden) einen Kreuzknoten knüpfen.

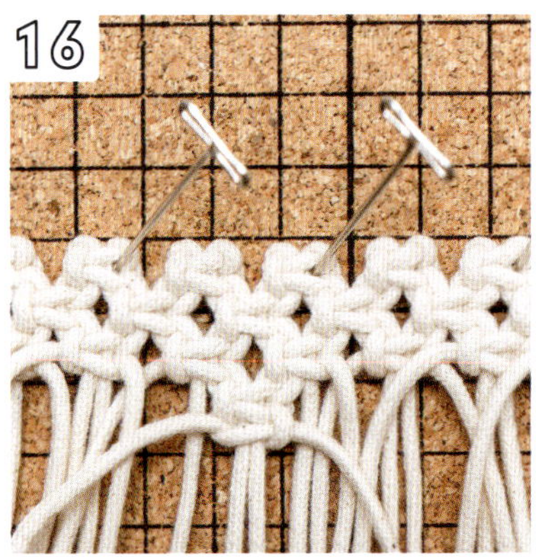

Aus jeweils 2 Fäden nebeneinanderliegender 4er-Gruppen 1,5 Kreuzknoten knüpfen.

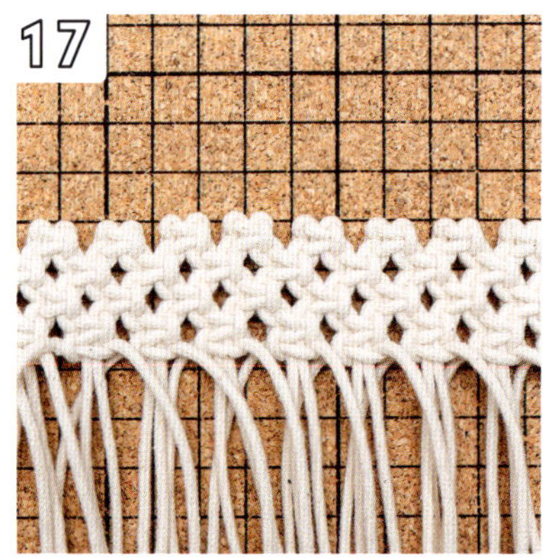

Schritt 16 um den gesamten Ring herum wiederholen. Damit ist die obere Partie des Hauptteils fertig. Das entstandene Kreuzknoten-Netzmuster besteht aus 2 Reihen einzelner versetzter Kreuzknoten und einer Reihe aus 1,5 versetzten Kreuzknoten.

UNTERE PARTIE DES HAUPTTEILS

Mit derselben Technik wird der übrige Hauptteil geknüpft, doch diesmal wird das Kreuzknoten-Netzmuster stets aus 1,5 Kreuzknoten geknüpft (siehe Diagramm Seite 90-91).

1

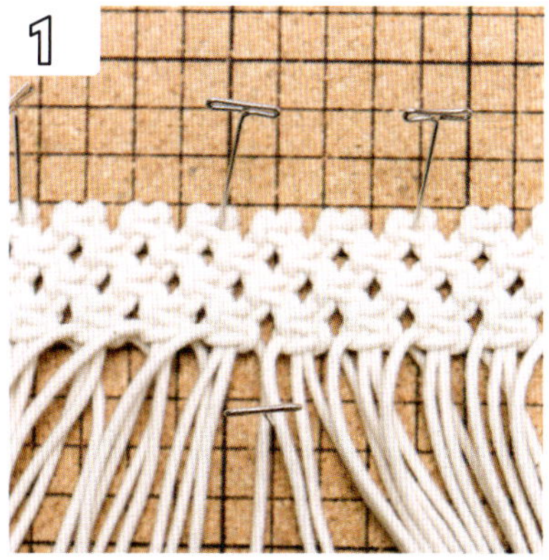

1,5 cm unter dem gerade fertiggestellten oberen Hauptteil eine T-Nadel in das Brett stecken.

TIPP

Makramee sicher feststecken

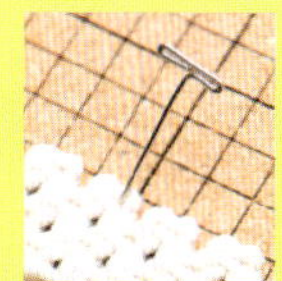

T-Nadeln im entgegengesetzten Winkel zu der Richtung feststecken, in der an den Fäden gezogen wird. Die Nadel dabei besser durch die Knoten stecken, nicht durch die Fäden.

2

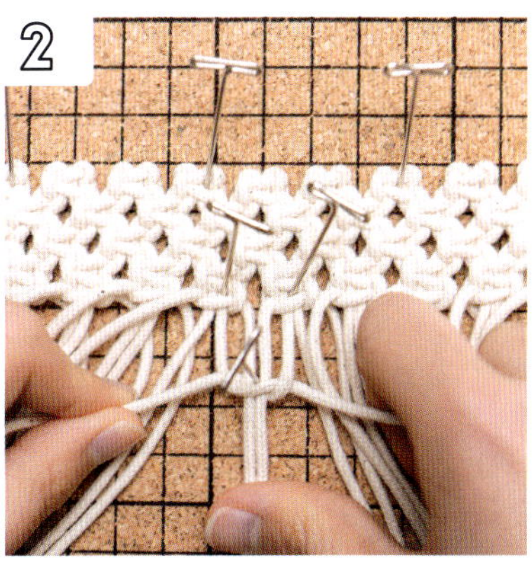

Die obere Partie des Taschen-Hauptteils mit einigen T-Nadeln feststecken. Unterhalb der in Schritt 1 gesteckten Nadel 1,5 Kreuzknoten knüpfen. So entsteht ein Abstand von 1,5 cm zwischen der oberen Taschenpartie und dem soeben geknüpften Knoten.

3

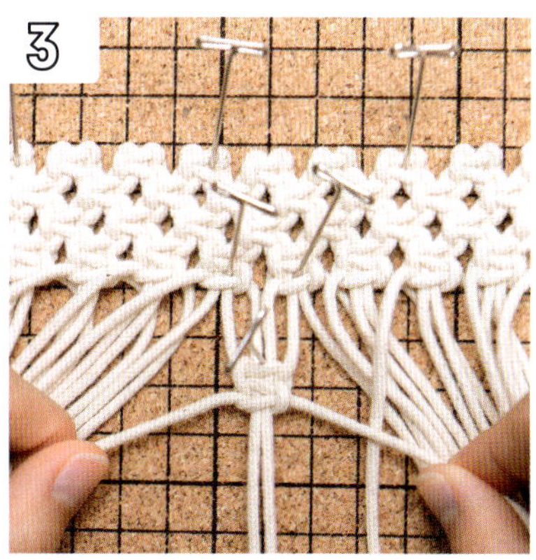

Die Knoten an den Fadenenden sorgfältig festziehen.

4

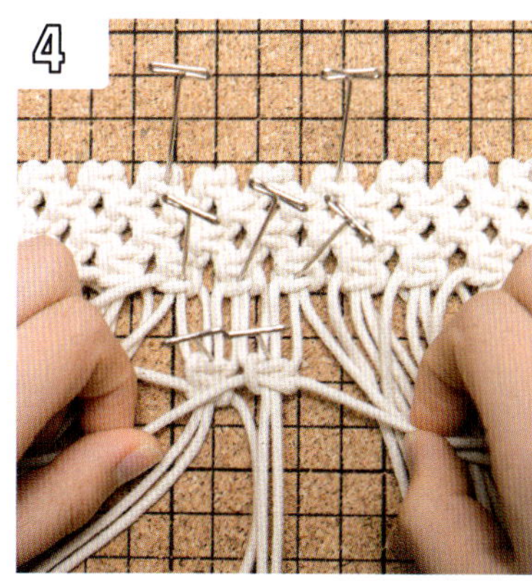

Weiter in 1,5 cm Abstand zur oberen Partie 1,5 Kreuzknoten knüpfen.

Anmerkung *Wenn du zu wenig Nadeln hast, bastele dir einen 1,5 cm breiten Abstandhalter aus Pappe.*

5

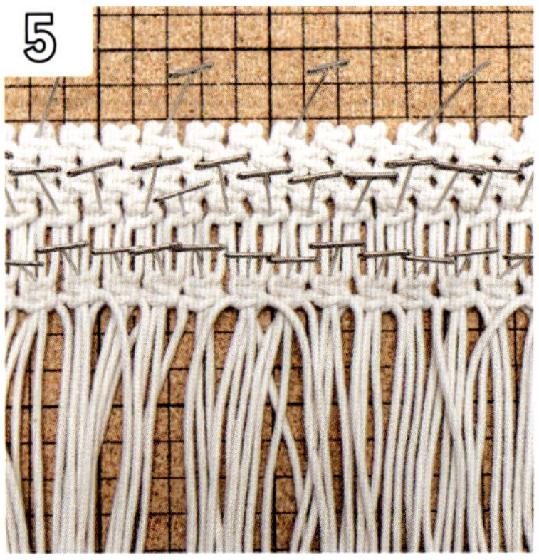

Eine Reihe ist fertig.

6

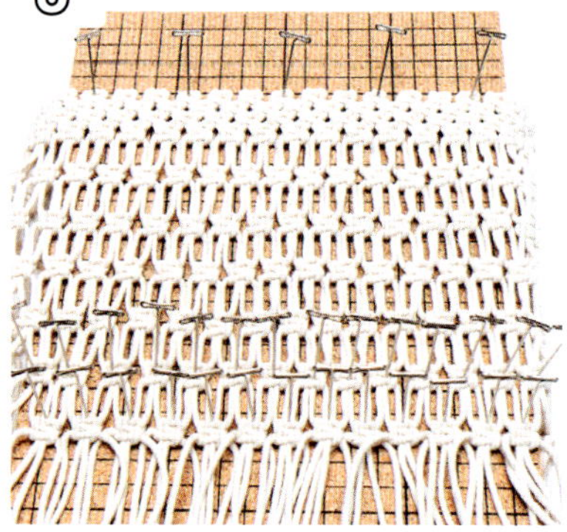

Auf die gleiche Weise insgesamt 7 Reihen knüpfen.

7

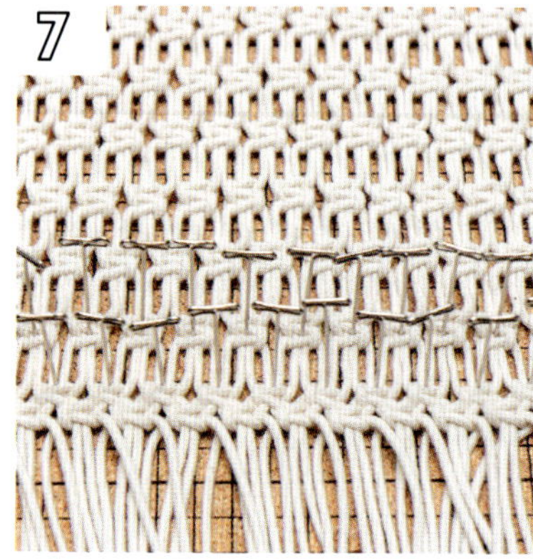

Dann 1,5 cm unter der 7. Reihe eine Reihe Kreuzknoten knüpfen. Unmittelbar darunter (ohne Abstand) eine Reihe versetzter Kreuzknoten arbeiten.

TASCHENBODEN

Wenn der Hauptteil der Tasche fertig ist, wird der Boden geknüpft. Zum Schluss werden die Fadenenden versäubert.

1

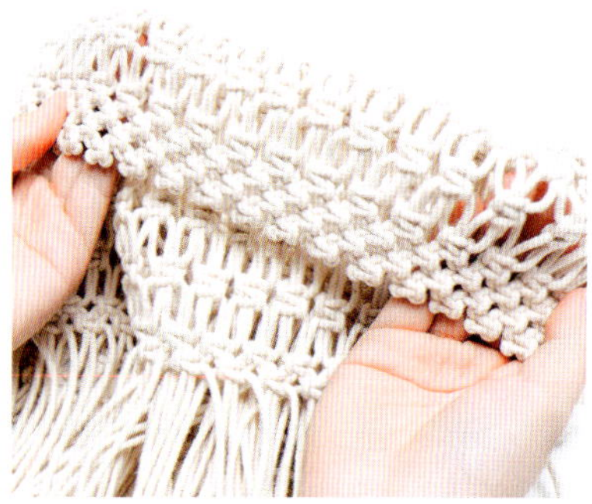

Den Hauptteil der Tasche auf links wenden.

2

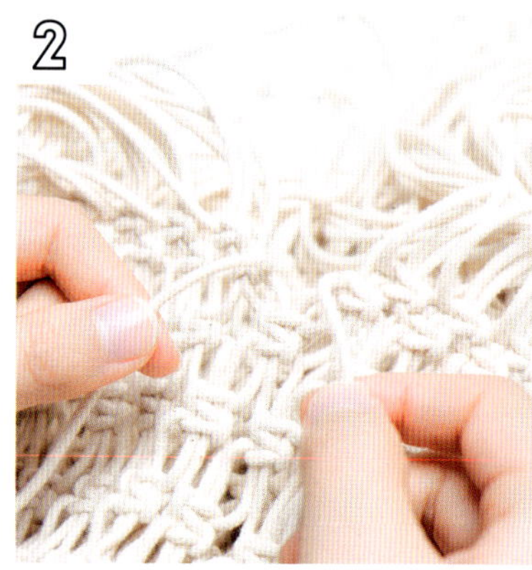

Mithilfe des Diagramms auf Seite 90–91 die mit ♡ gekennzeichneten Fadenenden nebeneinanderlegen. Sie werden an die Seiten der Tasche gelegt und zur Herstellung der Taschenecken verwendet.

3

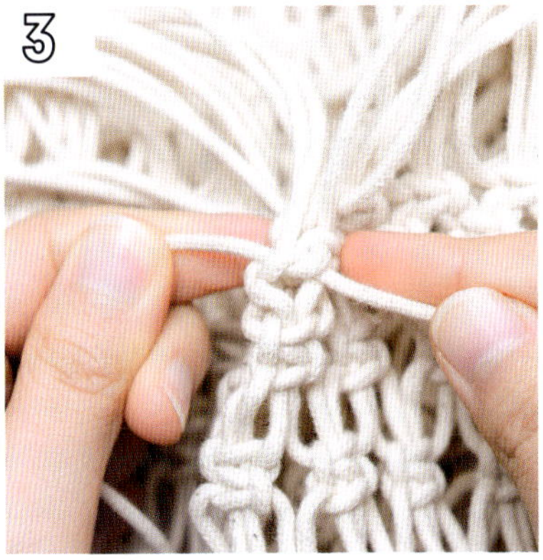

Mit der ersten Fadengruppe einen Kreuzknoten knüpfen.

4

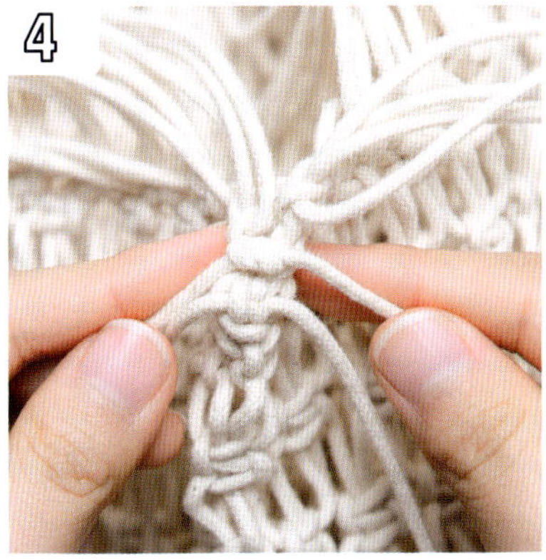

Mit der nächsten Fadengruppe einen Kreuzknoten knüpfen.

5

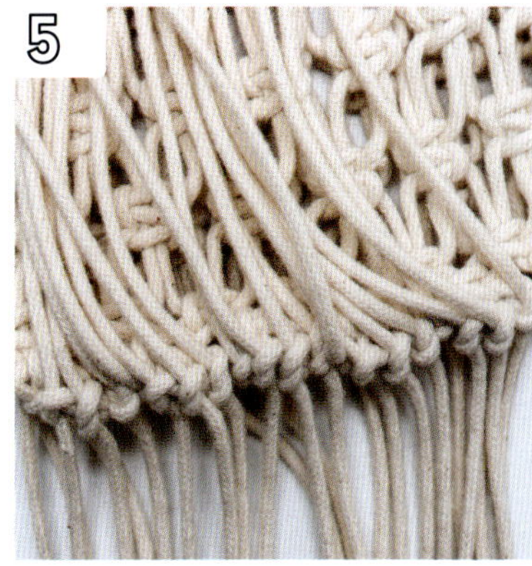

Nun an der Unterkante die Fadenenden der mit ☆ markierten Partien (gegenüberliegende Seiten der Tasche) genau aneinanderlegen. Mit jeder Fadengruppe einen Kreuzknoten knüpfen, um den Taschenboden zu schließen.

6

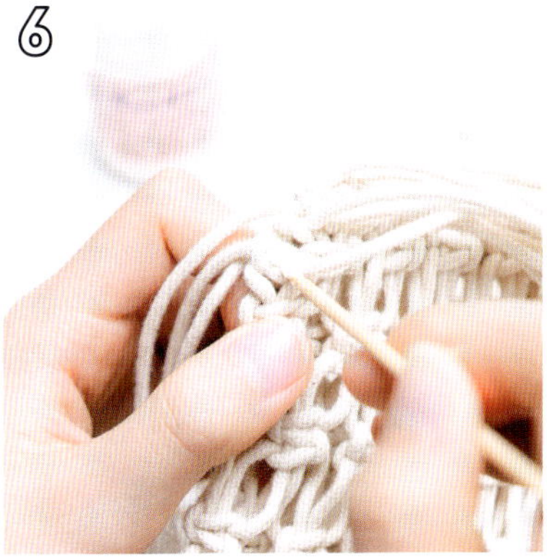

Wenn alle Knoten geknüpft sind, mit einem Bambusstäbchen etwas Klebstoff auf die Fadenenden und Knoten aufbringen. Dabei nur so viel verwenden, dass kein Klebstoff auf die Außenseite der Tasche durchdringt.

7

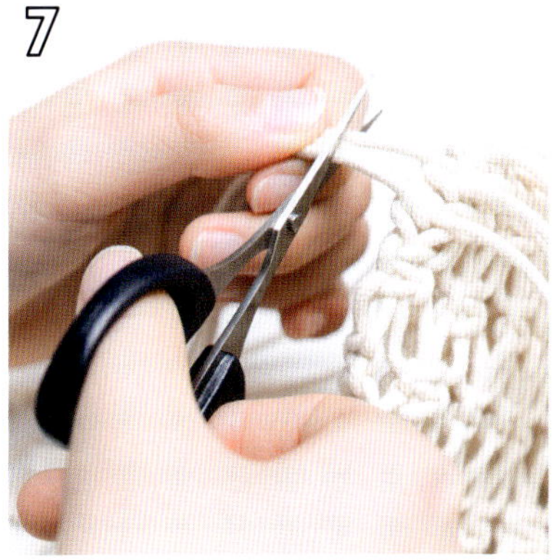

Nach dem Trocknen des Klebstoffs die Fadenenden in etwa 2 cm Länge abschneiden. Die Tasche auf rechts wenden.

TIPP

Fäden versäubern mithilfe einer Wollnadel

Die hier gezeigte Methode zum Versäubern funktioniert gut bei einem Taschenboden, doch bei später sichtbaren Partien wie den Henkeln musst du anders vorgehen. Die Fadenenden einfach in eine Wollnadel einfädeln und auf der Innenseite der Tasche unter die Knoten ziehen. Damit die Enden sich nicht lösen, kannst du sie mit etwas Klebstoff fixieren.

Schritt 3: Befestigen der Henkel

Um die Tasche fertigzustellen, musst du die Henkel an den markierten Punkten anbringen und die Fadenenden auf der Rückseite versäubern. Wenn du keine Pinzette hast, kannst du die Fäden mithilfe einer Wollnadel vernähen.

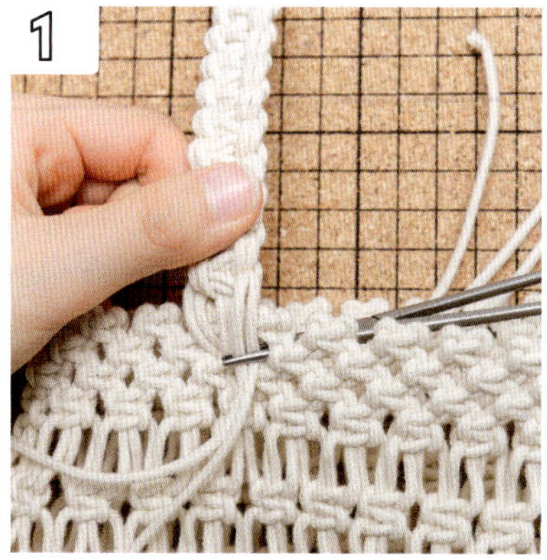

Die Henkel gemäß den ▲☆◉-Symbolen im Diagramm auf Seite 90–91 an die Tasche legen. Die Fadenenden mithilfe einer Pinzette von der Außen- auf die Innenseite ziehen.

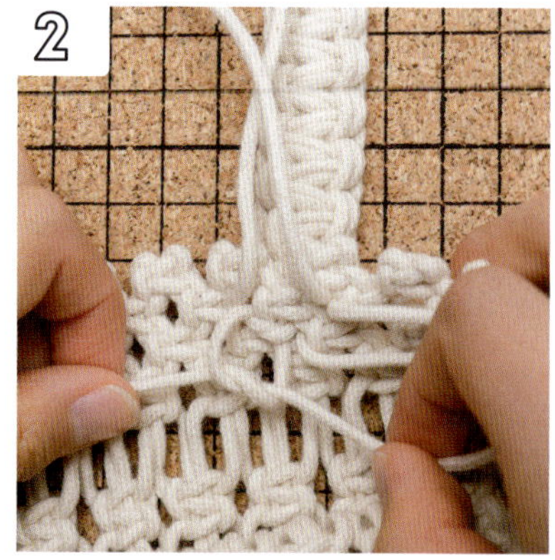

Auf der Innenseite mit jeder Fadengruppe aus 2 Fäden einen Kreuzknoten knüpfen.

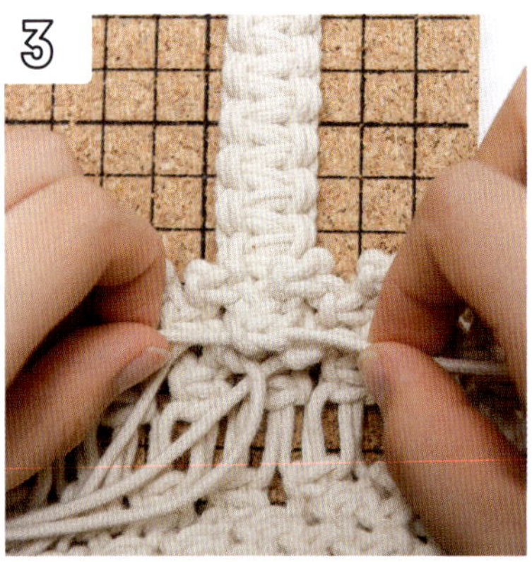

Diese Knoten fest anziehen.

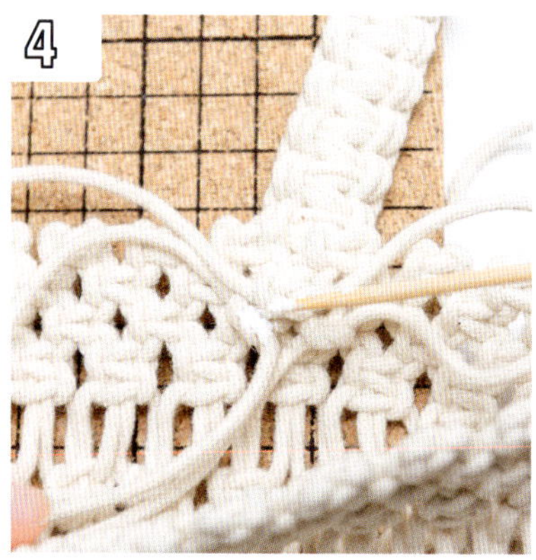

Mit einem Bambusstäbchen Klebstoff auf die Fadenenden und Knoten auftragen.

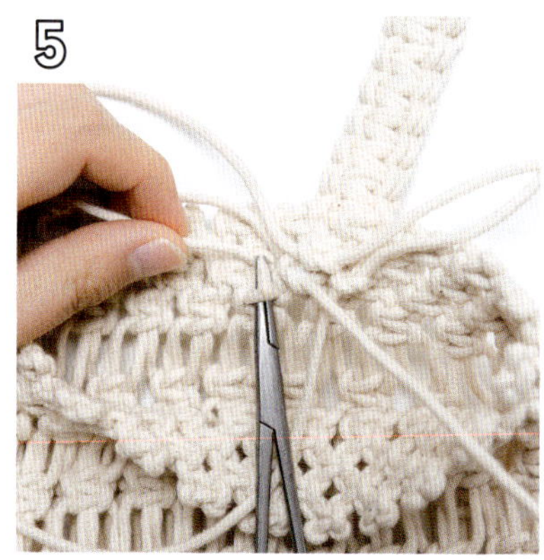

Nach dem Trocknen die Fadenenden mithilfe einer Pinzette unter einen angrenzenden Knoten ziehen, damit die Enden nicht hervorschauen.

6

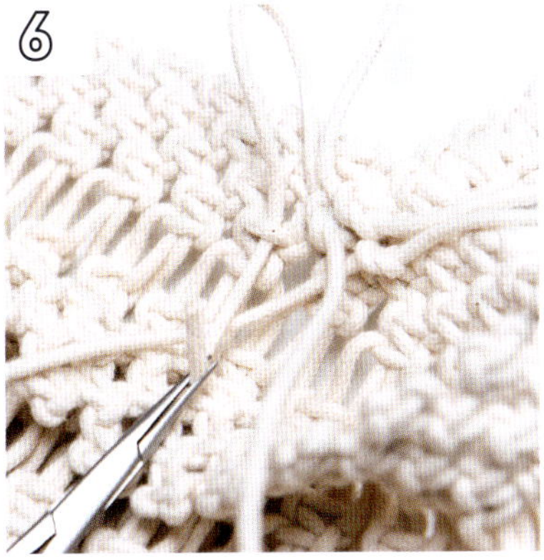

Die Fadenenden unter die seitlichen Partien angrenzender Kreuzknoten ziehen.

7

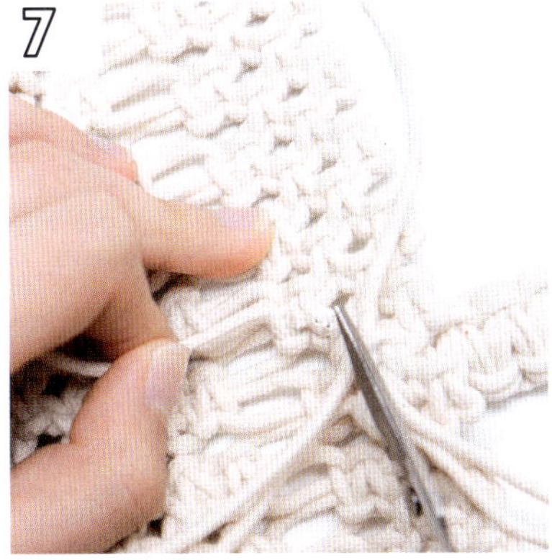

Überstehende Fadenenden in etwa 5 mm Länge abschneiden.

8

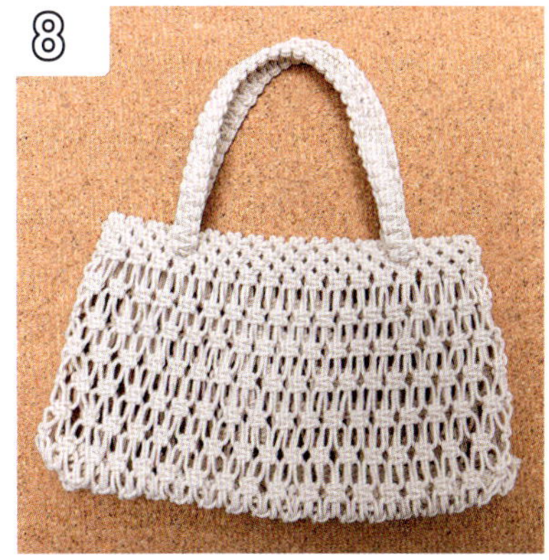

Die fertige Tasche auf rechts wenden.

Knüpfdiagramme richtig lesen

Dieses Buch wurde ursprünglich in Japan veröffentlicht, wo Makramee-Anleitungen stets mit Diagrammen dargestellt werden. Diese Knüpfdiagramme enthalten alle benötigten Informationen zur Anfertigung eines Modells, zum Beispiel den Anfangspunkt sowie die Art und Anzahl der verwendeten Knoten. Auf dieser Seite erfährst du, wie du die Knüpfdiagramme in diesem Buch richtig liest.

ANFANGSPUNKT

Jedes Knüpfdiagramm gibt den Anfangspunkt an. Dazu gehört ein Pfeil, der die Arbeitsrichtung anzeigt.

Anmerkung
Manche Knüpfdiagramme sind sehr breit, sodass sie sich über zwei Seiten erstrecken. Dabei stets nach dem gesamten Diagramm arbeiten.

ANMERKUNG ZUR DARSTELLUNG

Knüpfdiagramme sind zweidimensionale Darstellungen von dreidimensionalen Objekten. Im Prinzip zeigen sie, wie eine Tasche aussehen würde, wenn man sie ganz flachdrückt. Zu jedem Modell wird die Position der Seiten, der Mitte und sonstiger wichtiger Punkte angegeben.

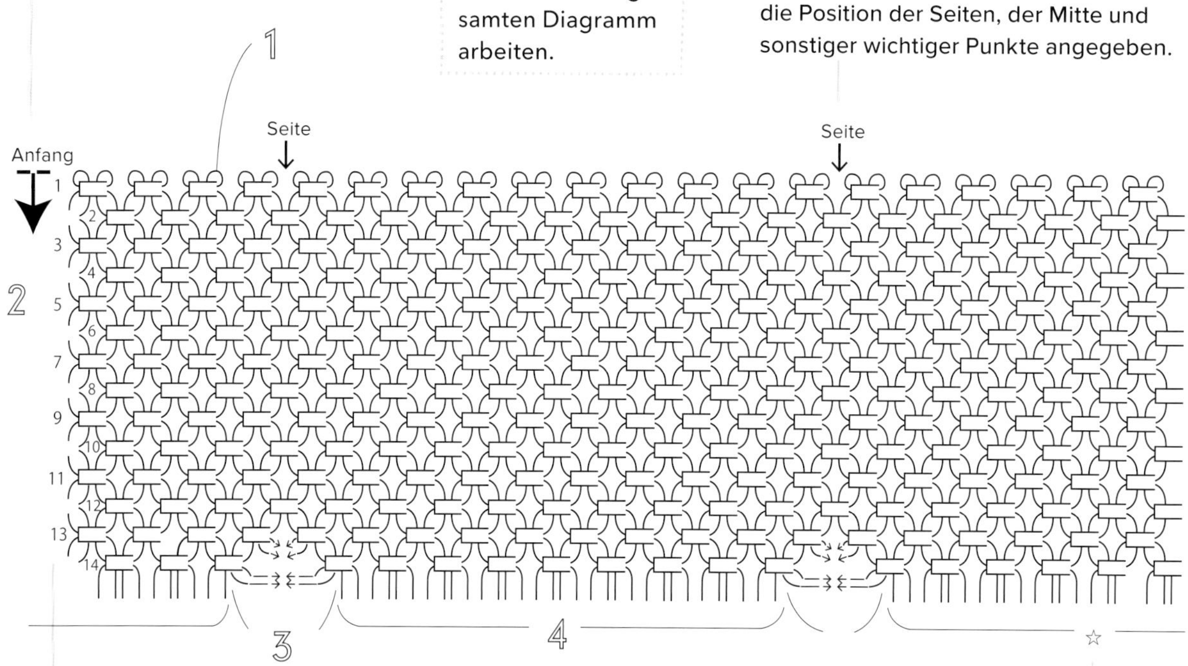

REIHENZAHL

Die kleinen Zahlen im Diagramm geben die Reihenzahl an.

NUMMER DES ARBEITSSCHRITTS

Die großen Zahlen im Diagramm geben die Nummer der Arbeitsschritte an. Zu jedem Modell gehört auch eine Textanleitung, deren Schritte diesen Zahlen entsprechen.

SYMBOLE

Oft enthalten die Diagramme auch Symbole. Diese markieren bestimmte Partien der Tasche, die aneinandergelegt werden müssen, um den Boden oder die Ecken der Tasche zu formen.

Anleitungen ▷

01 · 02

Schwarze & weiße Netz-Handtasche mit Ledergriffen

Fotos Seiten 10–13

MATERIAL

TASCHE 1

14 m schwarzes Baumwollgarn (Stärke 2 mm)

37 m schwarzes Baumwollgarn (Stärke 3 mm)

TASCHE 2

14 m weißes Baumwollgarn (Stärke 2 mm)

37 m weißes Baumwollgarn (Stärke 3 mm)

> Knüpffäden für Haupttasche (3 mm):
> 16 Fäden à 170 cm
> 6 Fäden à 160 cm
>
> Knüpffäden für Streifen A (2 mm):
> 4 Fäden à 110 cm
>
> Leitfäden für Streifen A (2 mm):
> 4 Fäden à 40 cm
>
> Knüpffäden für Streifen B (2 mm):
> 4 Fäden à 130 cm
>
> Leitfäden für Streifen B (2 mm):
> 4 Fäden à 50 cm

BEIDE TASCHEN

2 Lederriemen à 36 cm (1,5 cm breit)

4 Nieten (8 mm Durchmesser)

4 D-Ringe (1,8 cm breit)

0,5 m Futterstoff

2 Lederschnüre à 100 cm (2 mm Durchmesser)

SYMBOLE

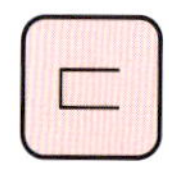
Kreuzknoten
▹ *Seite 56*

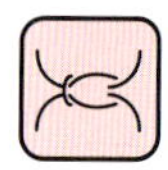
Kreuzknoten
▹ *Seite 52*

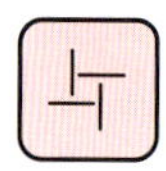
Chinesischer Kronenknoten
▹ *Seite 54*

FERTIGE GRÖSSE

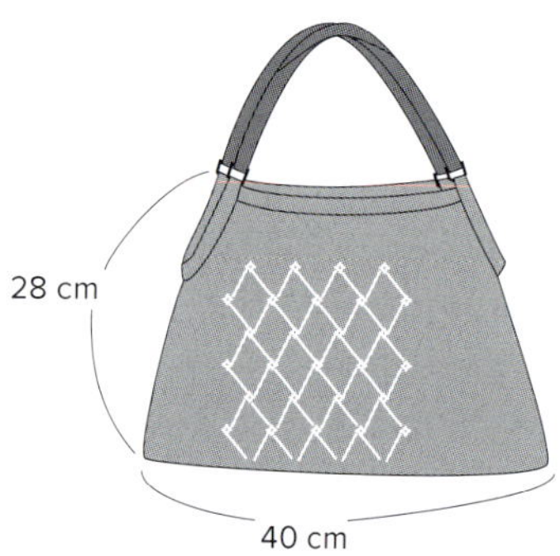

HENKEL (2 STÜCK ANFERTIGEN)

2 Zur Befestigung eine Niete durch beide Lagen des Riemens schlagen.

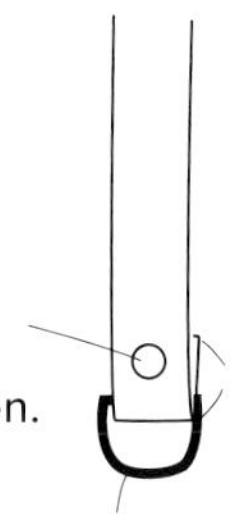

1 Die Enden beider Lederriemen durch einen D-Ring ziehen und 2 cm breit umschlagen.

TASCHENFUTTER NÄHEN

1 Für das Futter ein 45 x 78 cm großes Stück Stoff zuschneiden. Rechts auf rechts falten und jede Seite 14 cm von der Oberkante markieren. Dies ist die Position des Endes der Tunnelzug-Öffnung.

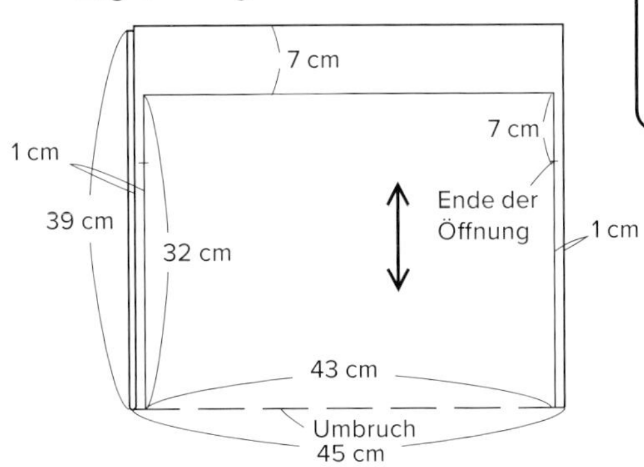

2 Diese 14-cm-Partie zweimal je 5 mm breit umbügeln und feststeppen.

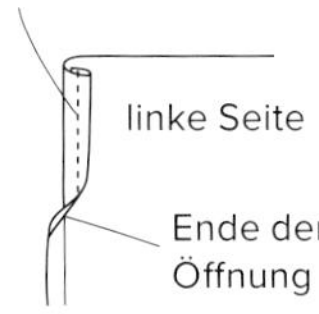

3 Die Seiten unterhalb der Markierung mit 1 cm Nahtzugabe zusammennähen.

4 Die Oberkante des Futters zweimal je 3,5 cm breit umbügeln und 2 cm vom Rand entfernt feststeppen.

5 Das Futter auf rechts wenden. Die Lederschnüre in entgegengesetzter Richtung in den Tunnel einziehen und die Enden verknoten.

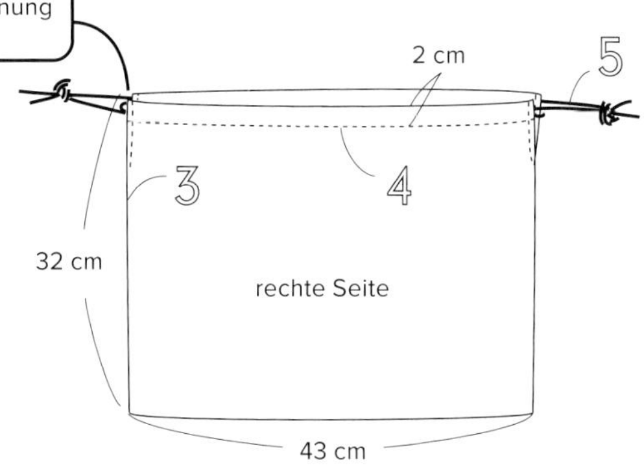

HAUPTTEIL DER TASCHE

1 Von den Streifen A und B jeweils zwei Stück anfertigen. Dazu die Fäden an ihrem Mittelpunkt zusammenlegen und von der Mitte nach außen knüpfen (siehe Pfeile).

2 Die Fadenenden von A durch die Knoten von B fädeln, wie durch die rosa Punkte dargestellt. Die Enden auf der Rückseite durch Kreuzknoten sichern.

3 Die 170 cm langen Knüpffäden an den im Diagramm gezeigten Positionen durch die Seitenschlaufen der Kreuzknoten von Streifen A fädeln.

4 An den im Diagramm mit ♡ markierten Punkten jeweils drei 160 cm lange Knüpffäden durch die Seitenschlaufen der Kreuzknoten von Streifen B fädeln.

1

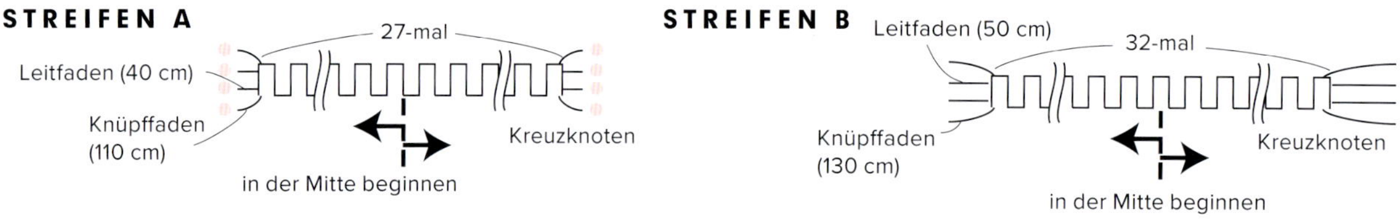

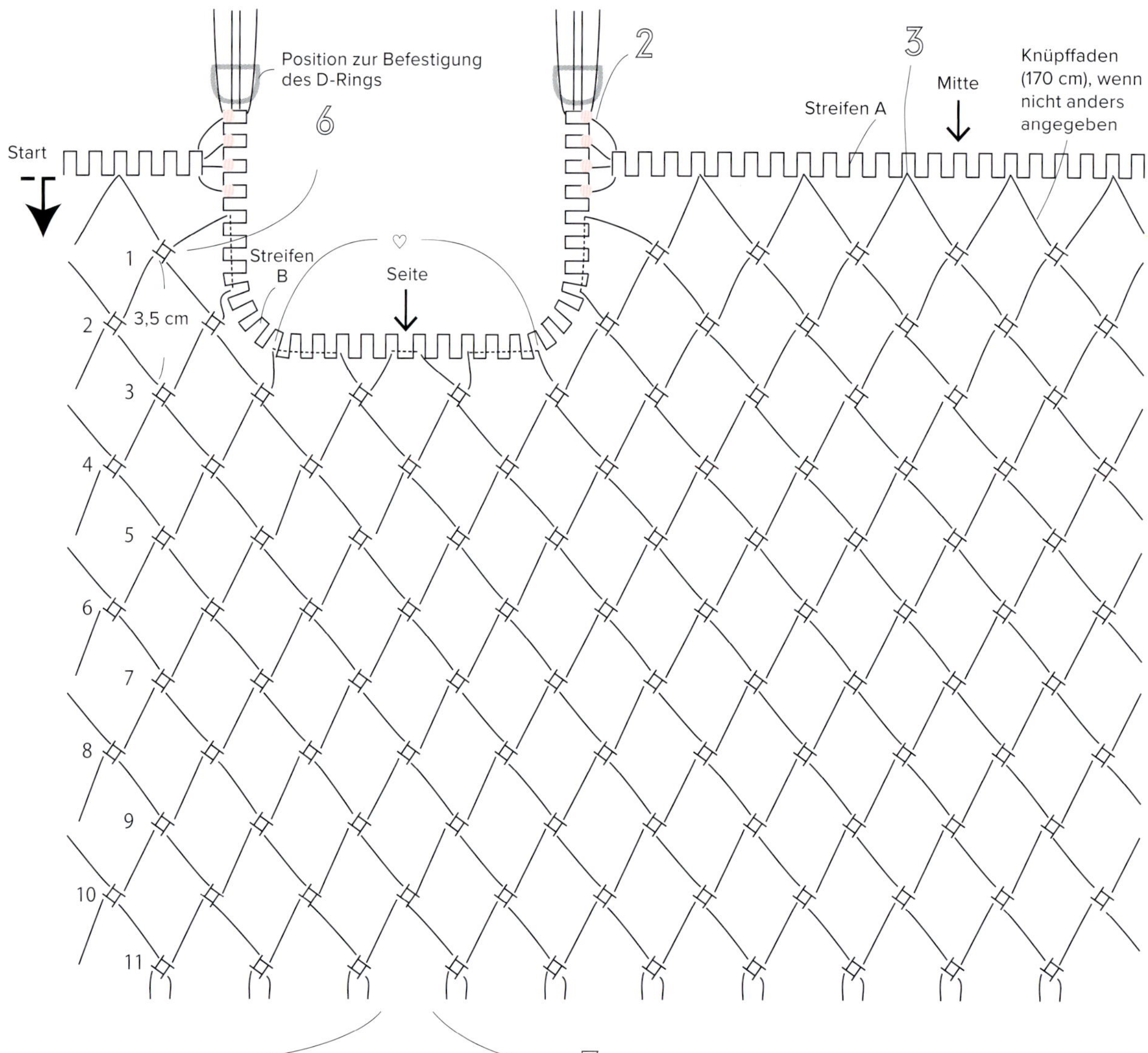

5 Auf die gleiche Weise an den im Diagramm gezeigten Positionen zwei 170 cm lange Knüpffäden durch die Seitenschlaufen der Kreuzknoten von Streifen B fädeln.

6 11 Reihen Kreuzknoten mit jeweils 3,5 cm Abstand zwischen den Reihen knüpfen. Die Reihenenden verbinden, sodass eine schlauchförmige Tasche entsteht.

7 Die Tasche auf links wenden. Um den Taschenboden zu schließen, die gegenüberliegenden Unterkanten der Tasche durch Kreuzknoten verbinden (im Diagramm durch ☆ angezeigt). Zum Versäubern die Fadenenden auf links durch die Kreuzknoten aus Reihe 11 ziehen.

8 Die Fadenenden von Streifen B durch die D-Ringe ziehen und auf der Innenseite der Tasche befestigen. Das Futter in die Tasche einsetzen.

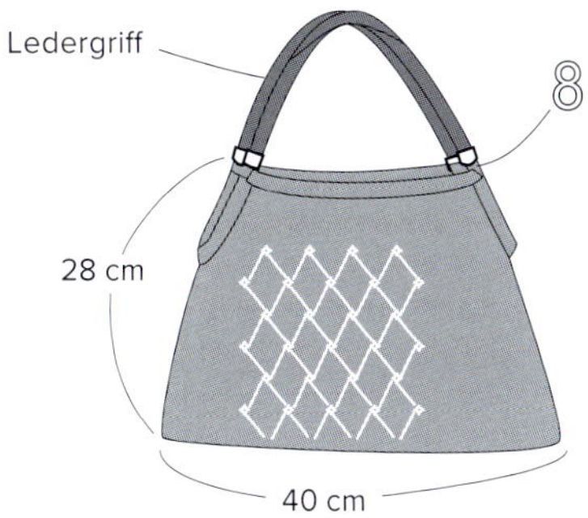

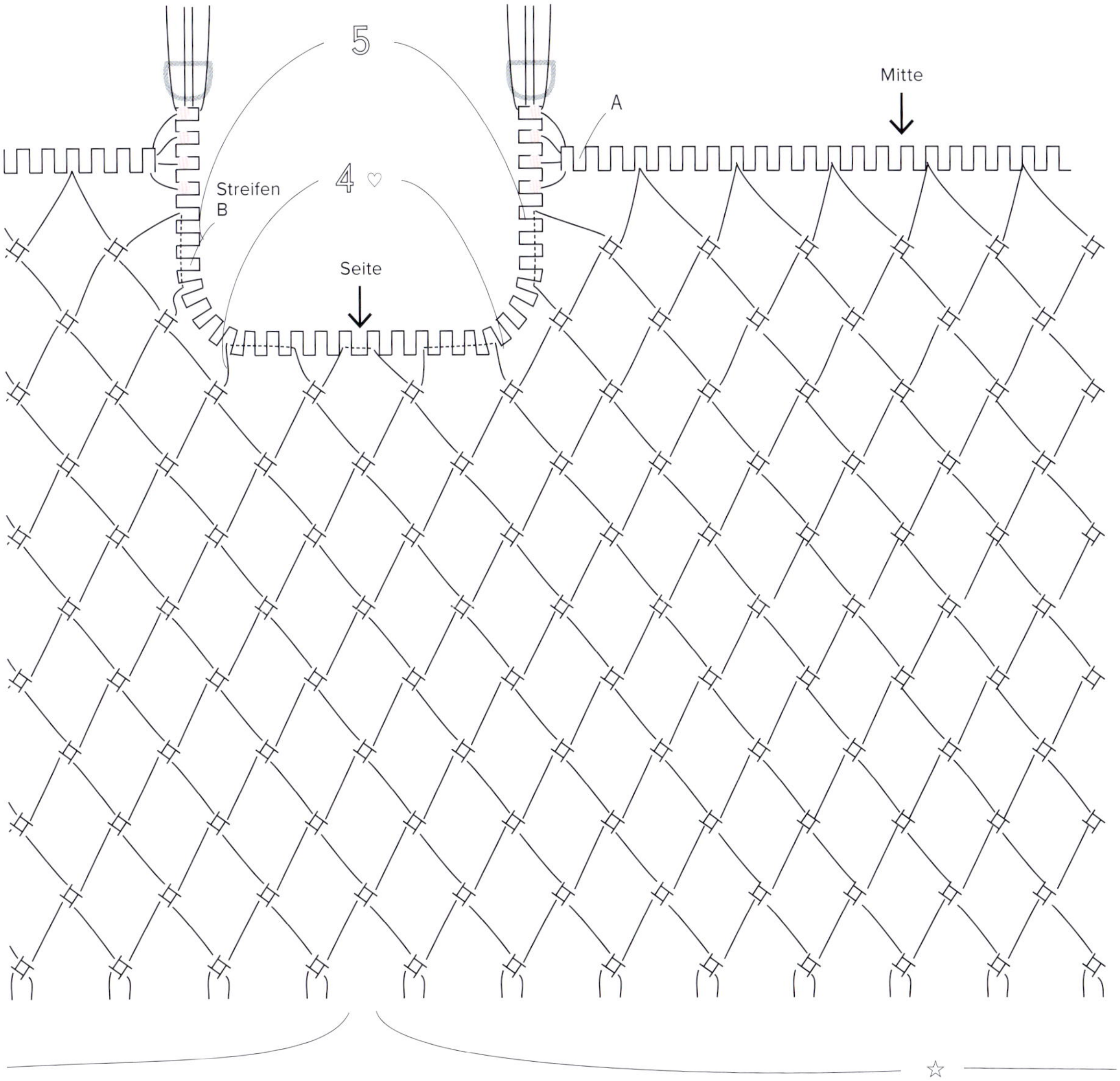

03

Crossbody-Tasche mit Kordelzug

Foto Seite 14

MATERIAL

113 m naturweißes Baumwollgarn (Stärke 3 mm)

- Knüpffäden für den Hauptteil der Tasche: 48 Fäden à 200 cm
- Leitfäden für den Hauptteil der Tasche: 5 Fäden à 80 cm
- Trageriemen: 3 Fäden à 230 cm
- Zugband: 3 Fäden à 120 cm
- Schlaufe des Zugbands: 4 Fäden à 60 cm

SYMBOLE

Verbreiterter Ankerstich C
▹ *Seite 51*

Horizontaler Rippenknoten
▹ *Seite 60*

Überhandknoten
▹ *Seite 52*

Kreuzknoten
▹ *Seite 56*

Umschließender Rippenknoten
▹ *Seite 63*

Kreuzknoten
▹ *Seite 52*

Dreierzopf
▹ *Seite 54*

FERTIGE GRÖSSE

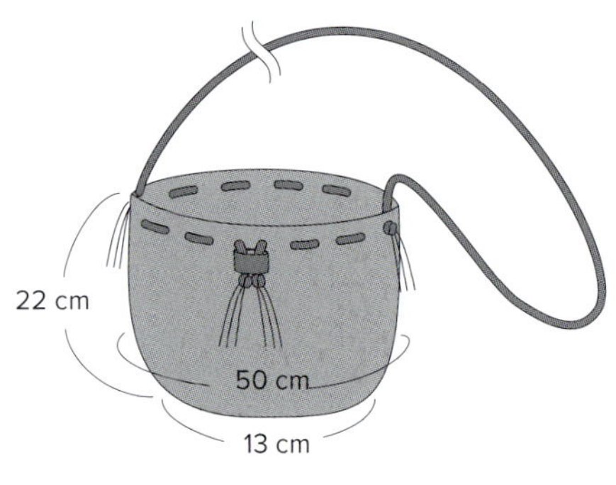

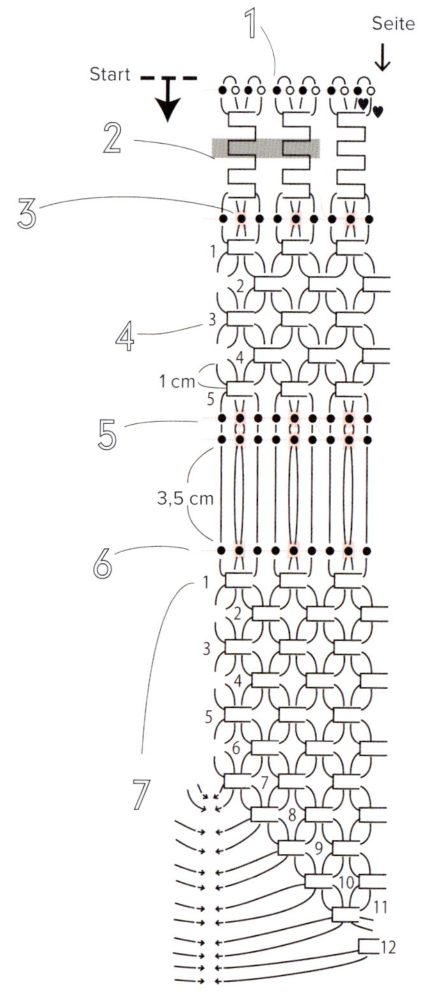

HAUPTTEIL DER TASCHE

1. Die 48 Knüpffäden mittig falten und mit dem verbreiterten Ankerstich an einem der Leitfäden befestigen. An der Seite der Tasche die Enden des Leitfadens überlappen lassen, sodass ein Ring entsteht; durch Befestigen von 4 Knüpffäden an der überlappenden Partie fixieren.
2. Mit nebeneinanderliegenden Fadengruppen der Knüpffäden 3,5 Kreuzknoten knüpfen. Dabei die Reihenenden verbinden, sodass eine schlauchförmige Tasche entsteht.
3. 1 Reihe horizontaler Rippenknoten und umschließender Rippenknoten knüpfen; dabei die Enden des verwendeten Leitfadens überlappend zum Ring schließen.
4. 5 Reihen einzelner versetzter Kreuzknoten knüpfen, sodass ein Netzmuster entsteht.
5. 2 Reihen horizontaler Rippenknoten und umschließender Rippenknoten knüpfen; dabei die Enden der verwendeten Leitfäden überlappend zum Ring schließen.
6. Mit 3,5 cm Abstand darunter erneut 1 Reihe horizontaler Rippenknoten und umschließender Rippenknoten knüpfen; dabei die Enden des verwendeten Leitfadens überlappend zum Ring schließen.
7. 12 Reihen einzelner versetzter Kreuzknoten knüpfen, sodass ein Netzmuster entsteht. Ab der 7. Reihe die Anzahl der Knoten verringern.
8. Die Tasche auf links wenden. Um den Taschenboden zu schließen, die Fadenenden durch Kreuzknoten verbinden, wie im Diagramm durch die Pfeile angezeigt. Die Fadenenden versäubern, wie auf Seite 71 beschrieben.

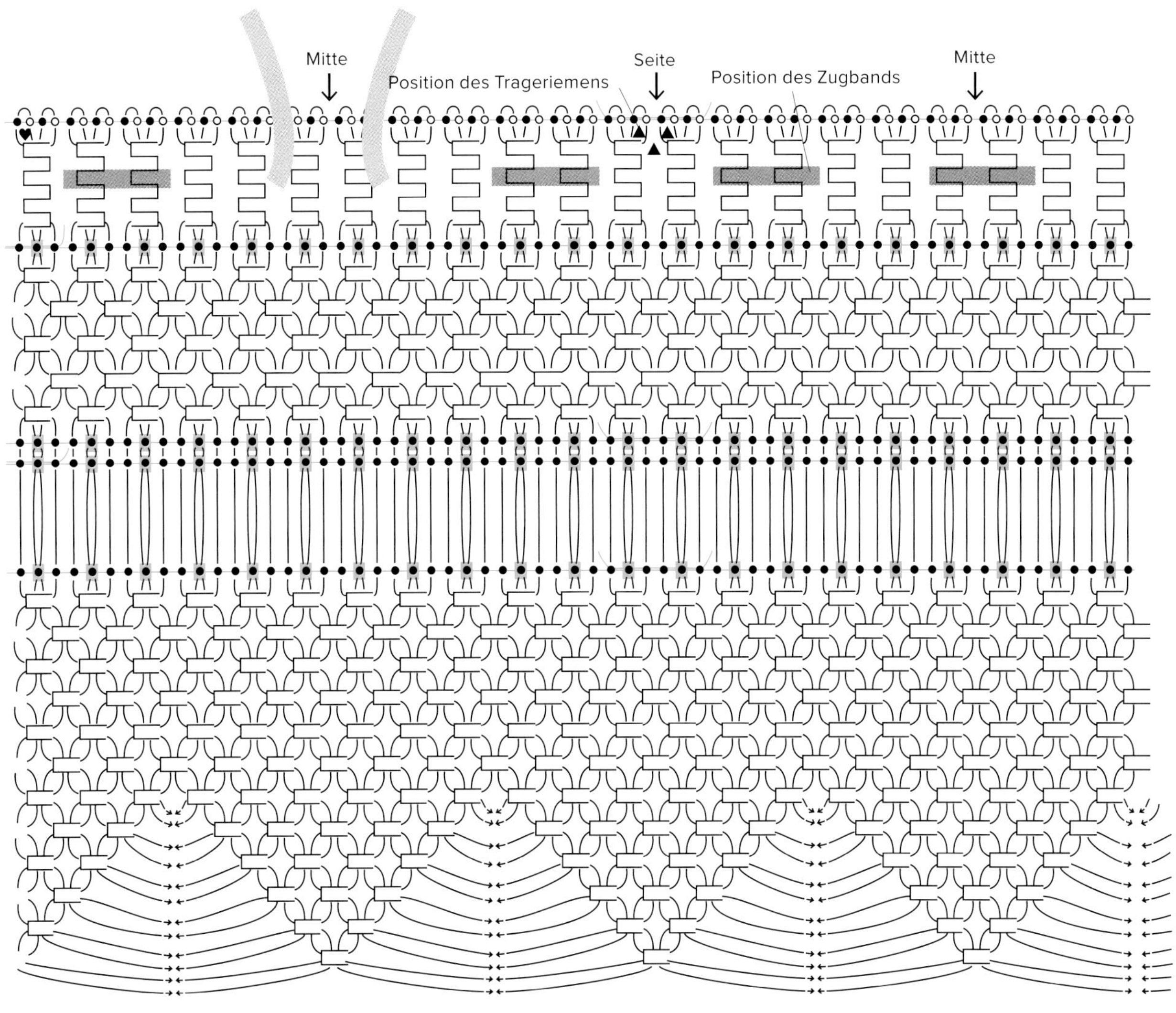

TRAGERIEMEN

Mit den 3 Fäden für den Trageriemen einen 130 cm langen Dreierzopf flechten. Beidseits bleiben an den Enden 20 cm ungeflochten. Die Fadenenden an den im Diagramm (Seite 80–81) mit ♥ und ▲ markierten Stellen von außen auf die Innenseite der Tasche ziehen. Zur Befestigung mit allen 3 Fäden jeweils einen Überhandknoten knüpfen. Die überstehenden Fäden auf 15 cm kürzen.

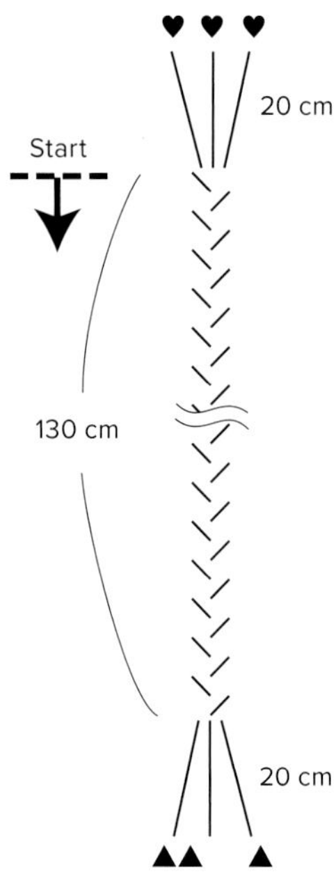

ZUGBAND

Mit den 3 Fäden für das Zugband einen Überhandknoten knüpfen; dabei oben 15 cm lange Enden lassen. Einen 55 cm langen Dreierzopf flechten. Am Ende einen weiteren Überhandknoten knüpfen und die überstehenden Enden auf 15 cm kürzen. Das Zugband gemäß der im Diagramm (Seite 80–81) markierten Position in die Tasche einfädeln.

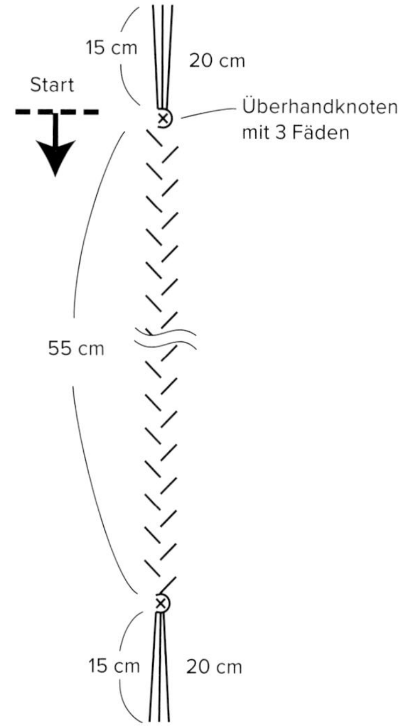

SCHLAUFE DES ZUGBANDS

Die Fäden für die Schlaufen des Zugbands mittig falten. 7 Reihen einzelner versetzter Kreuzknoten knüpfen, sodass ein Netzmuster entsteht. Diesen Streifen um die beiden Enden des Zugbands wickeln, sodass ein Ring entsteht. Zur Befestigung des Rings die Leitfäden durch die Schlaufen der Knoten aus der 1. Reihe ziehen und mit einem Kreuzknoten sichern.

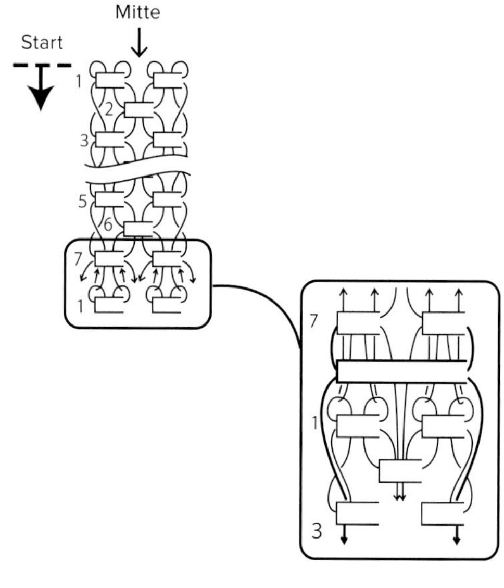

04

Clutch mit diagonalen Rippenknoten

Foto Seite 16

MATERIAL

113 m gelbes Baumwollgarn (Stärke 2 mm)

- Knüpffäden: 80 Fäden à 140 cm
- Leitfaden: 1 Faden, Länge 70 cm

FERTIGE GRÖSSE

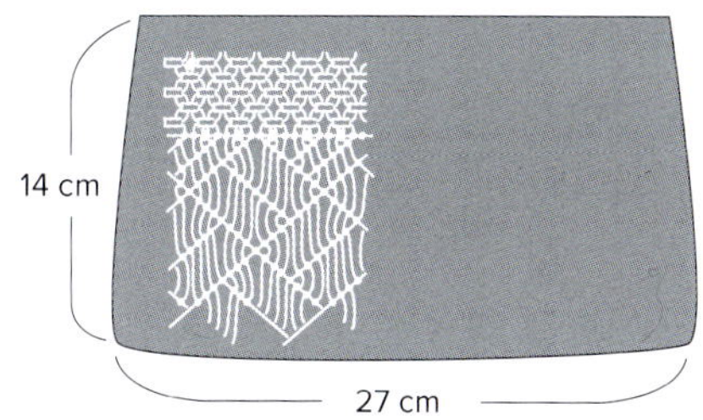

SYMBOLE

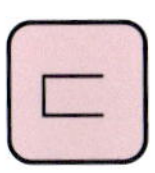
Kreuzknoten
▹ *Seite 56*

Diagonaler Rippenknoten
▹ *Seite 62*

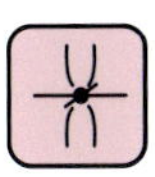
Umgekehrter umschließender Rippenknoten
▹ *Seite 63*

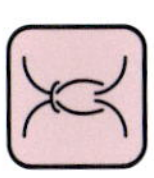
Kreuzknoten
▹ *Seite 52*

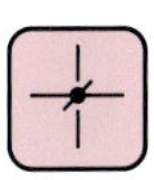
Umgekehrter horizontaler Rippenknoten
▹ *Seite 62*

HAUPTTEIL DER TASCHE

1. Die 80 Knüpffäden mittig falten. Je 2 gefaltete Fäden zusammenlegen (insgesamt 40 Fadengruppen). Mit jeder Fadengruppe einen Kreuzknoten knüpfen.
2. 7 Reihen einzelner versetzter Kreuzknoten knüpfen, sodass ein Netzmuster entsteht. Dabei die Reihenenden verbinden, sodass eine schlauchförmige Tasche entsteht.
3. 1 Reihe horizontaler Rippenknoten und umgekehrter horizontaler Rippenknoten knüpfen; dabei die Enden des verwendeten Leitfadens überlappend zum Ring schließen.
4. Gemäß dem Diagramm diagonale Rippenknoten knüpfen.
5. 3 Reihen einzelner versetzter Kreuzknoten knüpfen, sodass ein Netzmuster entsteht. Ab der 2. Reihe die Anzahl der Knoten verringern.
6. Die Tasche auf links wenden. Zum Ausformen der Ecken an den mit ♡ markierten Stellen Kreuzknoten knüpfen.
7. Um den Taschenboden zu schließen, die gegenüberliegenden Unterkanten der Tasche durch Kreuzknoten verbinden (mit ☆ markierte Partie). Fadenenden versäubern, wie auf Seite 71 beschrieben.

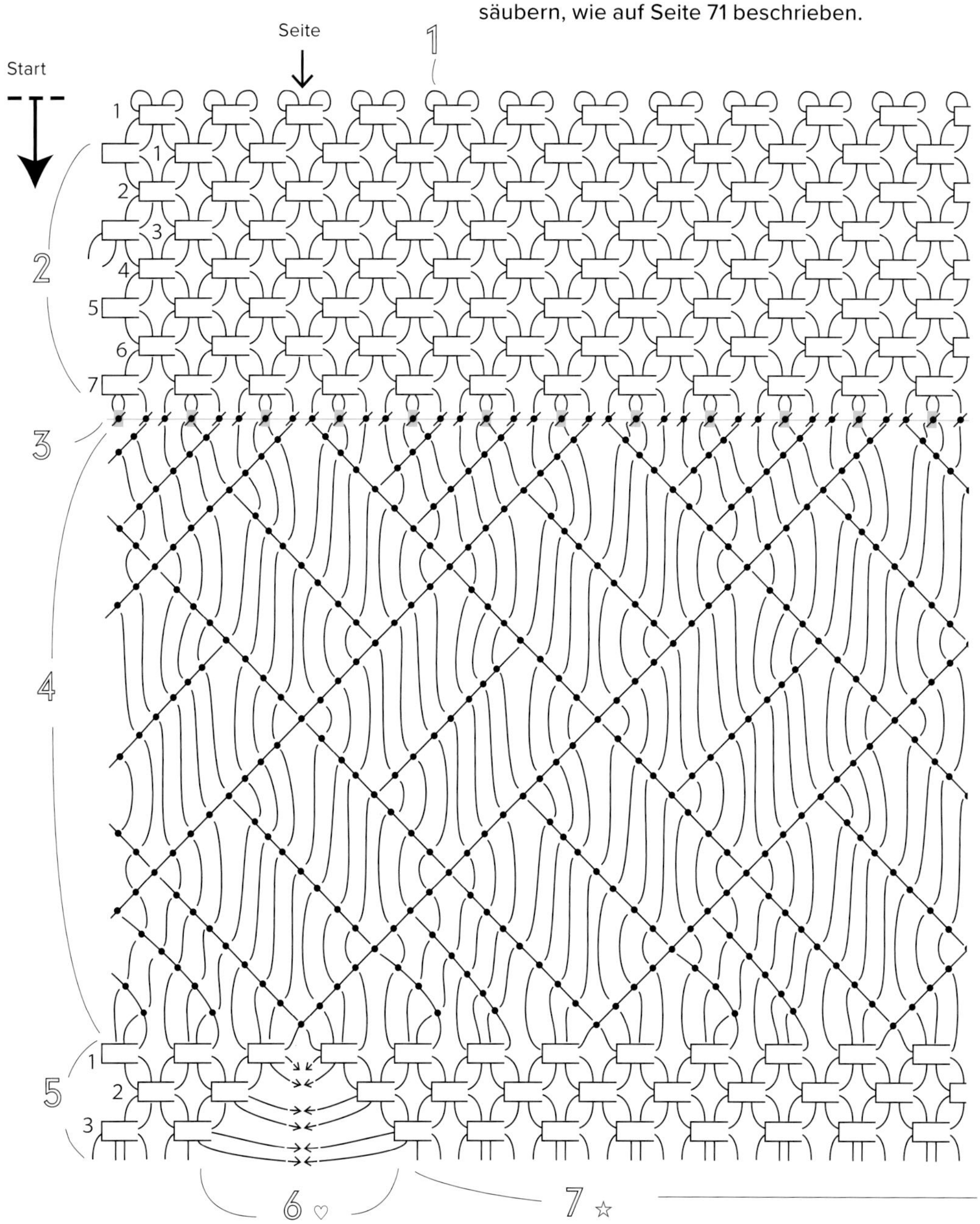

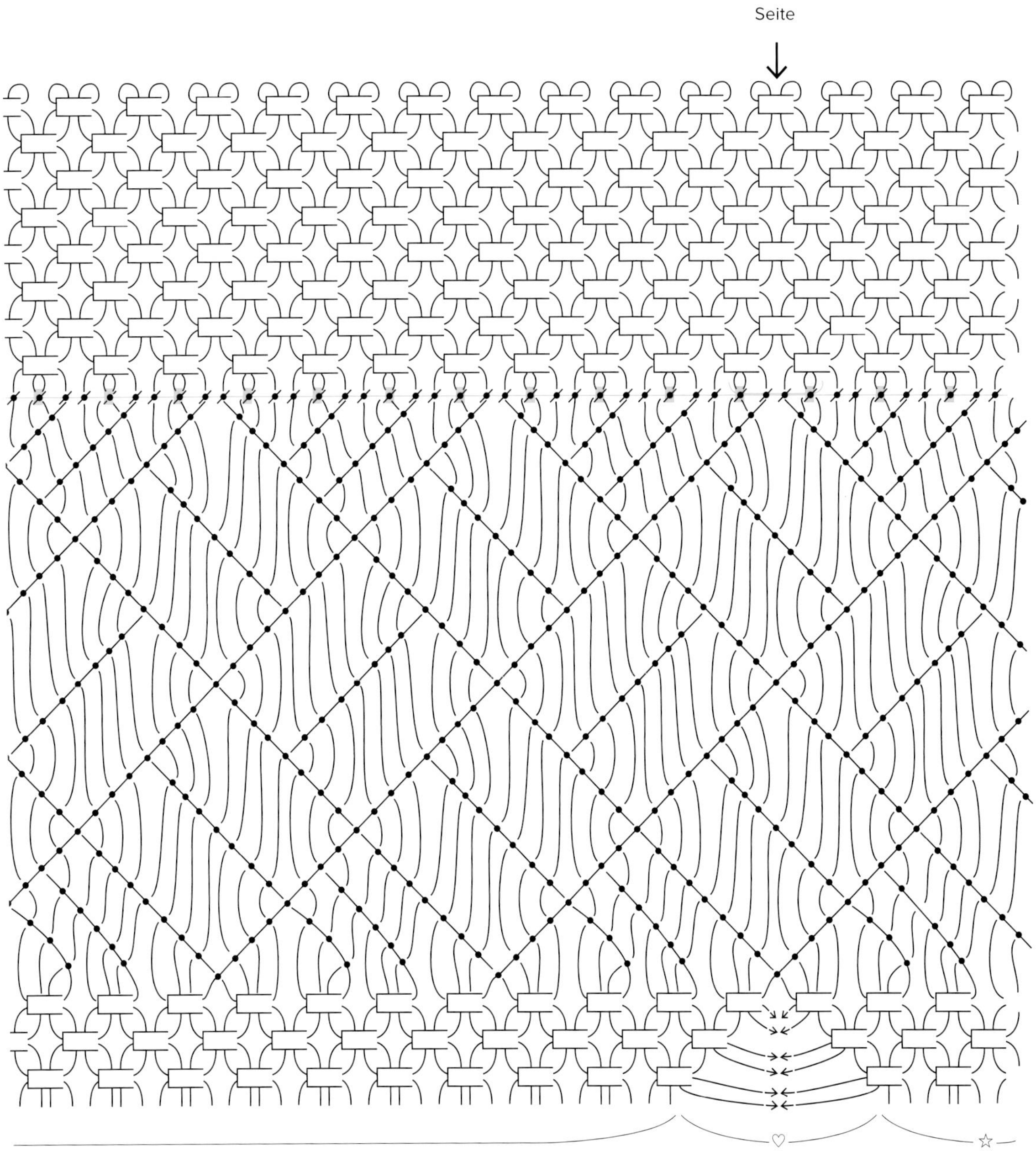
Seite
♡
☆

05

Popcorn-Tasche

Foto Seite 18

MATERIAL

117 m dunkelrotes Baumwollgarn (Stärke 3 mm)

- Knüpffäden: 32 Fäden à 240 cm
- Zusätzlich: 16 Fäden à 240 cm
- Leitfäden: 2 Fäden à 60 cm

1 Paar Holzgriffe (9,5 x 15,5 cm)

SYMBOLE

Ankerstich
▹ *Seite 50*

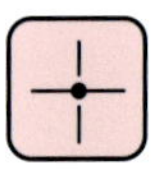
Horizontaler Rippenknoten
▹ *Seite 60*

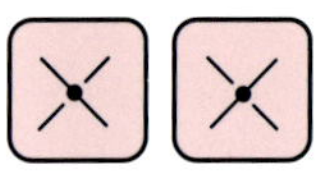
Diagonaler Rippenknoten
▹ *Seite 62*

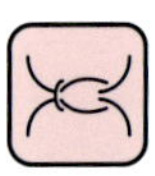
Kreuzknoten
▹ *Seite 52*

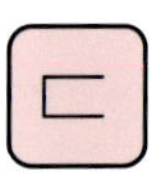
Kreuzknoten
▹ *Seite 56*

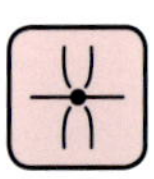
Umschließender Rippenknoten
▹ *Seite 63*

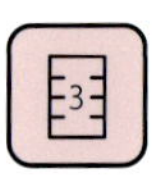

Beerenknoten
▹ *Seite 57*

FERTIGE GRÖSSE

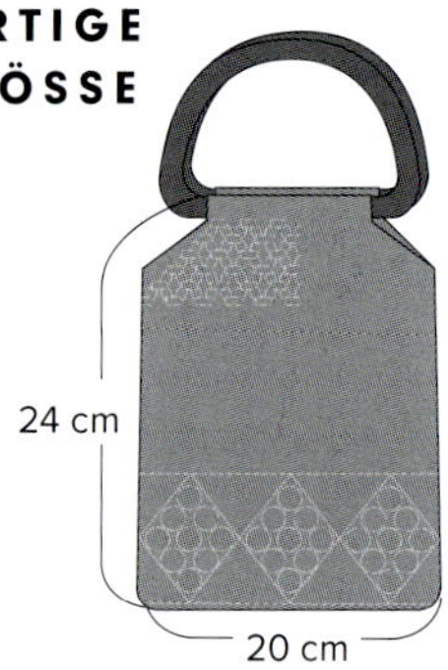

HAUPTTEIL DER TASCHE

1. Mit dem Ankerstich an jedem Griff 16 Knüpffäden befestigen. Mit nebeneinanderliegenden Fadengruppen 1 Reihe Kreuzknoten knüpfen.
2. Die Zusatzfäden mittig falten und gemäß dem Diagramm nach und nach hinzufügen. 4 Reihen versetzter Kreuzknoten knüpfen, sodass ein Netzmuster entsteht. Zwischen den Reihen keinen Abstand lassen.

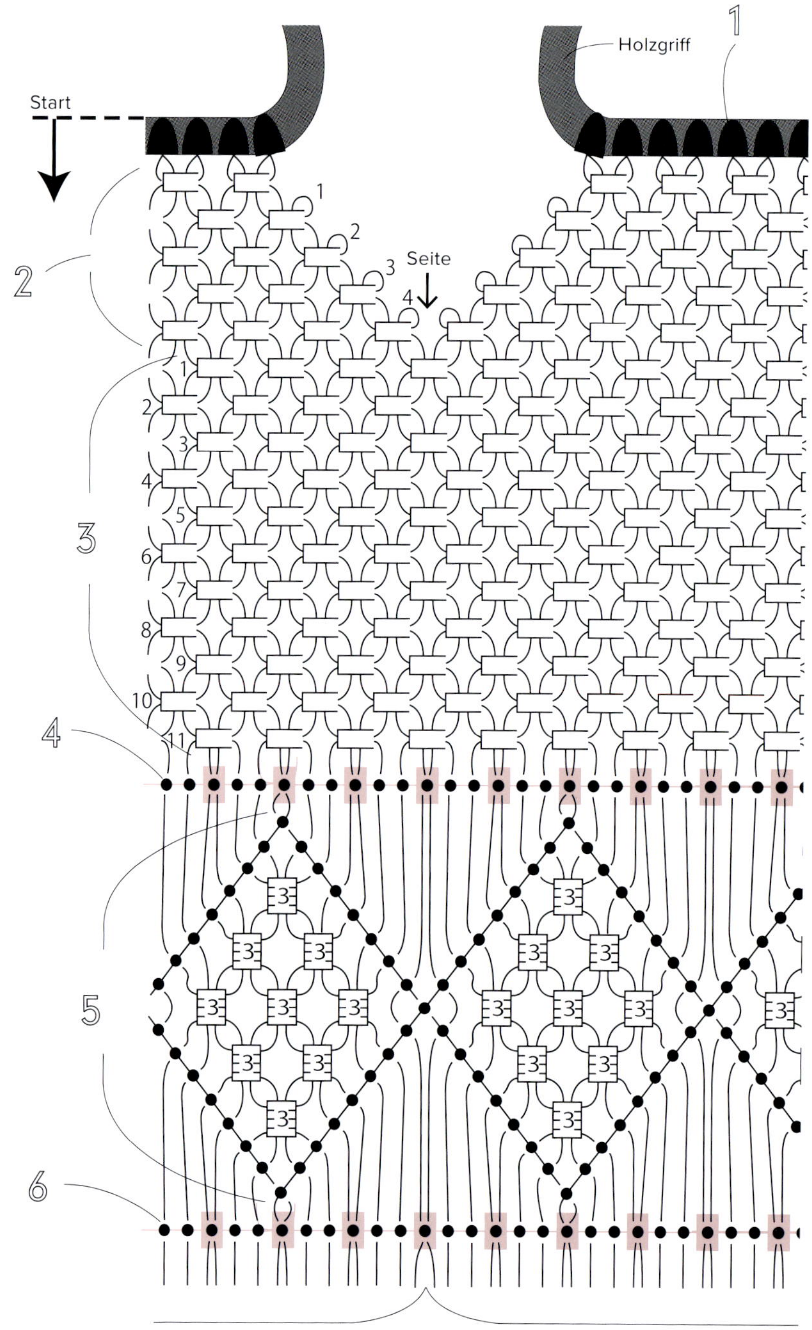

3 Weitere 11 Reihen einzelner versetzter Kreuzknoten knüpfen (Netzmuster). Dabei die Reihenenden verbinden, sodass eine schlauchförmige Tasche entsteht.

4 1 Reihe horizontaler Rippenknoten und umschließender Rippenknoten knüpfen; dabei die Enden des verwendeten Leitfadens überlappend zum Ring schließen.

5 Gemäß dem Diagramm ein Rautenmuster aus diagonalen Rippenknoten und Beerenknoten knüpfen.

6 Wie Schritt 4.

7 Die Tasche auf links wenden. Um den Taschenboden zu schließen, die gegenüberliegenden Unterkanten der Tasche durch Kreuzknoten verbinden (mit ☆ markierte Partie). Fadenenden versäubern, wie auf Seite 71 beschrieben.

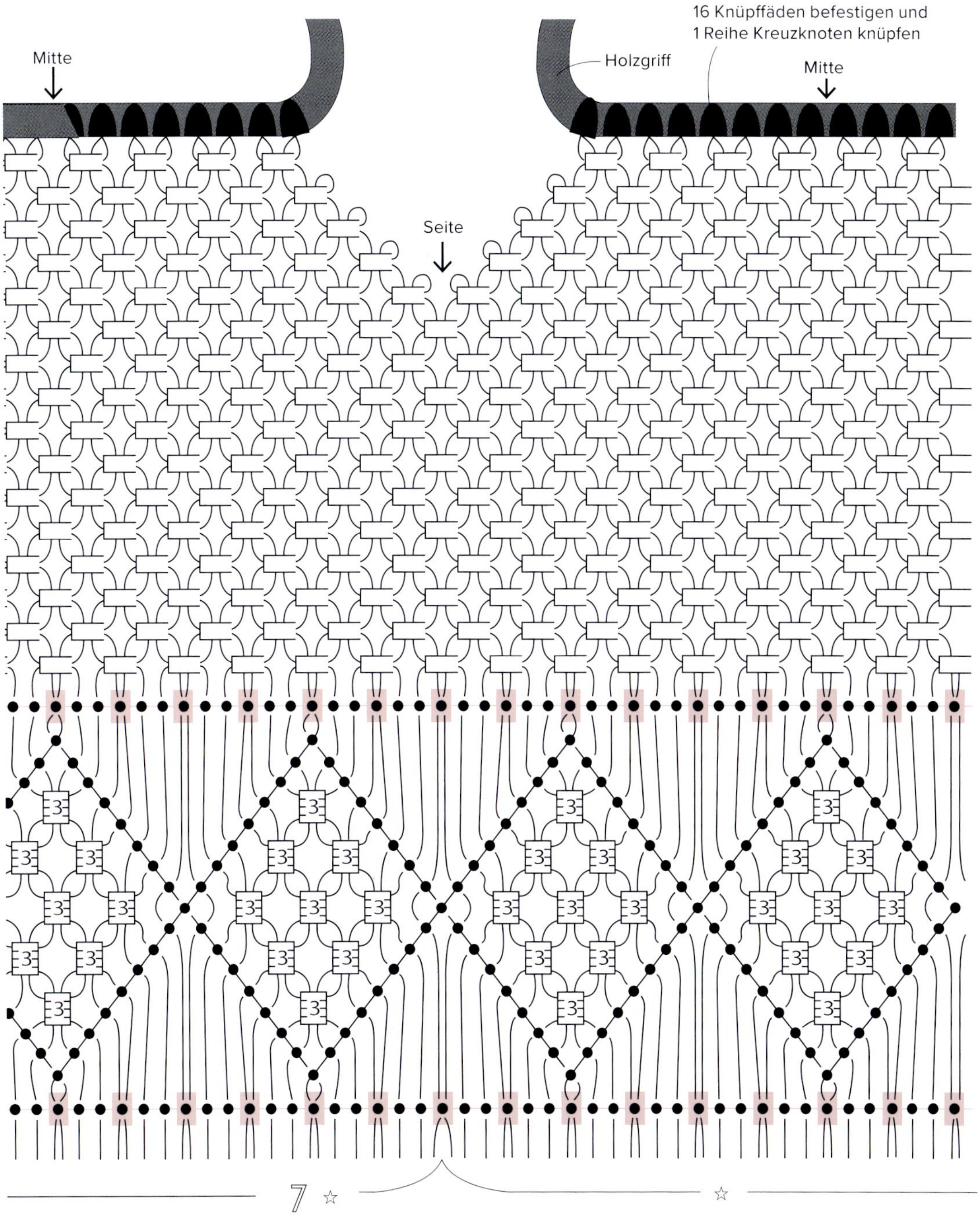

06

Tasche mit Netzmuster

Foto Seite 20

MATERIAL

116 m weißes Baumwollgarn (Stärke 2 mm)

- Hauptteil der Tasche: 72 Fäden à 120 cm
- Henkelfäden A: 4 Fäden à 65 cm
- Henkelfäden B: 4 Fäden à 200 cm
- Henkelfäden C: 4 Fäden à 200 cm

Die bebilderte Beispielanleitung ab Seite 64 zeigt Schritt für Schritt, wie diese Tasche gemacht wird.

SYMBOLE

Überhandknoten
▹ *Seite 52*

Kreuzknoten
▹ *Seite 56*

Kreuzknoten
▹ *Seite 52*

FERTIGE GRÖSSE

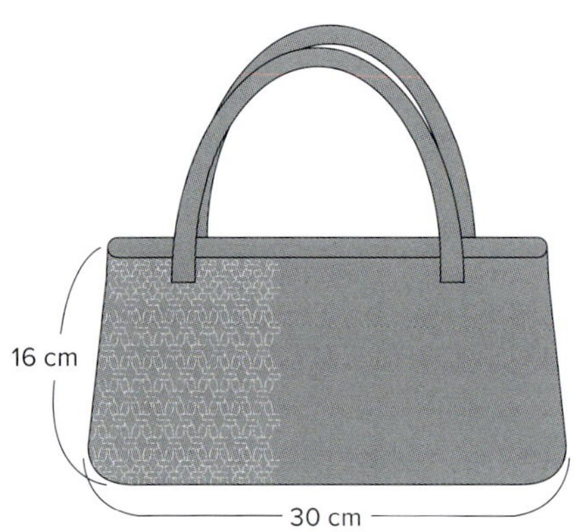

HENKEL (2 STÜCK ANFERTIGEN)

1 2 Henkelfäden A, 2 Henkelfäden B und 2 Henkelfäden C hinlegen, wie unten abgebildet. Die Mitte der Fäden genau aufeinanderlegen und vorübergehend mit einem Überhandknoten sichern.

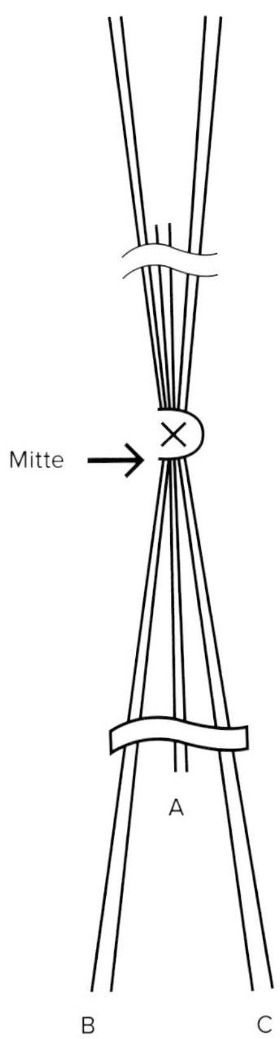

2 Ab der Mitte 16 cm Kreuzknoten knüpfen; dabei die beiden Fäden A als Leitfäden verwenden, die Fäden B und C als Knüpffäden. Den Henkel um 180 Grad drehen, den Überhandknoten lösen und weitere 16 cm Kreuzknoten knüpfen.

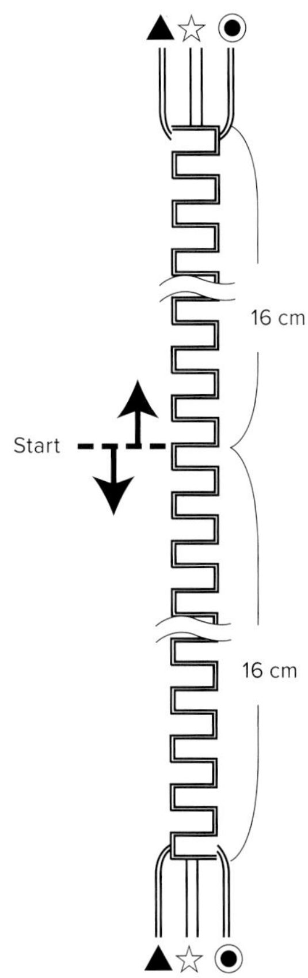

HAUPTTEIL DER TASCHE

1 2 Fäden für den Hauptteil der Tasche mittig falten, nebeneinander anordnen und mit dieser Fadengruppe einen Kreuzknoten knüpfen. Auf diese Weise mit insgesamt 36 Fadengruppen verfahren.

2 2 Reihen einzelner versetzter Kreuzknoten knüpfen, sodass ein Netzmuster entsteht. Dabei die Reihenenden verbinden, sodass eine schlauchförmige Tasche entsteht.

3 7 Reihen von 1,5 versetzten Kreuzknoten knüpfen, sodass ein Netzmuster entsteht. Zwischen den Reihen jeweils 1,5 cm Abstand lassen.

4 1,5 cm Abstand lassen und 2 Reihen einzelner versetzter Kreuzknoten knüpfen, sodass ein Netzmuster entsteht.

5 Die Tasche auf links wenden. Zum Ausformen der Ecken an den mit ♡ markierten Stellen Kreuzknoten knüpfen. Die Fadenenden versäubern, wie auf Seite 71 beschrieben.

6 Um den Taschenboden zu schließen, die gegenüberliegenden Unterkanten der Tasche durch Kreuzknoten verbinden (mit ☆ markierte Partie). Fadenenden versäubern, wie auf Seite 71 beschrieben.

7 Die Henkelfäden an den durch die Symbole markierten Stellen von rechts (Außenseite) durch die Tasche fädeln. Für jedes Symbol sind 2 Fäden vorhanden. Mit den Fadenenden auf der Innenseite Kreuzknoten knüpfen und die Enden mit Klebstoff befestigen.

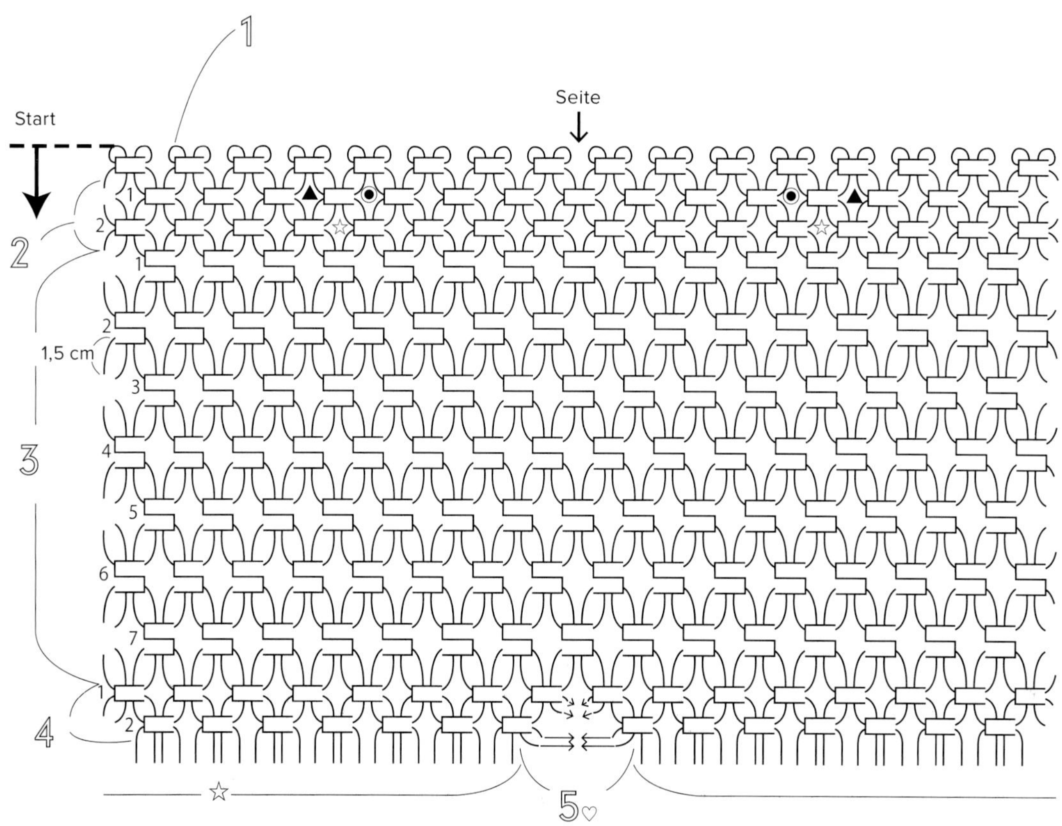

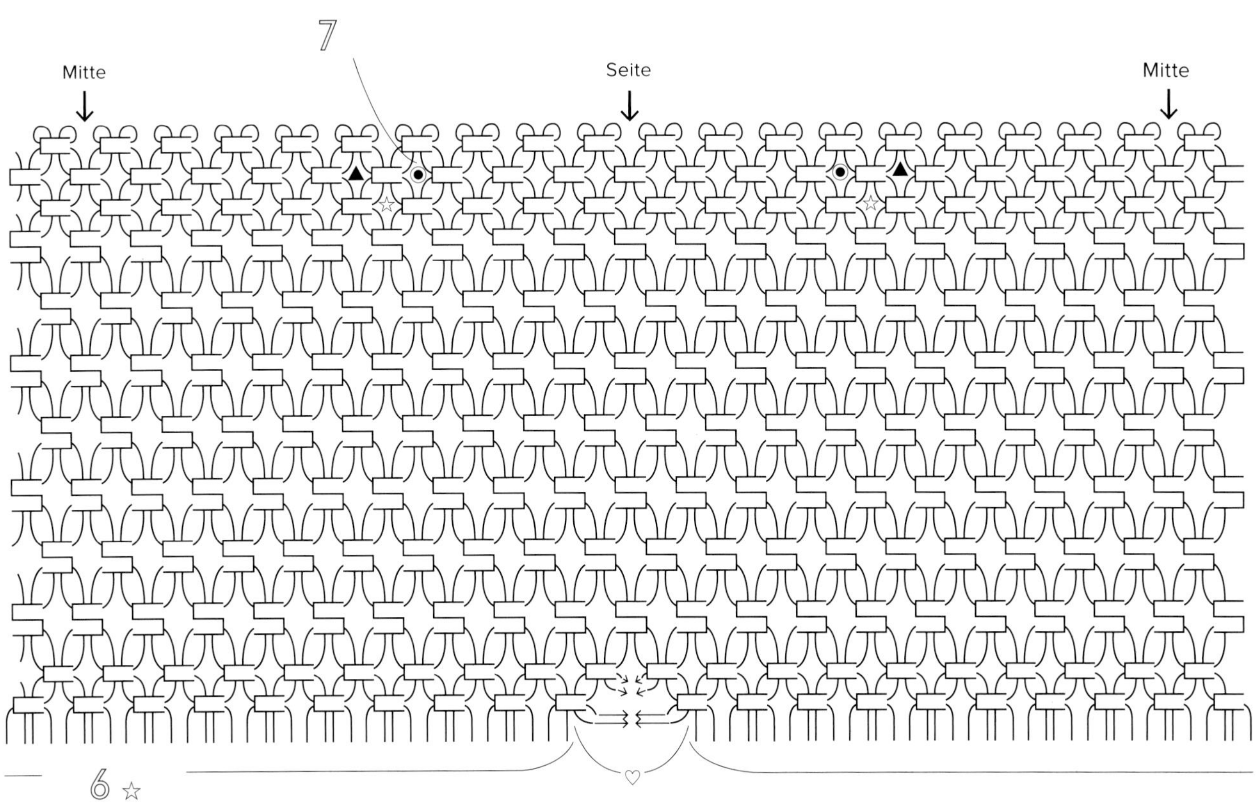
7
Mitte
Seite
Mitte
6 ☆

07

Netztasche mit Holzgriffen

Foto Seite 22

MATERIAL

116 m naturfarbenes Jute-/Bambusgarn (Stärke 2 mm)

- Knüpffäden: 72 Fäden à 160 m

1 Paar Holzgriffe (16 x 15,5 cm)

HAUPTTEIL DER TASCHE

1. An jedem Holzgriff mit dem Ankerstich 36 Knüpffäden anbringen.
2. Mit nebeneinanderliegenden Fadengruppen 10 linksdrehende Spiralknoten knüpfen.
3. 2 Reihen mit je 5 versetzten Spiralknoten knüpfen, sodass ein Netzmuster entsteht.
4. 6 Reihen mit je 1,5 versetzten Kreuzknoten knüpfen, sodass ein Netzmuster entsteht; zwischen den Reihen jeweils 1,5 cm Abstand lassen. Die Reihenenden stets verbinden, sodass eine schlauchförmige Tasche entsteht.
5. Weitere 4 Reihen mit je 1,5 versetzten Kreuzknoten knüpfen; dabei zwischen den Reihen jeweils 2 cm Abstand lassen.
6. Die Tasche auf links wenden. Um den Taschenboden zu schließen, die gegenüberliegenden Unterkanten der Tasche durch Kreuzknoten verbinden (mit ☆ markierte Partie).
7. Zum Versäubern die Fadenenden auf links durch die Kreuzknoten der 4. Reihe ziehen.

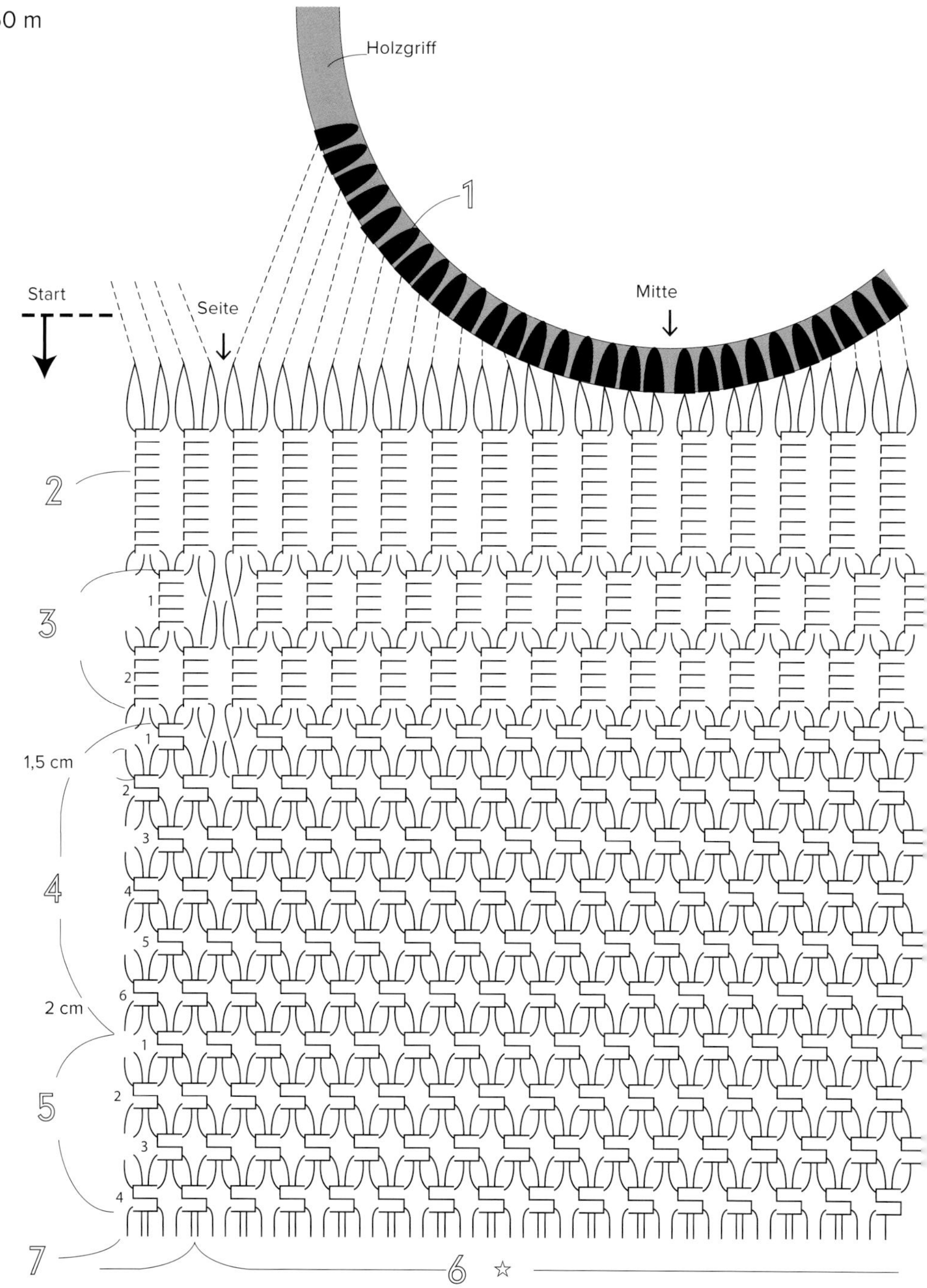

SYMBOLE

 **Ankerstich** ▹ *Seite 50*

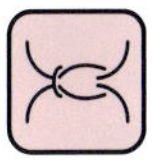 **Kreuzknoten** ▹ *Seite 52*

 **Spiralknoten** ▹ *Seite 58*

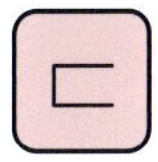 **Kreuzknoten** ▹ *Seite 56*

FERTIGE GRÖSSE

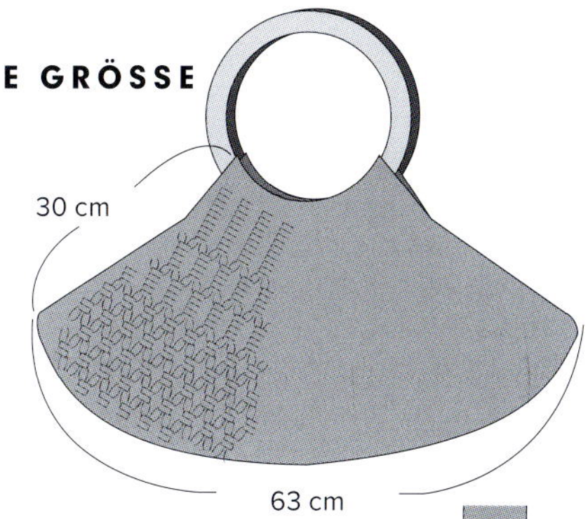

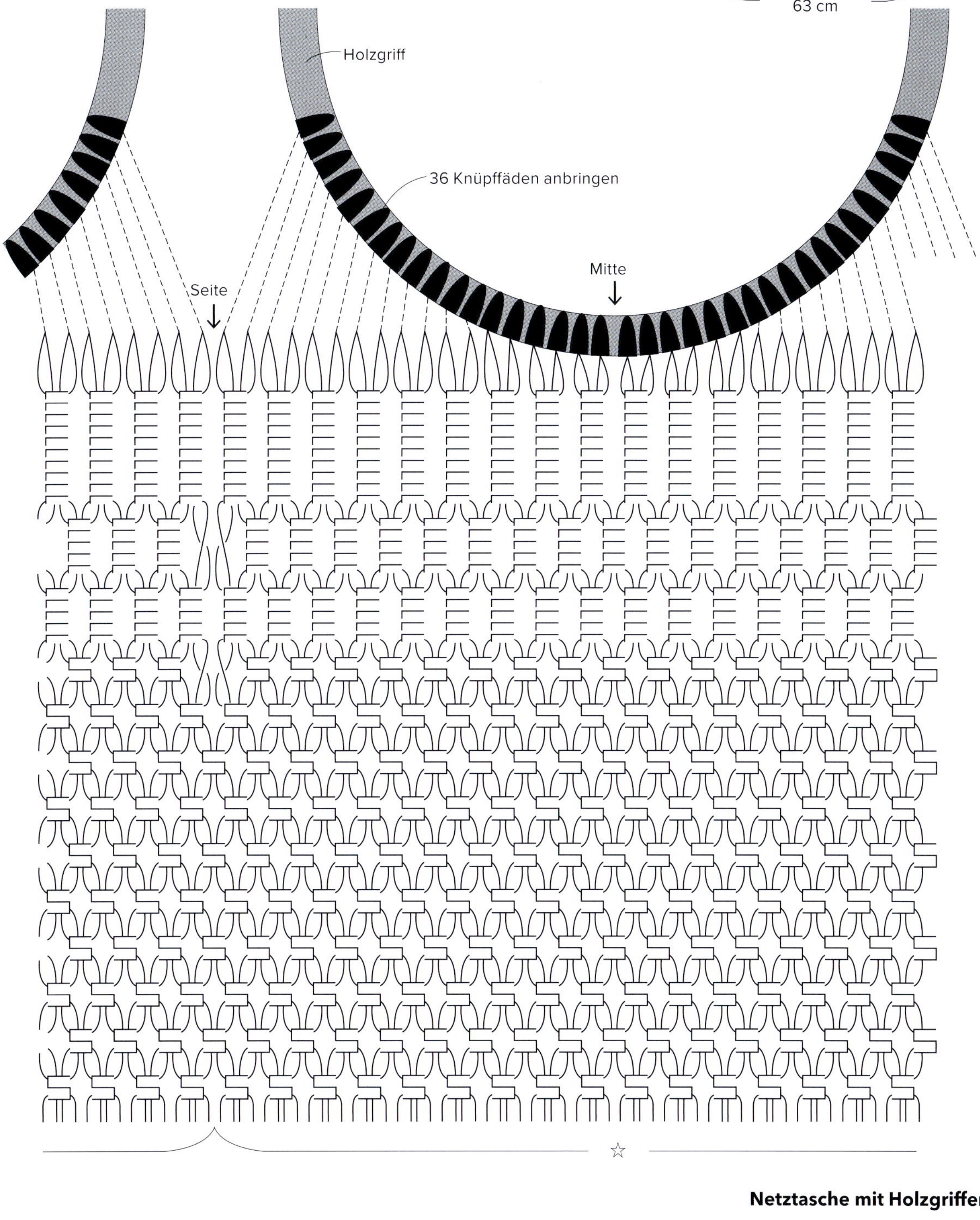

08

Luftige Netztasche

Foto Seite 24

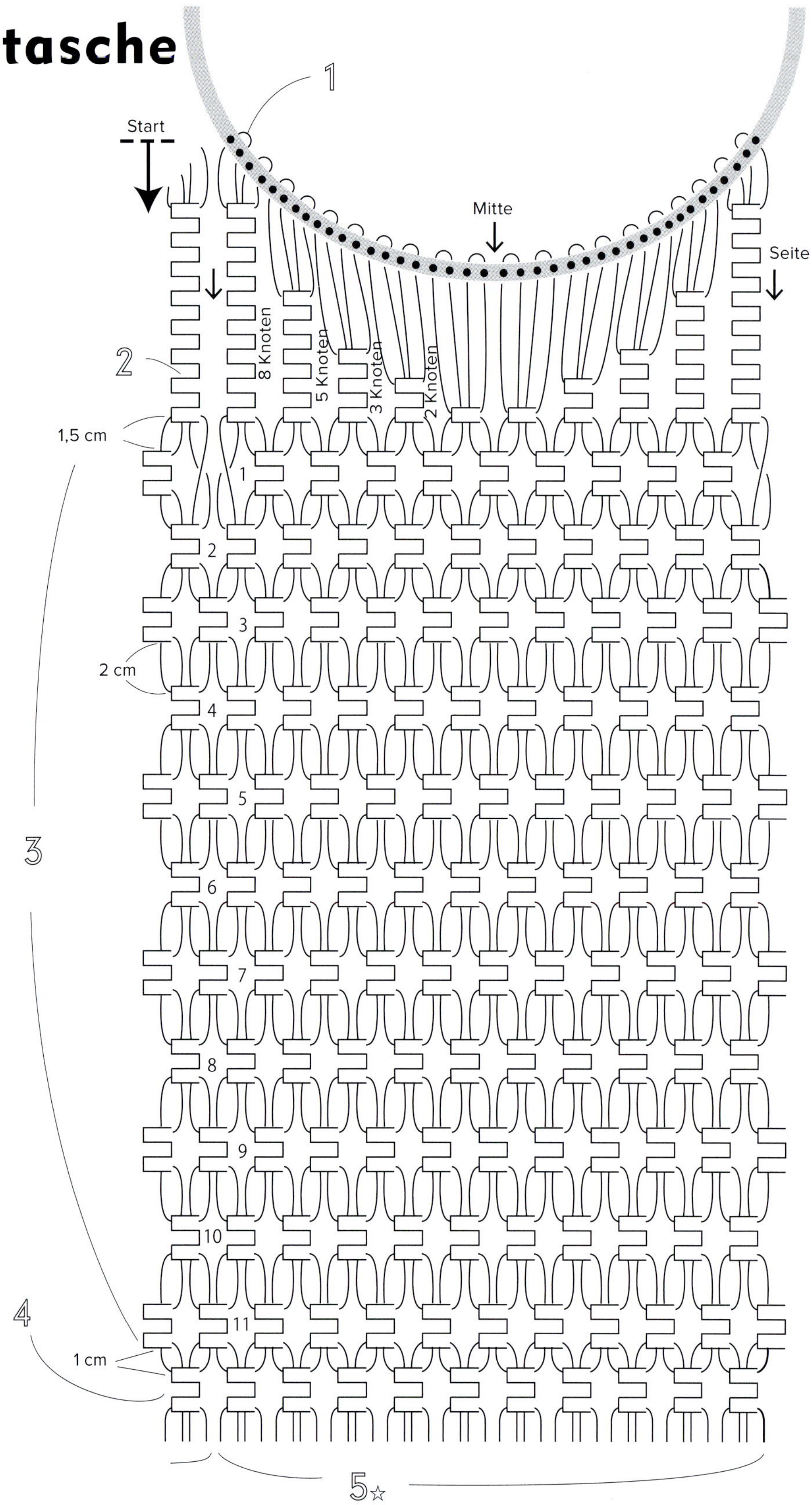

MATERIAL

80 m naturfarbenes Hanfgarn

Knüpffäden: 40 Fäden à 200 cm

1 Paar elfenbeinfarbener Kunststoffgriffe (Innendurchmesser 11 cm)

SYMBOLE

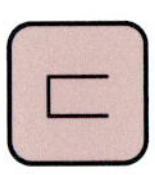

Kreuzknoten
▹ *Seite 56*

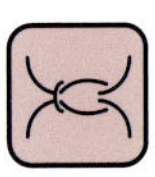

Kreuzknoten
▹ *Seite 52*

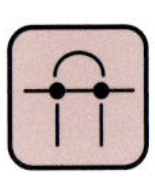

Doppelter Ankerstich
▹ *Seite 51*

FERTIGE GRÖSSE

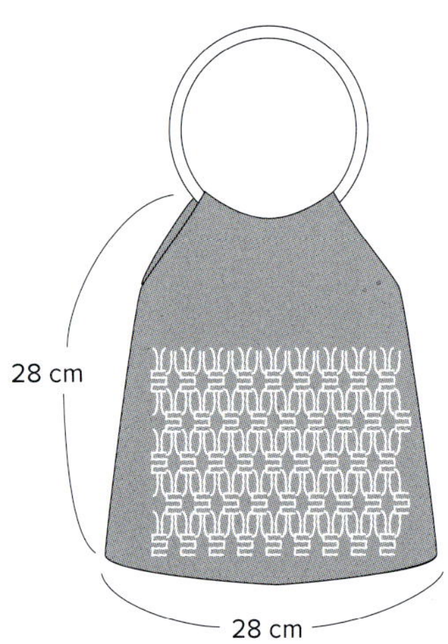

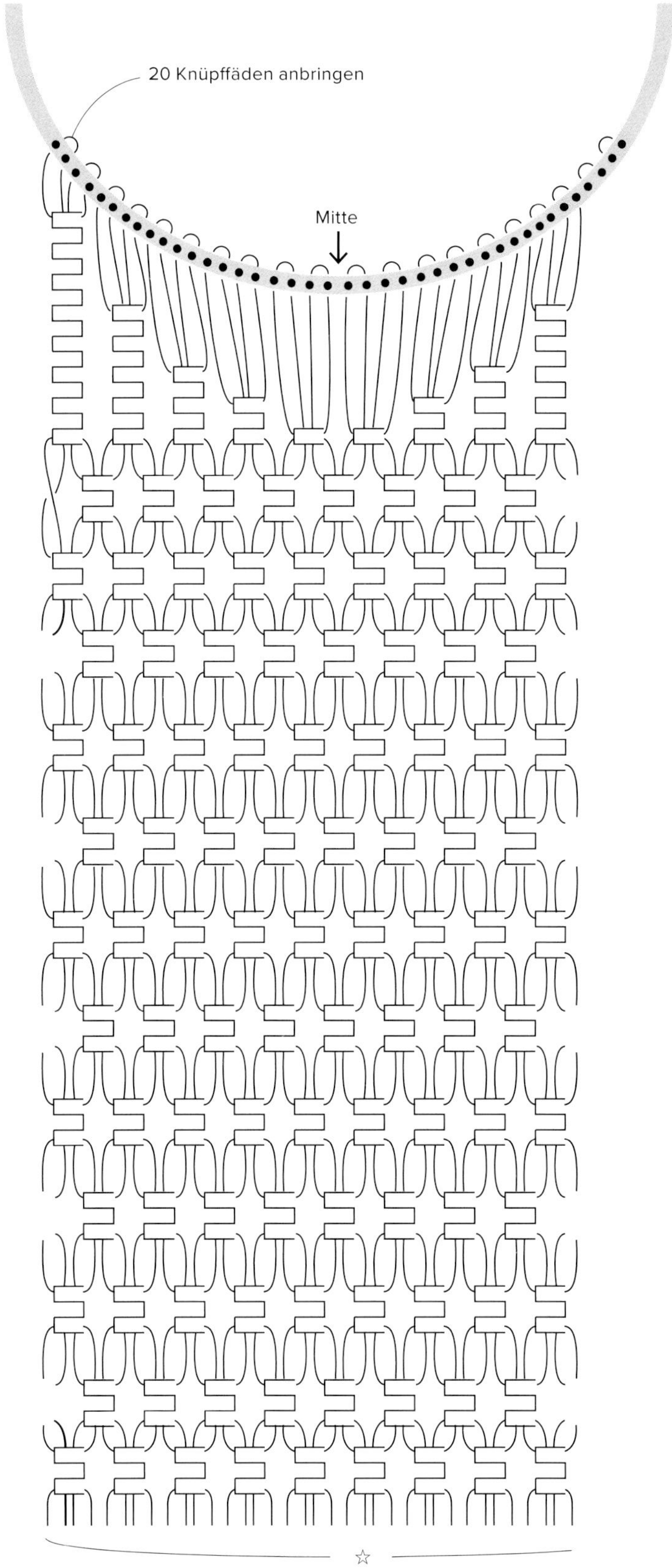

HAUPTTEIL DER TASCHE

1 An jedem Griff mit dem doppelten Ankerstich 20 Knüpffäden anbringen.

2 Mit nebeneinanderliegenden Fadengruppen die angegebene Anzahl Kreuzknoten knüpfen.

3 11 Reihen doppelter versetzter Kreuzknoten knüpfen, sodass ein Netzmuster entsteht; zwischen den Reihen jeweils 1,5 cm (bis 3. Reihe) bzw. 2 cm (ab 3. Reihe) Abstand lassen. Die Reihenenden stets verbinden, sodass eine schlauchförmige Tasche entsteht.

4 In 1 cm Abstand eine weitere Reihe doppelter versetzter Kreuzknoten knüpfen.

5 Die Tasche auf links wenden. Um den Taschenboden zu schließen, die gegenüberliegenden Unterkanten der Tasche durch Kreuzknoten verbinden (mit ☆ markierte Partie). Zum Versäubern die Fadenenden auf links durch die Kreuzknoten der 4. Reihe ziehen.

09

Nylon-Einkaufstasche

Foto Seite 26

MATERIAL

120 m schwarzes Nylongarn (Stärke 2,5 mm)

- Leitfäden A: 2 Fäden à 150 cm
- Knüpffäden A: 1 Faden, Länge 18 m
- Leitfäden B: 4 Fäden à 25 cm
- Knüpffäden B: 2 Fäden à 150 cm
- Knüpffäden Hauptteil: 44 Fäden à 180 cm

SYMBOLE

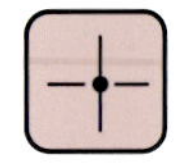
Vertikaler Rippenknoten
▹ *Seite 61*

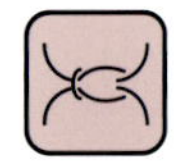
Kreuzknoten
▹ *Seite 52*

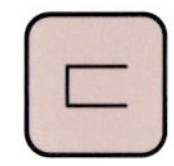
Kreuzknoten
▹ *Seite 56*

Befestigen der Fäden (Schritte 2 und 3)

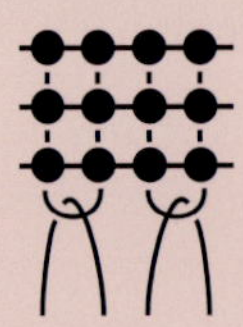

Den Faden durch die Schlaufe ziehen und mittig falten.

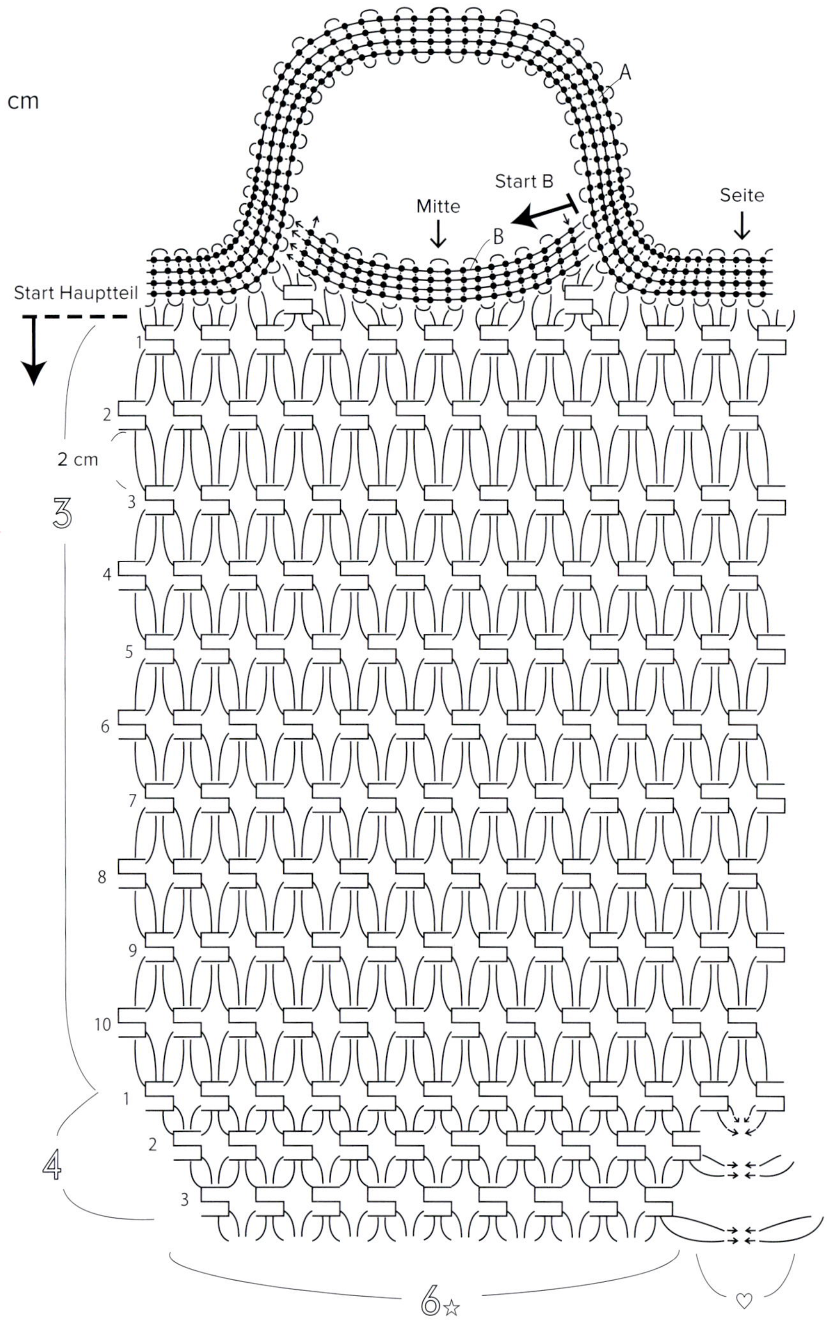

FERTIGE GRÖSSE

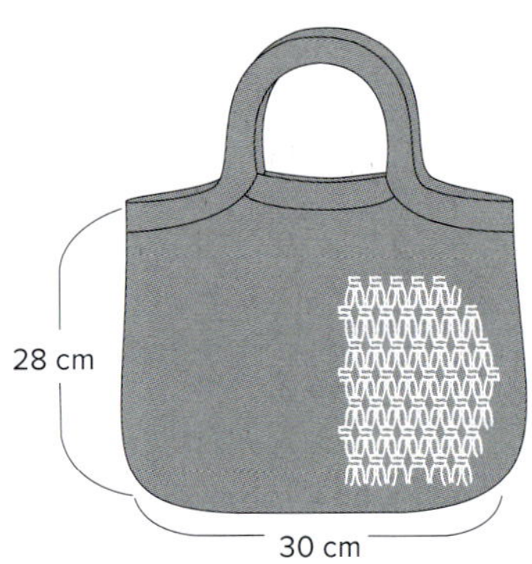

GRIFFE & HAUPTTEIL DER TASCHE

1 Die beiden Leitfäden A mittig falten und mit dem Knüpffaden A 144 Reihen vertikaler Rippenknoten knüpfen. Anfang und Ende der Leitfäden zum Ring schließen (siehe Kasten unten rechts).

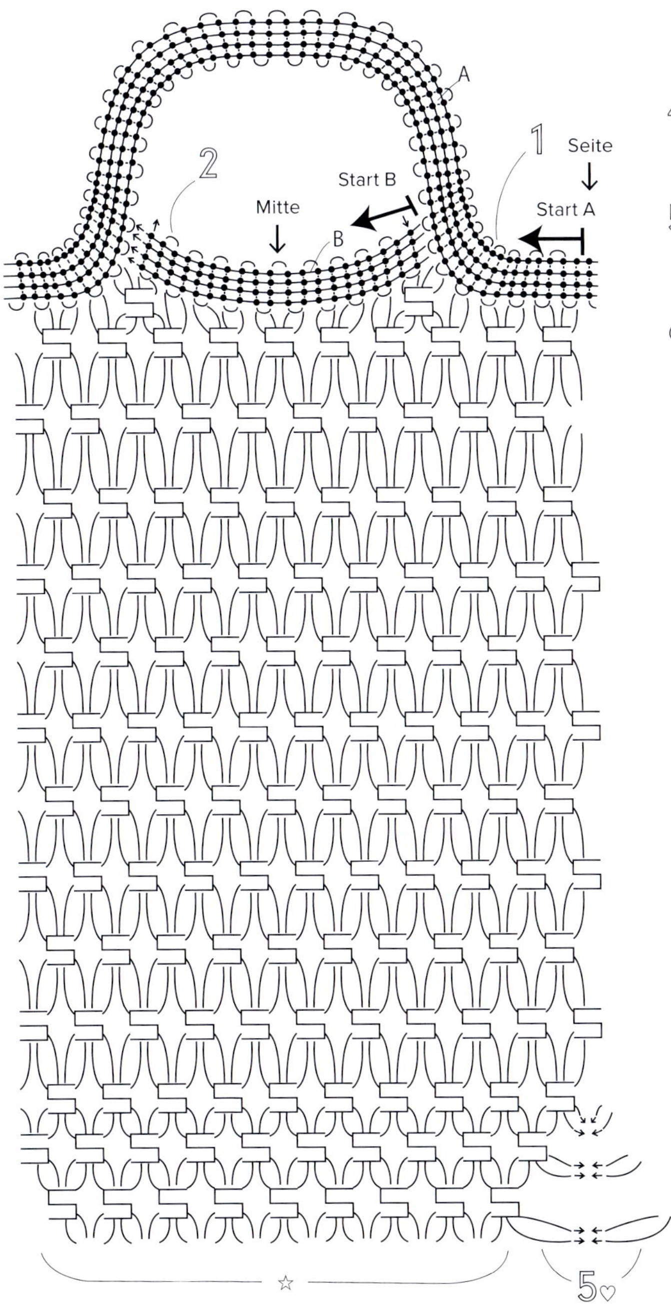

2 Zwei Leitfäden B mittig falten und an A befestigen (siehe Kasten gegenüber). Mit einem Knüpffaden B 20 Reihen vertikaler Rippenknoten knüpfen. Zum Schluss die Fadenenden wieder durch A ziehen (siehe Kasten gegenüber). Für den anderen Henkel wiederholen.

3 Die Knüpffäden für den Hauptteil der Tasche an A und B befestigen (siehe Kasten gegenüber). 10 Reihen mit je 1,5 versetzten Kreuzknoten knüpfen, sodass ein Netzmuster entsteht; zwischen den Reihen jeweils 2 cm Abstand lassen. Die Reihenenden stets verbinden, sodass eine schlauchförmige Tasche entsteht.

4 Weitere 3 Reihen mit je 1,5 versetzten Kreuzknoten knüpfen, sodass ein Netzmuster entsteht. Diesmal keinen Abstand zwischen den Reihen lassen.

5 Die Tasche auf links wenden. Zum Ausformen der Ecken an den mit ♡ markierten Stellen Kreuzknoten knüpfen.

6 Um den Taschenboden zu schließen, die gegenüberliegenden Unterkanten der Tasche durch Kreuzknoten verbinden (mit ☆ markierte Partie). Die Fadenenden versäubern, wie auf Seite 71 beschrieben.

Verbinden der Fäden (Schritt 1)

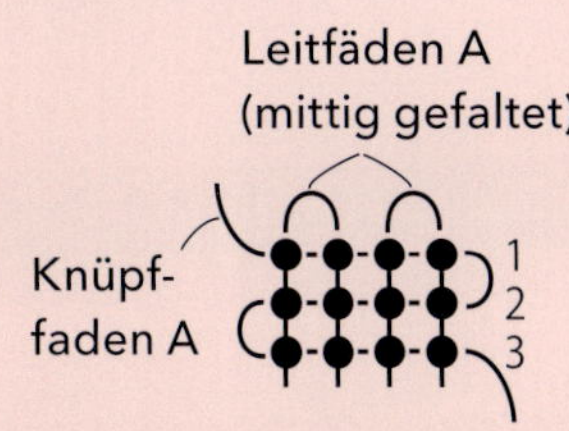

Zum Versäubern den Knüpffaden auf links (Innenseite) durch den Knoten ziehen.

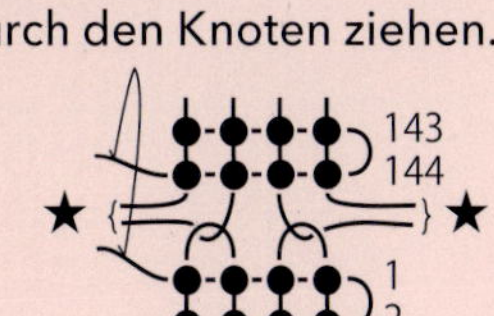

Die Leitfäden auf der Innenseite durch Kreuzknoten sichern/versäubern (★)

10

Kleines Täschchen – uni

Foto Seite 30

MATERIAL

36 m blaues Baumwoll-Bändchengarn (Stärke 7 mm)

- Knüpffäden: 40 Fäden à 90 cm

1 Magnetverschluss (2 cm)

FERTIGE GRÖSSE

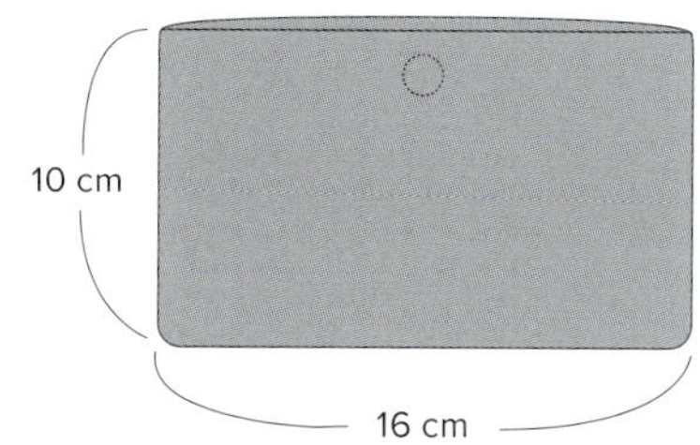

SYMBOLE

Kreuzknoten
▹ *Seite 56*

Kreuzknoten
▹ *Seite 52*

HAUPTTEIL DER TASCHE

1 Die 40 Knüpffäden mittig falten. Je 2 gefaltete Fäden zusammenlegen (insgesamt 20 Fadengruppen). Mit jeder Fadengruppe einen Kreuzknoten knüpfen.

2 13 Reihen einzelner versetzter Kreuzknoten knüpfen, sodass ein Netzmuster entsteht. Die Reihenenden stets verbinden, sodass eine schlauchförmige Tasche entsteht.

3 Die Tasche auf links wenden. Zum Ausformen der Ecken an den mit ♡ markierten Stellen Kreuzknoten knüpfen.

4 Um den Taschenboden zu schließen, die gegenüberliegenden Unterkanten der Tasche durch Kreuzknoten verbinden (mit ☆ markierte Partie). Die Fadenenden versäubern, wie auf Seite 71 beschrieben.

5 Die Teile des Magnetverschlusses mittig auf der Innenseite des Täschchens annähen.

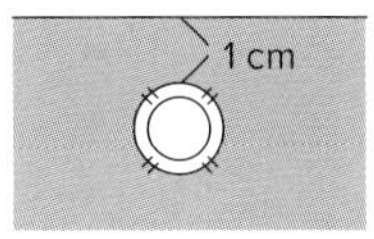

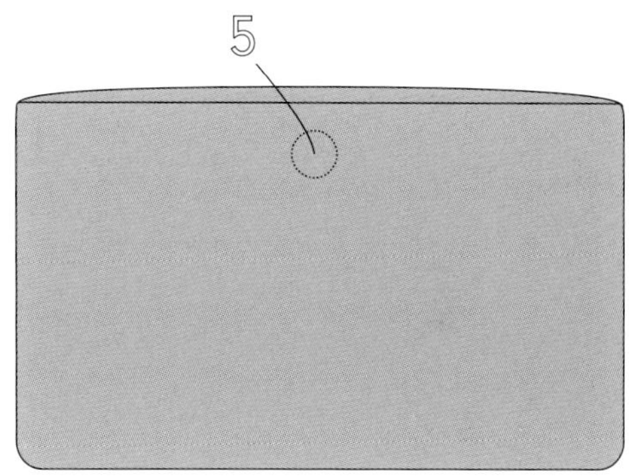

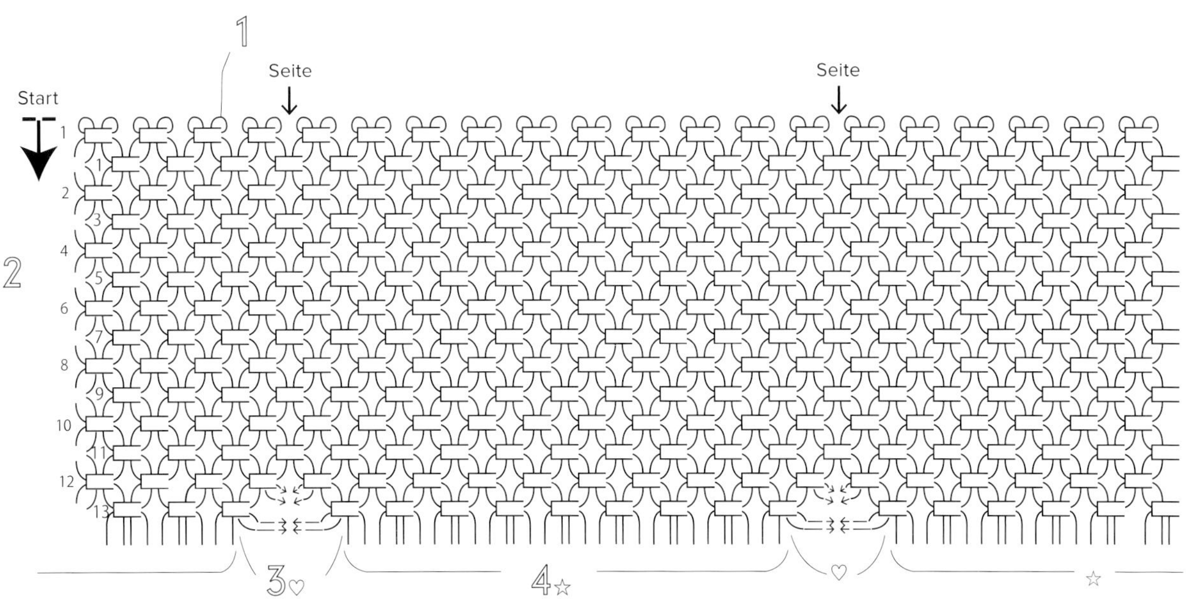

11

Kleines Täschchen – gestreift

Foto Seite 31

MATERIAL

Farbe A: 22 m blaues Baumwoll-Bändchengarn (Stärke 7 mm)

Farbe B: 15 m dunkelblaues Baumwoll-Bändchengarn (Stärke 7 mm)

- Knüpffäden A: 24 Fäden à 90 cm
- Knüpffäden B: 16 Fäden à 90 cm

1 Magnetverschluss (2 cm)

FERTIGE GRÖSSE

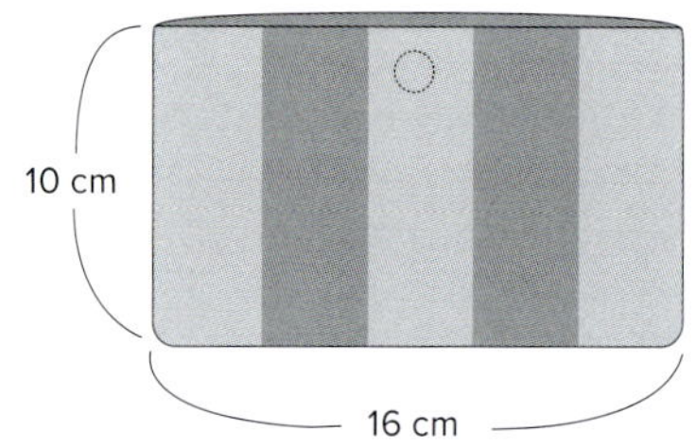

SYMBOLE

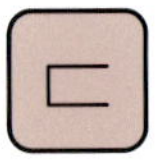

Kreuzknoten
▹ *Seite 56*

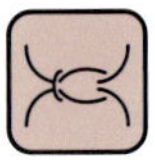

Kreuzknoten
▹ *Seite 52*

HAUPTTEIL DER TASCHE

1 Die 40 Knüpffäden mittig falten (24 in Farbe A, 16 in Farbe B). Je 2 gefaltete Fäden zusammenlegen (insgesamt 20 Fadengruppen; Farbverteilung siehe Diagramm unten). Mit jeder Fadengruppe einen Kreuzknoten knüpfen.

2 13 Reihen einzelner versetzter Kreuzknoten knüpfen, sodass ein Netzmuster entsteht. Die Reihenenden stets verbinden, sodass eine schlauchförmige Tasche entsteht.

3 Die Tasche auf links wenden. Zum Ausformen der Ecken an den mit ♡ markierten Stellen Kreuzknoten knüpfen.

4 Um den Taschenboden zu schließen, die gegenüberliegenden Unterkanten der Tasche durch Kreuzknoten verbinden (mit ☆ markierte Partie). Die Fadenenden versäubern, wie auf Seite 71 beschrieben.

5 Die Teile des Magnetverschlusses mittig auf der Innenseite des Täschchens annähen.

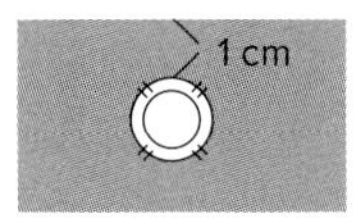

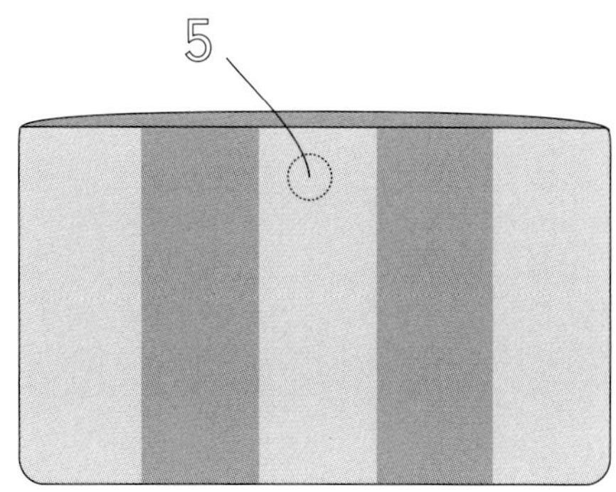

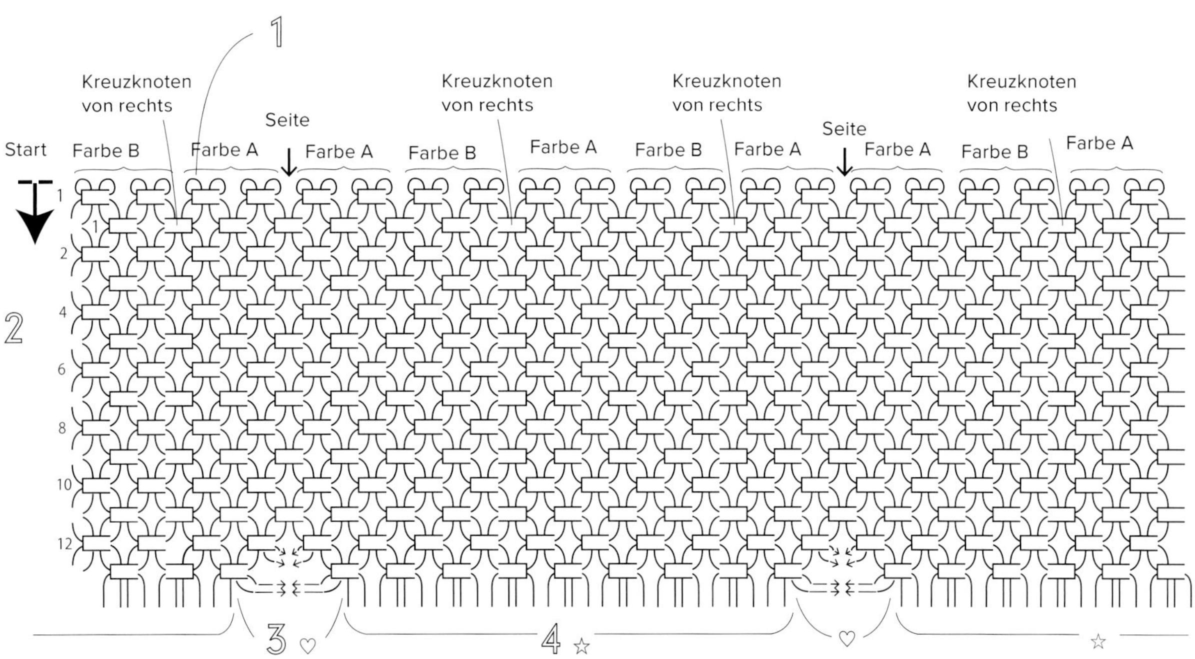

12

Weiße Clutch mit Quaste

Foto Seite 32

Foto Seite 32

MATERIAL

94 m weißes Baumwollgarn (Stärke 2 mm)

- Knüpffäden: 64 Fäden à 140 cm
- Leitfäden: 2 Fäden à 50 cm
- Quaste: 1 Faden, Länge 250 cm
  2 Fäden à 25 cm

1 Reißverschluss, Länge 22 cm

SYMBOLE

Verbreiterter Ankerstich
▹ *Seite 51*

Kreuzknoten
▹ *Seite 56*

Umgekehrter horizontaler Rippenknoten
▹ *Seite 62*

Horizontaler Rippenknoten
▹ *Seite 60*

Diagonaler Rippenknoten
▹ *Seite 62*

Kreuzknoten
▹ *Seite 52*

Umschließender Rippenknote
▹ *Seite 63*

Wickelknoten
▹ *Seite 53*

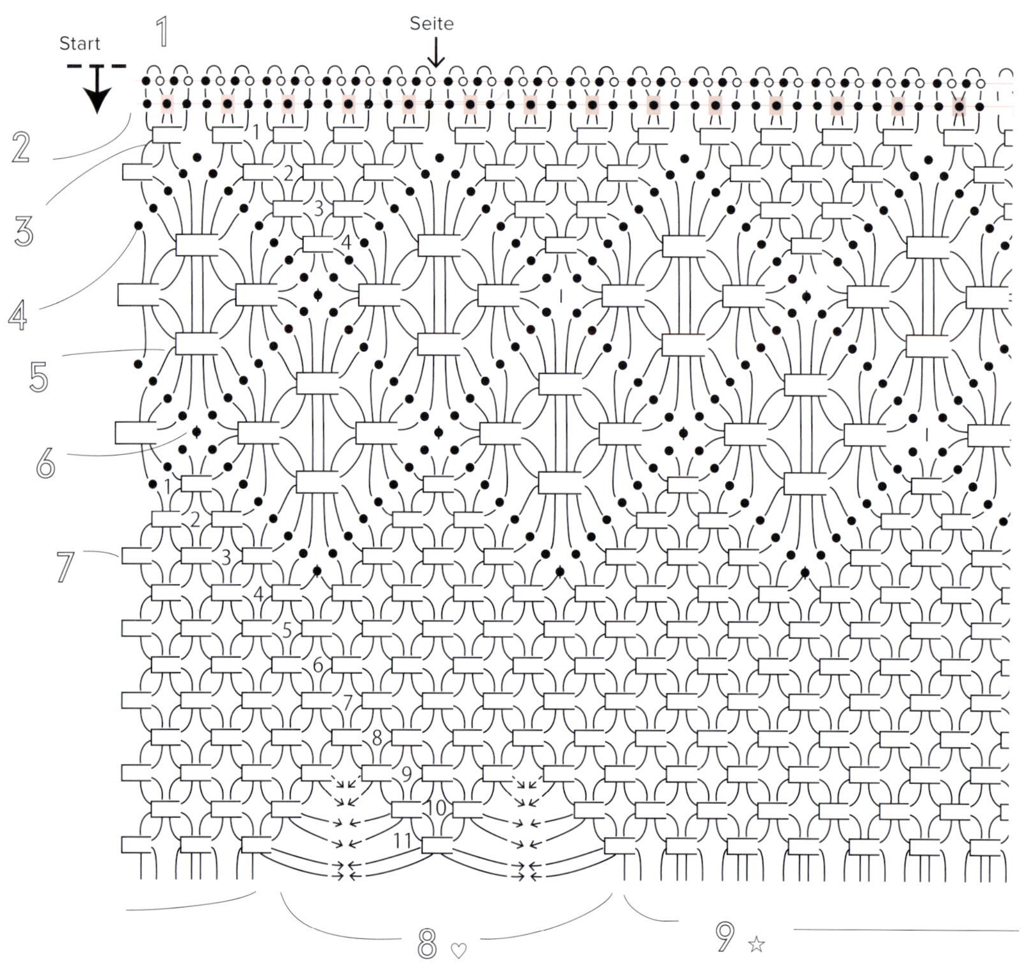

HAUPTTEIL DER TASCHE

1. Die 64 Knüpffäden mittig falten und mit dem verbreiterten Ankerstich an einem der Leitfäden befestigen. Die Enden des Leitfadens überlappen lassen, sodass ein Ring entsteht; durch Befestigen von 4 Knüpffäden an der überlappenden Partie fixieren.
2. 1 Reihe horizontaler und umschließender Rippenknoten knüpfen. Die Enden des Leitfadens überlappend zum Ring schließen.
3. 4 Reihen einzelner versetzter Kreuzknoten knüpfen, sodass ein Netzmuster entsteht. In jeder Reihe die Anzahl der Knoten verringern. Die Reihenenden stets verbinden, sodass eine schlauchförmige Tasche entsteht.
4. Gemäß dem Diagramm diagonale Rippenknoten knüpfen.
5. Kreuzknoten um jeweils 4 Leitfäden herum knüpfen.
6. Gemäß dem Diagramm horizontale Rippenknoten knüpfen.
7. 11 Reihen einzelner versetzter Kreuzknoten knüpfen, sodass ein Netzmuster entsteht. Ab der 9. Reihe die Anzahl der Knoten verringern.
8. Die Tasche auf links wenden. Zum Ausformen der Ecken an den mit ♡ markierten Stellen Kreuzknoten knüpfen, wie durch die Pfeile angezeigt.
9. Um den Taschenboden zu schließen, die gegenüberliegenden Unterkanten der Tasche durch Kreuzknoten verbinden (mit ☆ markierte Partie). Die Fadenenden versäubern, wie auf Seite 71 beschrieben.

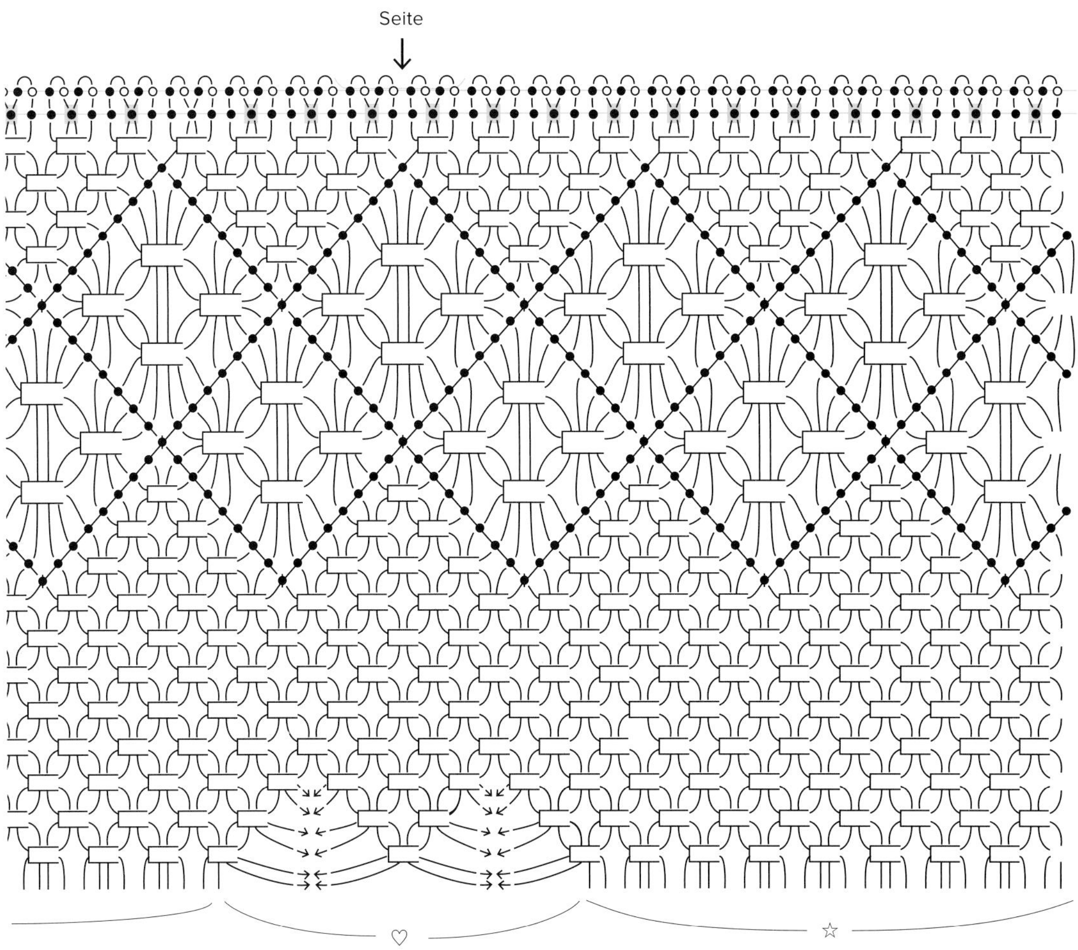

QUASTE

1 Den 250 cm langen Faden für die Quaste 5- bis 6-mal um ein 20 cm breites Stück Pappe wickeln.

2 Das aufgewickelte Fadenbündel mit einem der 25 cm langen Fäden für die Quaste in der Mitte zusammenbinden; dann die Pappe entfernen.

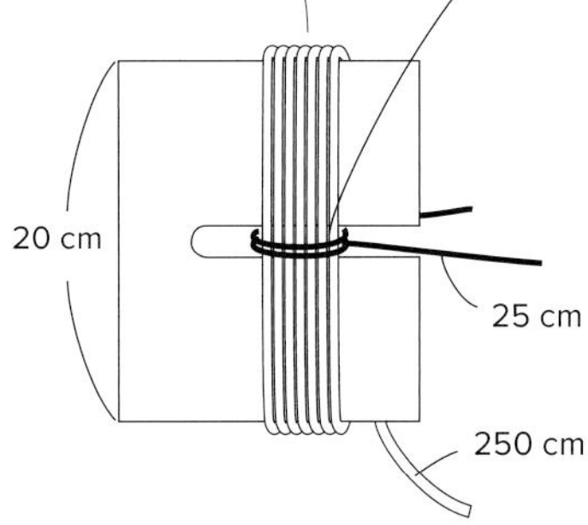

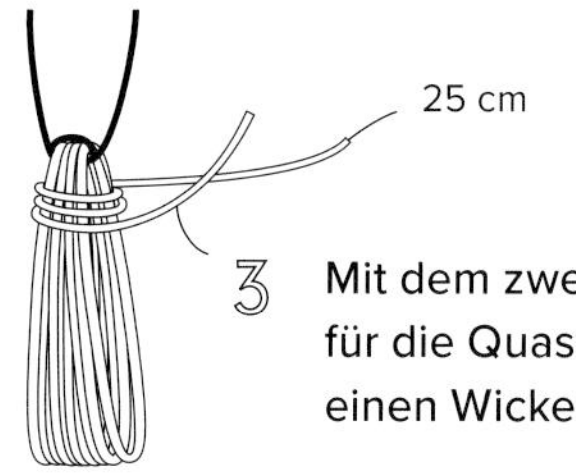

3 Mit dem zweiten 25 cm langen Faden für die Quaste 1,5 cm vom oberen Rand einen Wickelknoten knüpfen.

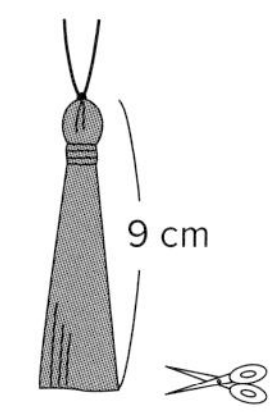

4 Die Quaste auf 9 cm Länge kürzen.

FERTIGSTELLUNG

2 Die Quaste an den Zipper des Reißverschlusses binden.

1 Den Reißverschluss von Hand in die Taschenöffnung einnähen.

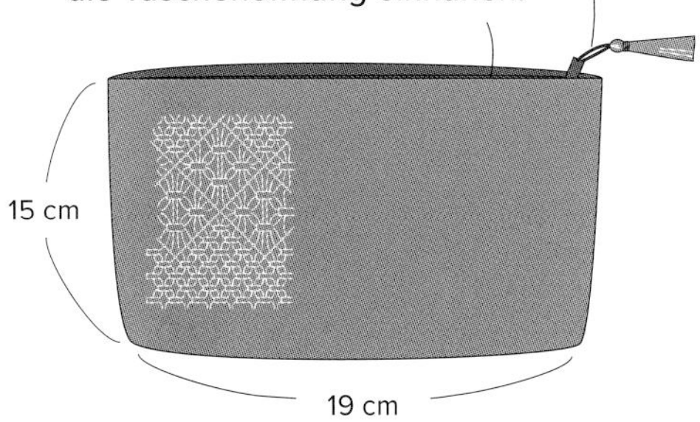

13

Blaue Clutch mit Quaste

Foto Seite 33

MATERIAL

72 m türkisblaues Baumwollgarn

- Knüpffäden: 48 Fäden à 140 cm
- Leitfäden: 2 Fäden à 50 cm
- Quaste: 1 Faden, Länge 250 cm
  2 Fäden à 25 cm

1 Reißverschluss, Länge 18 cm

SYMBOLE

Verbreiterter Ankerstich
▹ *Seite 51*

Kreuzknoten
▹ *Seite 56*

Umgekehrter horizontaler Rippenknoten
▹ *Seite 62*

Horizontaler Rippenknoten
▹ *Seite 60*

Diagonaler Rippenknoten
▹ *Seite 62*

Kreuzknoten
▹ *Seite 52*

Umschließender Rippenknoten
▹ *Seite 63*

Wickelknoten
▹ *Seite 53*

HAUPTTEIL DER TASCHE

1 Die 48 Knüpffäden mittig falten und mit dem verbreiterten Ankerstich an einem der Leitfäden befestigen. Die Enden des Leitfadens überlappen lassen, sodass ein Ring entsteht; durch Befestigen von 4 Knüpffäden an der überlappenden Partie fixieren.

2 1 Reihe horizontaler und umschließender Rippenknoten knüpfen. Die Enden des Leitfadens überlappend zum Ring schließen.

3 4 Reihen einzelner versetzter Kreuzknoten knüpfen, sodass ein Netzmuster entsteht. In jeder Reihe die Anzahl der Knoten verringern. Die Reihenenden stets verbinden, sodass eine schlauchförmige Tasche entsteht.

4 Gemäß dem Diagramm diagonale Rippenknoten knüpfen.

5 Kreuzknoten um jeweils 4 Leitfäden herum knüpfen.

6 Gemäß dem Diagramm horizontale Rippenknoten knüpfen.

7 11 Reihen einzelner versetzter Kreuzknoten knüpfen, sodass ein Netzmuster entsteht. Ab der 9. Reihe die Anzahl der Knoten verringern.

8 Die Tasche auf links wenden. Zum Ausformen der Ecken an den mit ♡ markierten Stellen Kreuzknoten knüpfen, wie durch die Pfeile angezeigt.

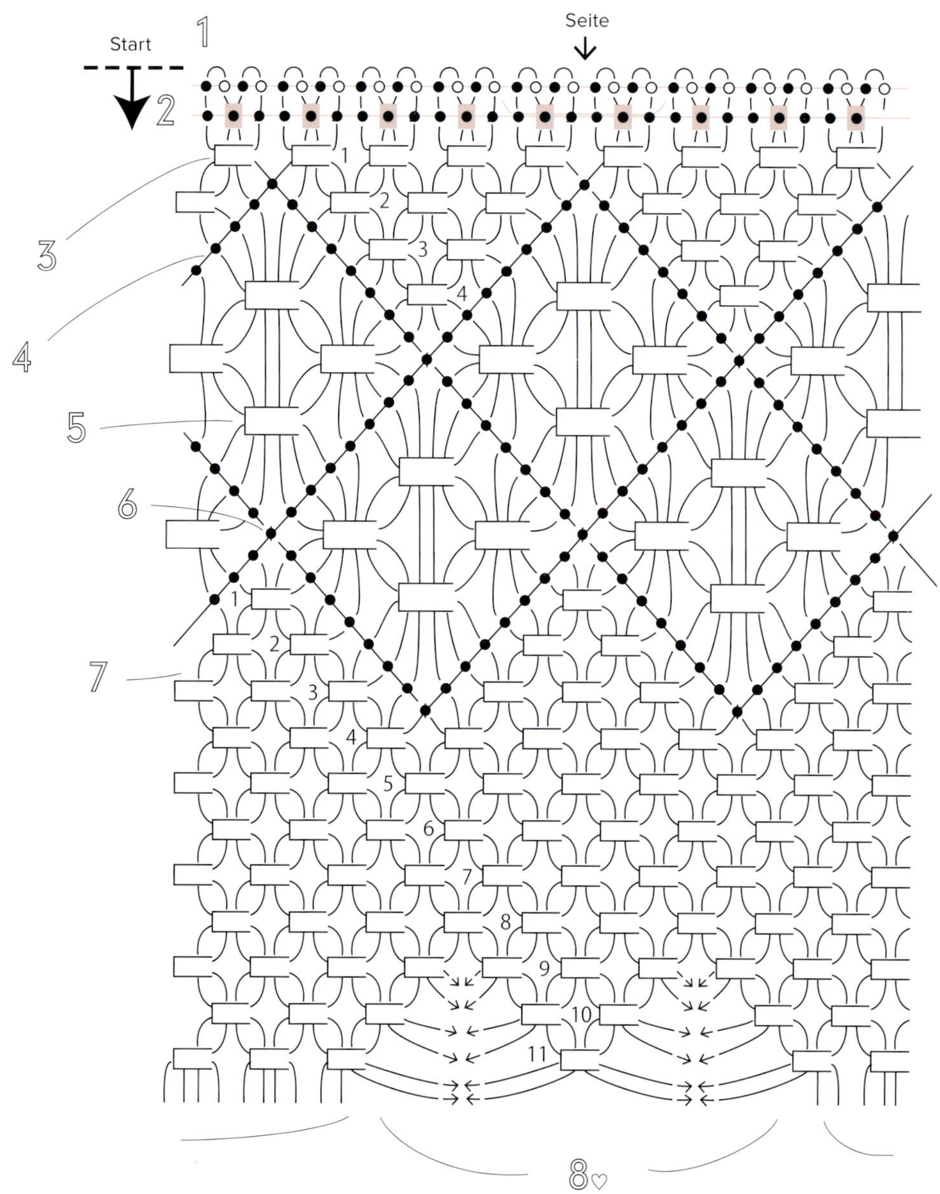

9 Um den Taschenboden zu schließen, die gegenüberliegenden Unterkanten der Tasche durch Kreuzknoten verbinden (mit ☆ markierte Partie). Die Fadenenden versäubern, wie auf Seite 71 beschrieben.

10 Die Quaste anfertigen (Anleitung Seite 104).

11 Den Reißverschluss von Hand in die Taschenöffnung einnähen.

12 Die Quaste an den Zipper des Reißverschlusses binden.

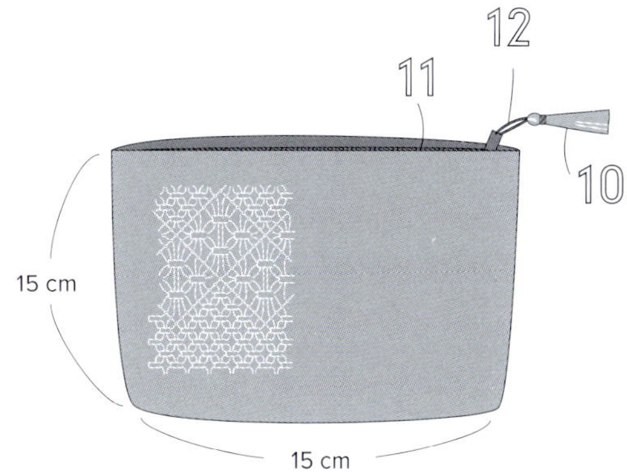

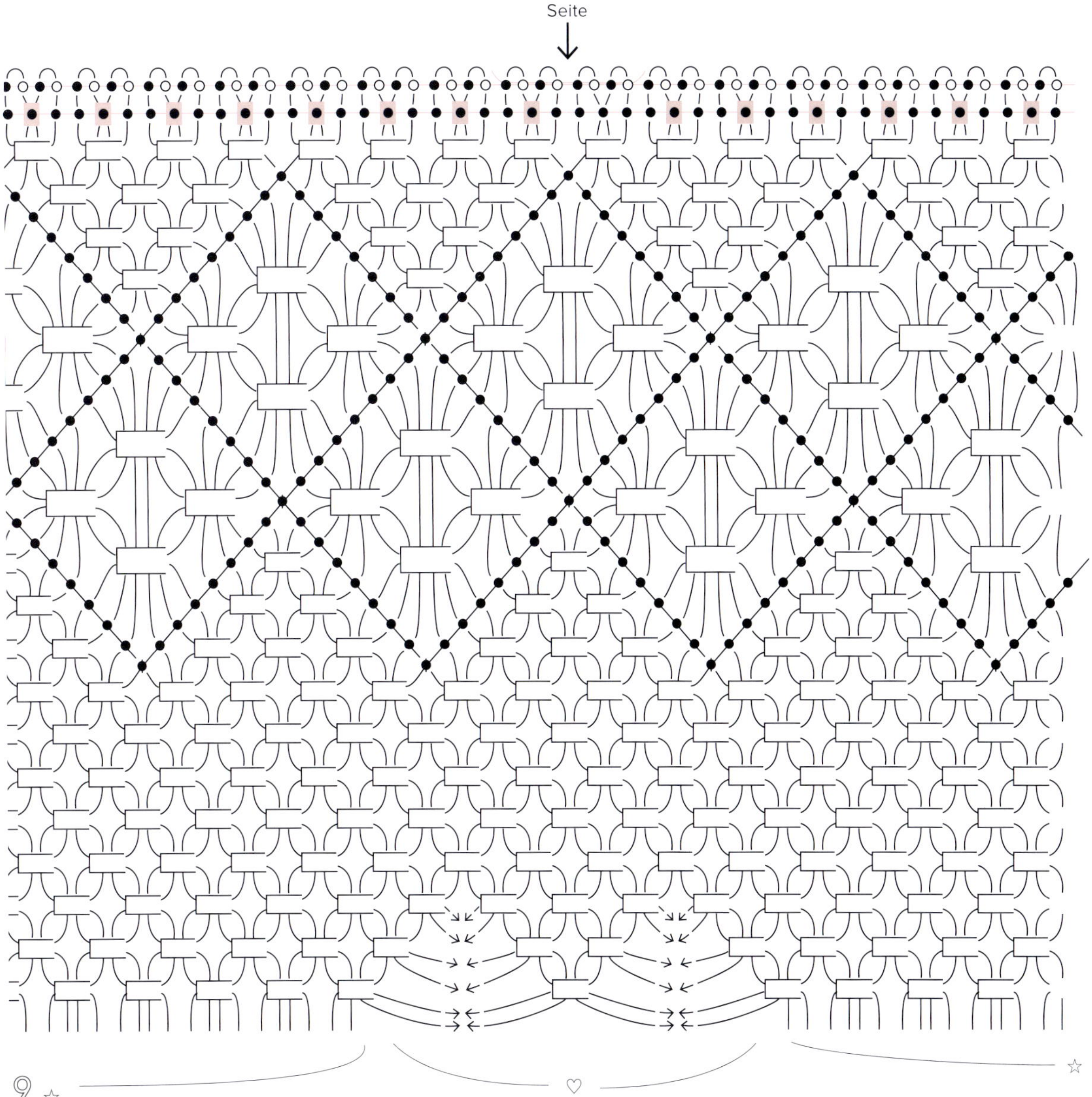

14 · 17

Taschenriemen & Gürtel mit Zickzackmuster

Fotos Seite 36, 37 und 38

MATERIAL

MODELL 14 (TASCHENRIEMEN)

40 m dunkelgraue Lederschnur (Stärke 2 mm)

- Knüpffäden: 11 Fäden à 350 cm
- Wickelknoten: 2 Fäden à 60 cm
- 0,5 m Segeltuch/Canvasstoff

2 Ösensets (Durchmesser 2 cm)

MODELL 17 (GÜRTEL)

29 m hellgraue Lederschnur

- 11 Knüpffäden à 250 cm
- Wickelknoten: 2 x 60 cm

TASCHENRIEMEN/GÜRTEL

1. Die 11 Knüpffäden nebeneinander anordnen. Ab der Mitte der Fäden für den Taschenriemen 35 cm, für den Gürtel 20 cm diagonale Rippenknoten knüpfen. Dann wiederum ab der Mitte das Gleiche in die andere Richtung wiederholen.
2. Mit den übrigen Fäden an beiden Enden 1,5 cm breite Wickelknoten knüpfen.
3. Die Fadenenden auf 60 cm kürzen.

SYMBOLE

Diagonaler Rippenknoten
▹ *Seite 62*

Wickelknoten
▹ *Seite 53*

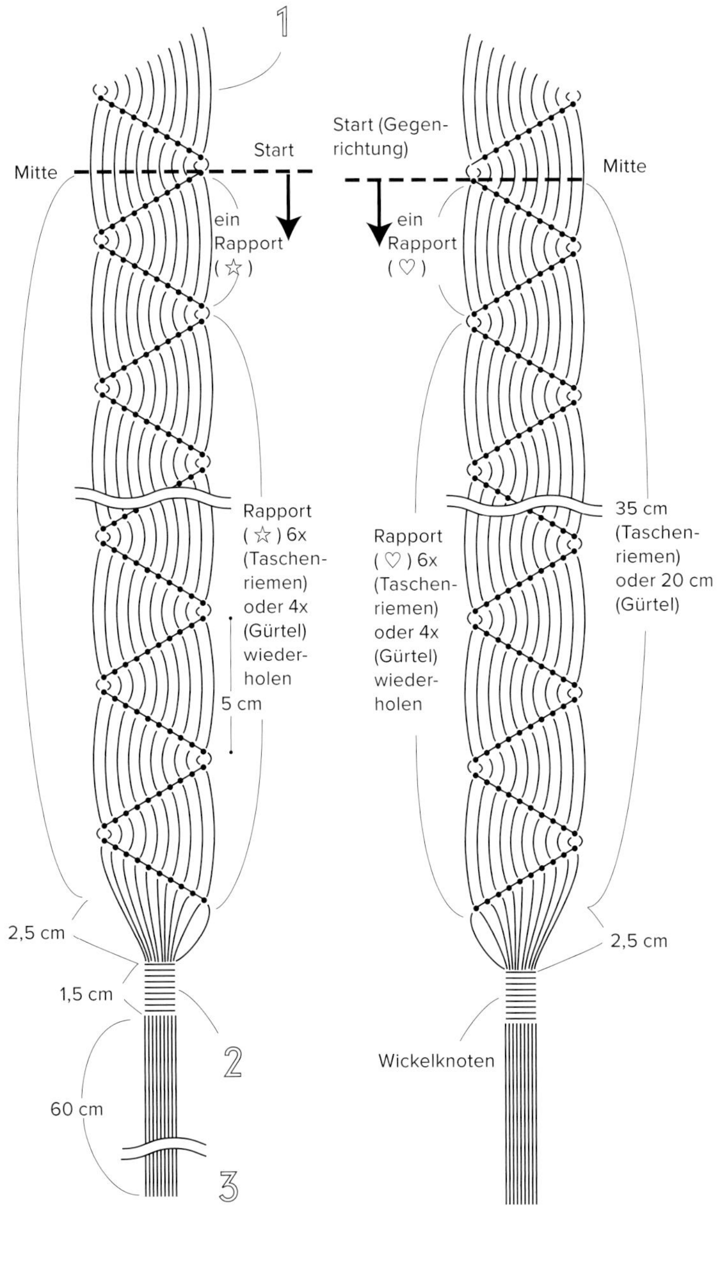
1
Start
Mitte
ein
Rapport
(☆)
Rapport
(☆) 6x
(Taschen-
riemen)
oder 4x
(Gürtel)
wieder-
holen
5 cm
2,5 cm
1,5 cm
2
60 cm
3
Start (Gegen-
richtung)
Mitte
ein
Rapport
(♡)
Rapport
(♡) 6x
(Taschen-
riemen)
oder 4x
(Gürtel)
wieder-
holen
35 cm
(Taschen-
riemen)
oder 20 cm
(Gürtel)
2,5 cm
Wickelknoten

NUR MODELL 14: TASCHE NÄHEN

1 Den Stoff auf 40 x 90 cm zuschneiden und mittig falten.

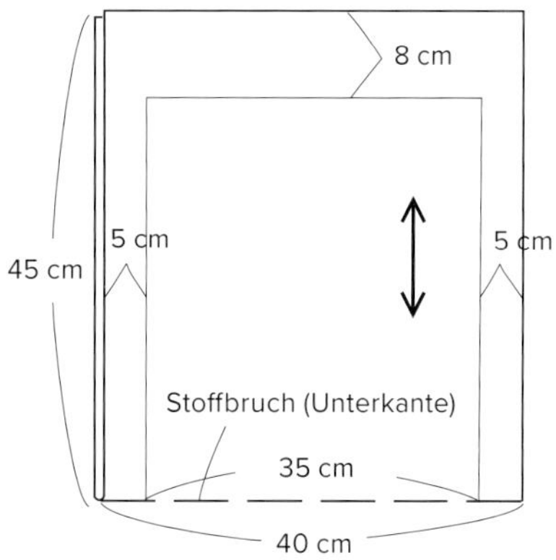

2 Die Seitenkanten 1 cm breit umbügeln, und zwar auf jeder Seite eine Kante links auf links, die gegenüberliegende Kante rechts auf rechts.

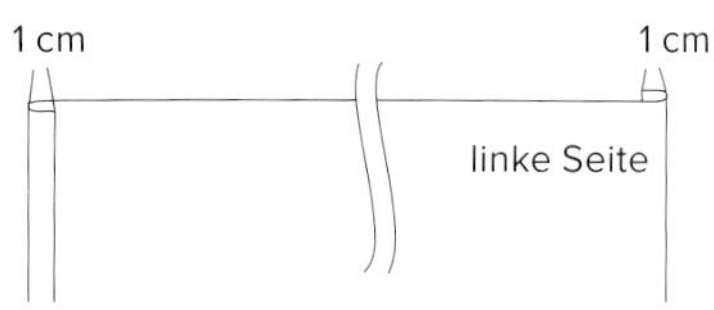

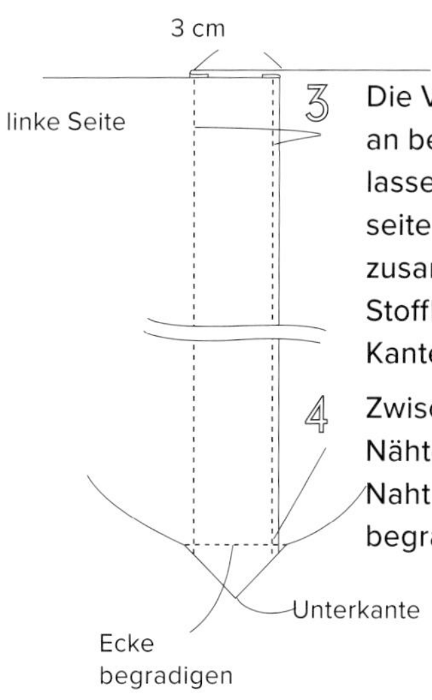

3 Die Vorder- und Rückseite der Tasche an beiden Seiten 3 cm überlappen lassen. Jeweils von der linken Stoffseite aus mit 2 senkrechten Nähten zusammensteppen; dabei knapp am Stoffbruch der umgeschlagenen Kanten entlang nähen.

4 Zwischen den beiden senkrechten Nähten jeweils eine waagerechte Naht anbringen, um die Ecken zu begradigen.

5 Die Tasche auf rechts wenden. Die Oberkante erst 1 cm, dann nochmals 7 cm umbügeln und knappkantig absteppen.

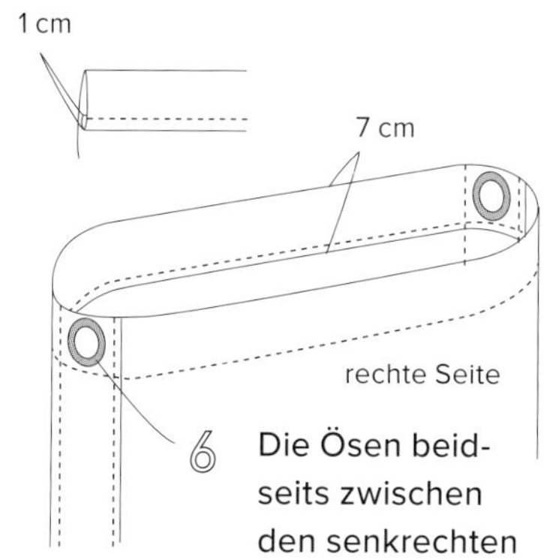

6 Die Ösen beidseits zwischen den senkrechten Seitennähten der Tasche anbringen.

7 Die Fransen durch die Ösen ziehen und festknoten.

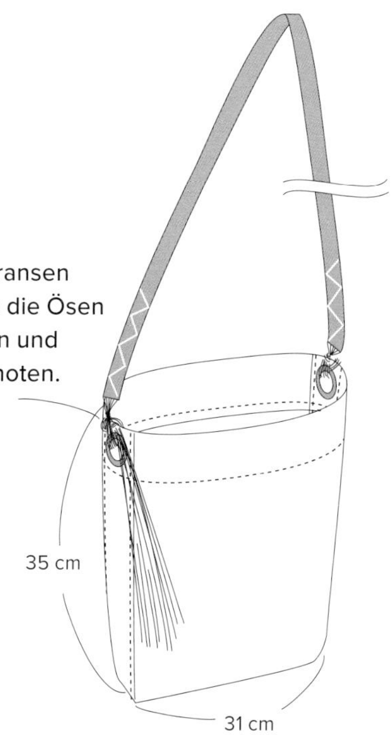

15 · 16

Taschenriemen & Gürtel mit Sechserzopf

Fotos Seite 37, 38 und 39

MATERIAL

Farbe A: 3,7 m hellgraue Lederschnur (Stärke 2 mm)

Farbe B: 7,4 m dunkelbraune Lederschnur (Stärke 2 mm)

- Farbe A: 1 Faden, Länge 370 cm
- Farbe B: 2 Fäden à 370 cm

1 ovaler Holzring (4 x 3 cm)

NUR MODELL 15 (TASCHE):

1 fertige Stofftasche

2 Stücke Gurtband (Länge 8 cm, Breite 1,5 cm)

1 Druckknopf-Set

SYMBOLE

Ankerstich
▹ Seite 50

Überhandknoten
▹ Seite 52

Sechserzopf
▹ Seite 55

TASCHENRIEMEN/GÜRTEL

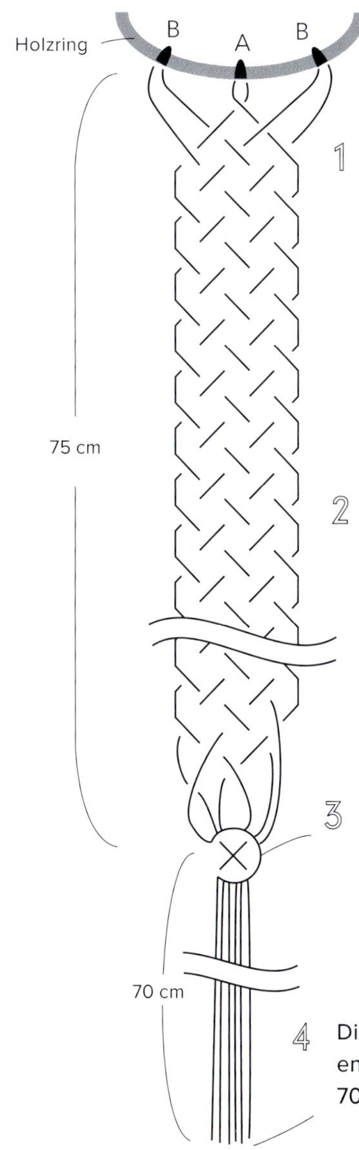

1 Die 3 Fäden mittig falten und mit dem Ankerstich am Holzring befestigen. Farbverteilung siehe Abbildung links.

2 Einen 75 cm langen Sechserzopf flechten.

3 Mit allen sechs Fäden einen Überhandknoten knüpfen.

4 Die Fadenenden auf 70 cm kürzen.

NUR MODELL 15: TASCHE FERTIGSTELLEN

1 Die Henkel der fertigen Stofftasche abschneiden.

3 Die Fransen durch die Schlaufe des Gurtbands ziehen und festknoten.

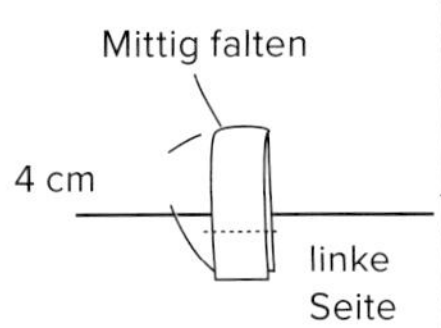

Ein Stück Gurtband mittig falten und auf der Innenseite der Tasche annähen.

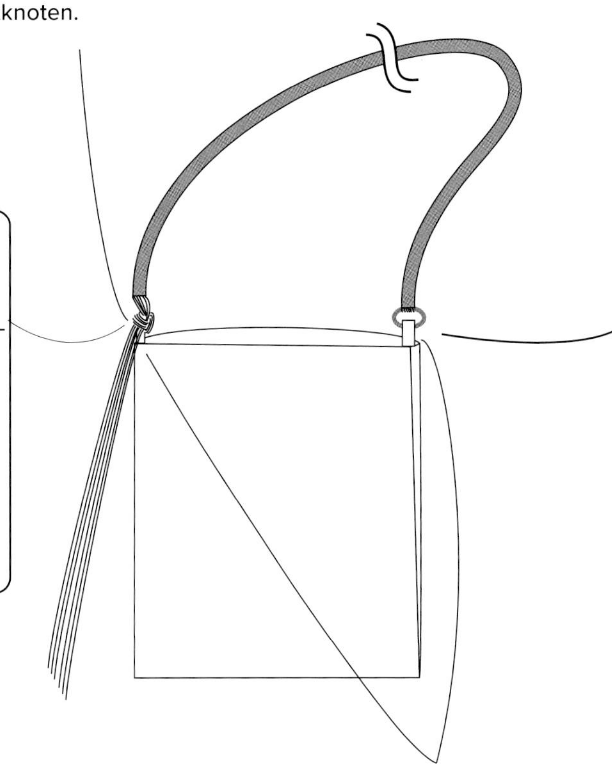

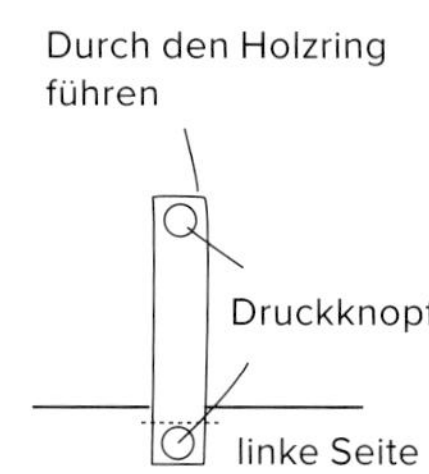

Die Teile des Druckknopfs jeweils an beiden Enden des Gurtbands anbringen. Ein Ende dieses Bands auf der Innenseite der Tasche annähen. Das andere Ende durch den Holzring führen und mit dem Druckknopf schließen.

2 Die beiden Stücke Gurtband auf der Innenseite an den Seitennähten annähen.

18

Schultertasche mit Fransen

Foto Seite 40

MATERIAL

123 m naturweißes Baumwollgarn (Stärke 2 mm)

- Knüpffäden: 48 Fäden à 200 cm
- Leitfäden: 2 Fäden à 50 cm
- Trageriemen: 4 Fäden à 360 cm
  4 Fäden à 270 cm

30 cm Futterstoff

Bügelvlies (6 x 18 cm)

1 Magnetverschluss (Durchmesser 2 cm)

SYMBOLE

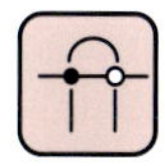
Verbreiterter Ankerstich
▹ *Seite 51*

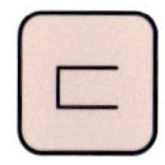
Kreuzknoten
▹ *Seite 56*

Diagonaler Rippenknoten
▹ *Seite 62*

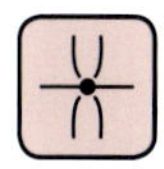
Umschließender Rippenknoten
▹ *Seite 63*

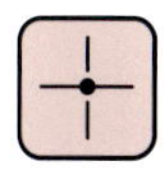
Horizontaler Rippenknoten
▹ *Seite 60*

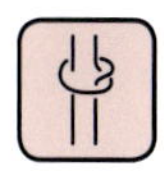
Schlingenknoten
▹ *Seite 53*

TRAGERIEMEN

1 Die Fäden für den Trageriemen an ihrer Mitte zusammenlegen (siehe Abbildung unten).

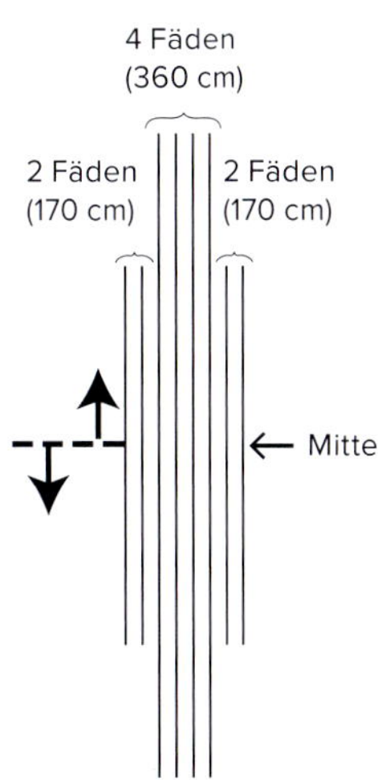

2 Von der Mitte aus separat zu beiden Enden hin knüpfen. Jeweils 56 cm versetzte Kreuzknoten knüpfen, sodass ein Netzmuster entsteht.

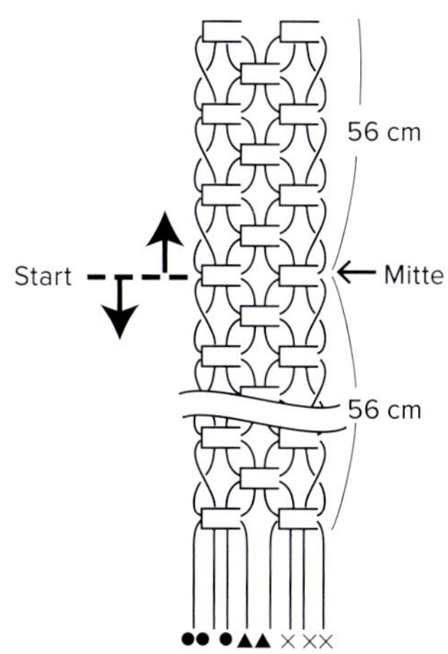

3 Nach Fertigstellung des Hauptteils die Fadenenden des Trageriemens entsprechend den Symbolen an den im Diagramm (siehe Seite 114–115) markierten Positionen von außen durch die Tasche ziehen und auf der Innenseite festknoten.

HAUPTTEIL DER TASCHE

1 Die 48 Knüpffäden mittig falten und mit dem verbreiterten Ankerstich an einem der Leitfäden befestigen. Die Enden des Leitfadens überlappen lassen, sodass ein Ring entsteht; durch Befestigen von 4 Knüpffäden an der überlappenden Partie fixieren.

2 7 Reihen einzelner versetzter Kreuzknoten knüpfen, sodass ein Netzmuster entsteht. Die Reihenenden stets verbinden, sodass eine schlauchförmige Tasche entsteht.

3 1 Reihe horizontaler und umschließender Rippenknoten knüpfen. Die Enden des Leitfadens überlappend zum Ring schließen.

4 4 Reihen einzelner versetzter Kreuzknoten knüpfen, sodass ein Netzmuster entsteht. In jeder Reihe die Anzahl der Knoten verringern. Gemäß dem Diagramm diagonale Rippenknoten knüpfen.

5 Kreuzknoten um jeweils 6 Leitfäden herum knüpfen.

6 11 Reihen einzelner versetzter Kreuzknoten knüpfen, sodass ein Netzmuster entsteht.

7 Um den Taschenboden zu schließen, jeweils 8 Fäden (4 von jeder Seite der Tasche) bündeln und durch einen Schlingenknoten (mit einem der 8 Fäden gebunden) sichern. Auf jedem Knoten einen Tupfer Klebstoff anbringen. Die Fransen auf 18 cm kürzen.

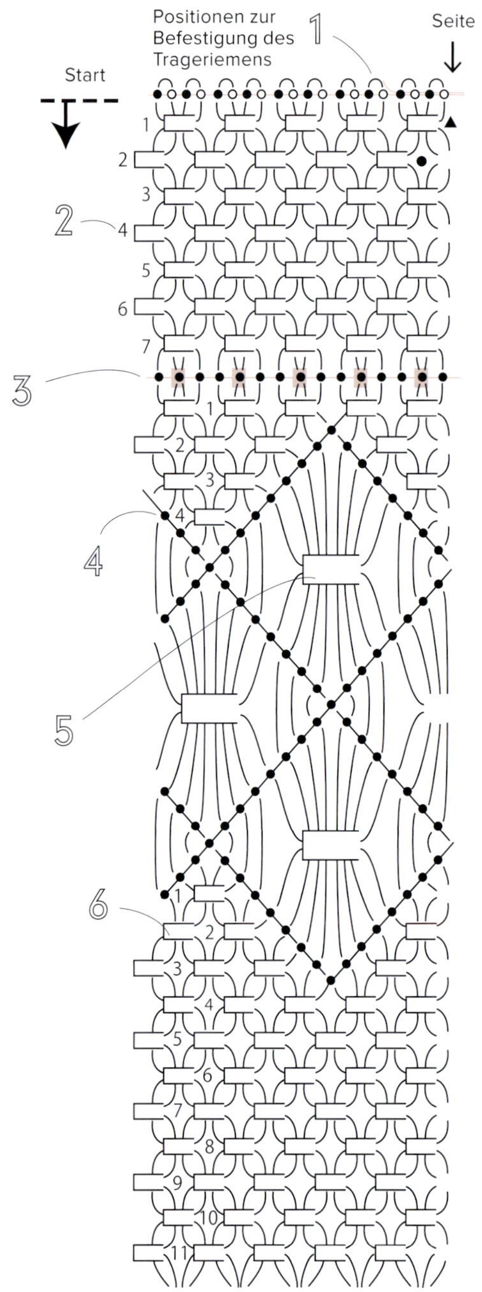

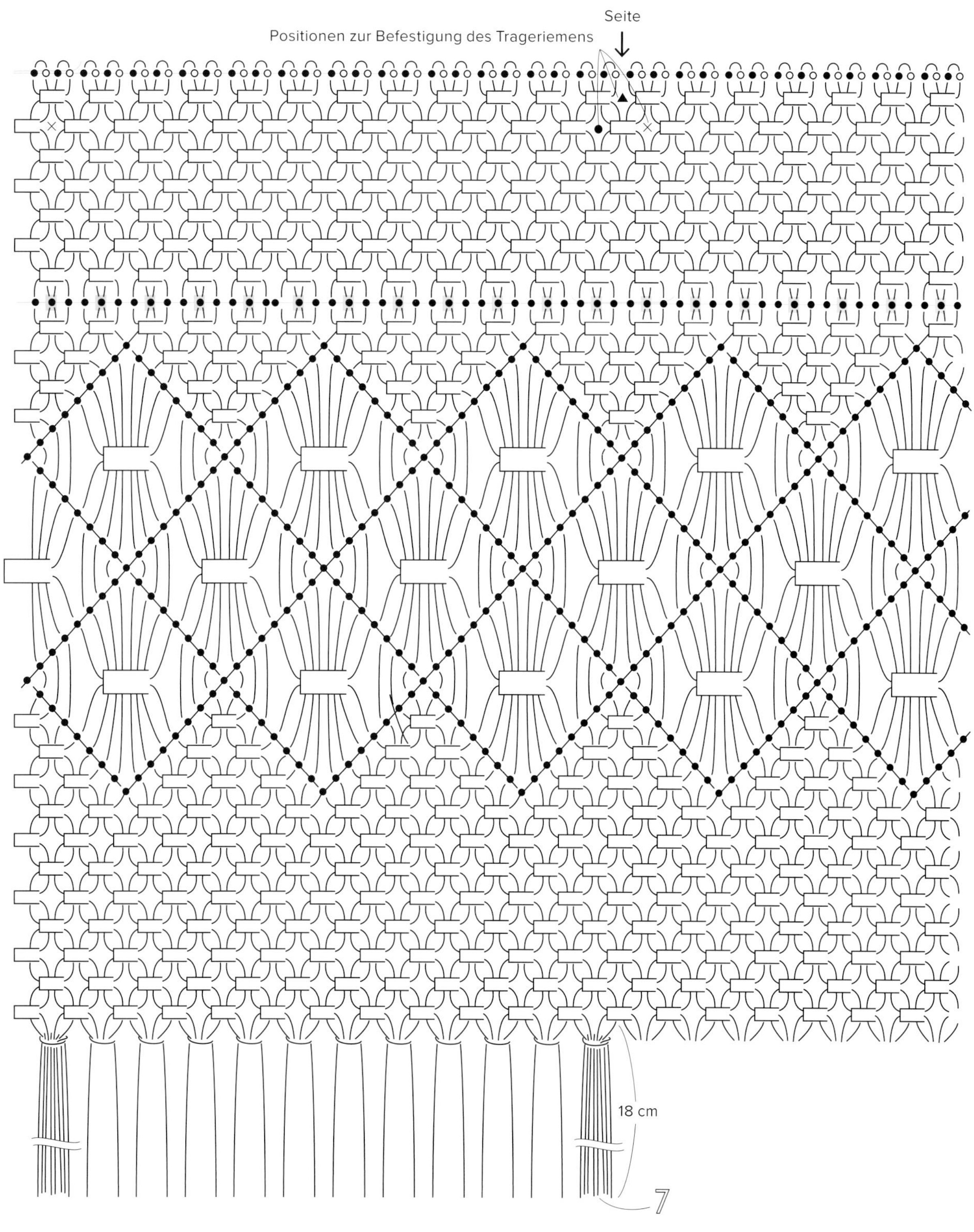
Seite
Positionen zur Befestigung des Trageriemens
18 cm
7

TASCHENFUTTER

1 Den Stoff auf 20 x 46 cm zuschneiden.

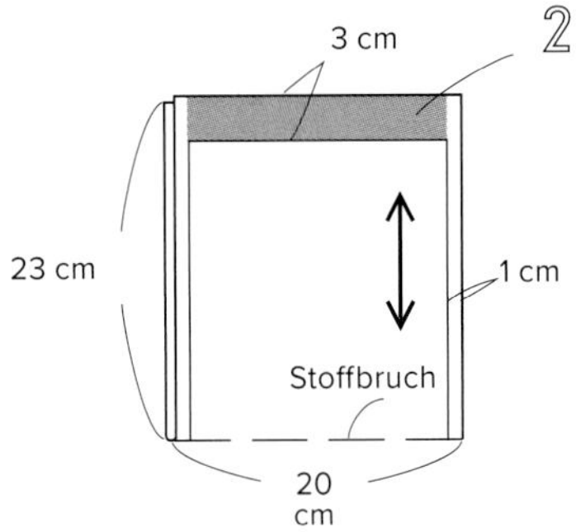

2 Das Bügelvlies in zwei 3 x 18 cm große Streifen schneiden und von links an der Ober- und Unterkante des Stoffs aufbügeln.

3 Den Stoff links auf links mittig falten. An den Seiten mit 3 mm Nahtzugabe zusammennähen.

4 Das Futter auf links wenden und an jeder Seite nochmals eine Naht anbringen, diesmal mit 5 mm Nahtzugabe, sodass eine Französische Naht entsteht.

5 Die Oberkante ringsum 3 cm breit links auf links umbügeln.

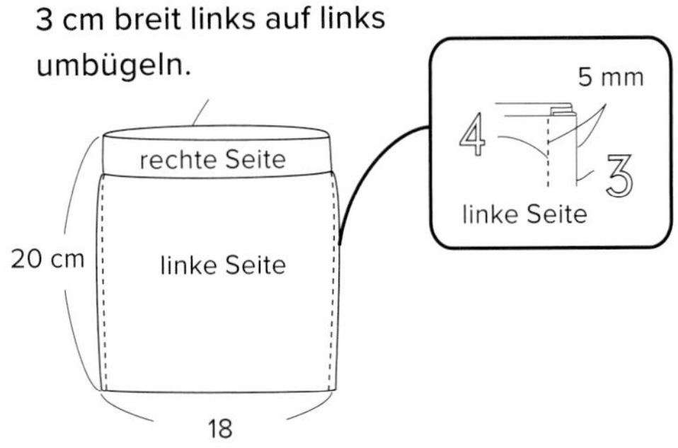

6 Das Futter in die Tasche einlegen und rings um die Öffnung von Hand festnähen.

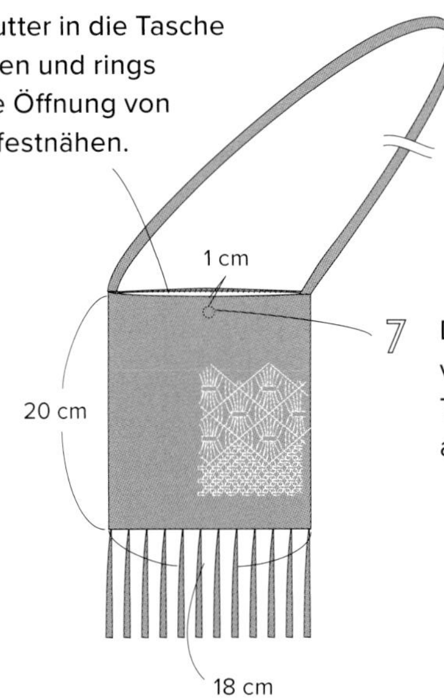

7 Den Magnetverschluss am Taschenfutter annähen.

3 Reihe horizontaler Rippenknoten knüpfen. Die Enden des Leitfadens überlappend zum Ring schließen.

4 3 Reihen versetzter Spiralknoten knüpfen, sodass ein Netzmuster entsteht. Gemäß dem Diagramm diagonale Rippenknoten knüpfen.

5 Wie Schritt 3.

6 14 Reihen einzelner versetzter Kreuzknoten knüpfen, sodass ein Netzmuster entsteht. Ab der 12. Reihe die Anzahl der Knoten verringern.

7 Die Tasche auf links wenden. Zum Ausformen der Ecken an den mit ♡ markierten Stellen Kreuzknoten knüpfen.

8 Um den Taschenboden zu schließen, die gegenüberliegenden Unterkanten der Tasche durch Kreuzknoten verbinden (mit ☆ markierte Partie). Die Fadenenden versäubern, wie auf Seite 71 beschrieben.

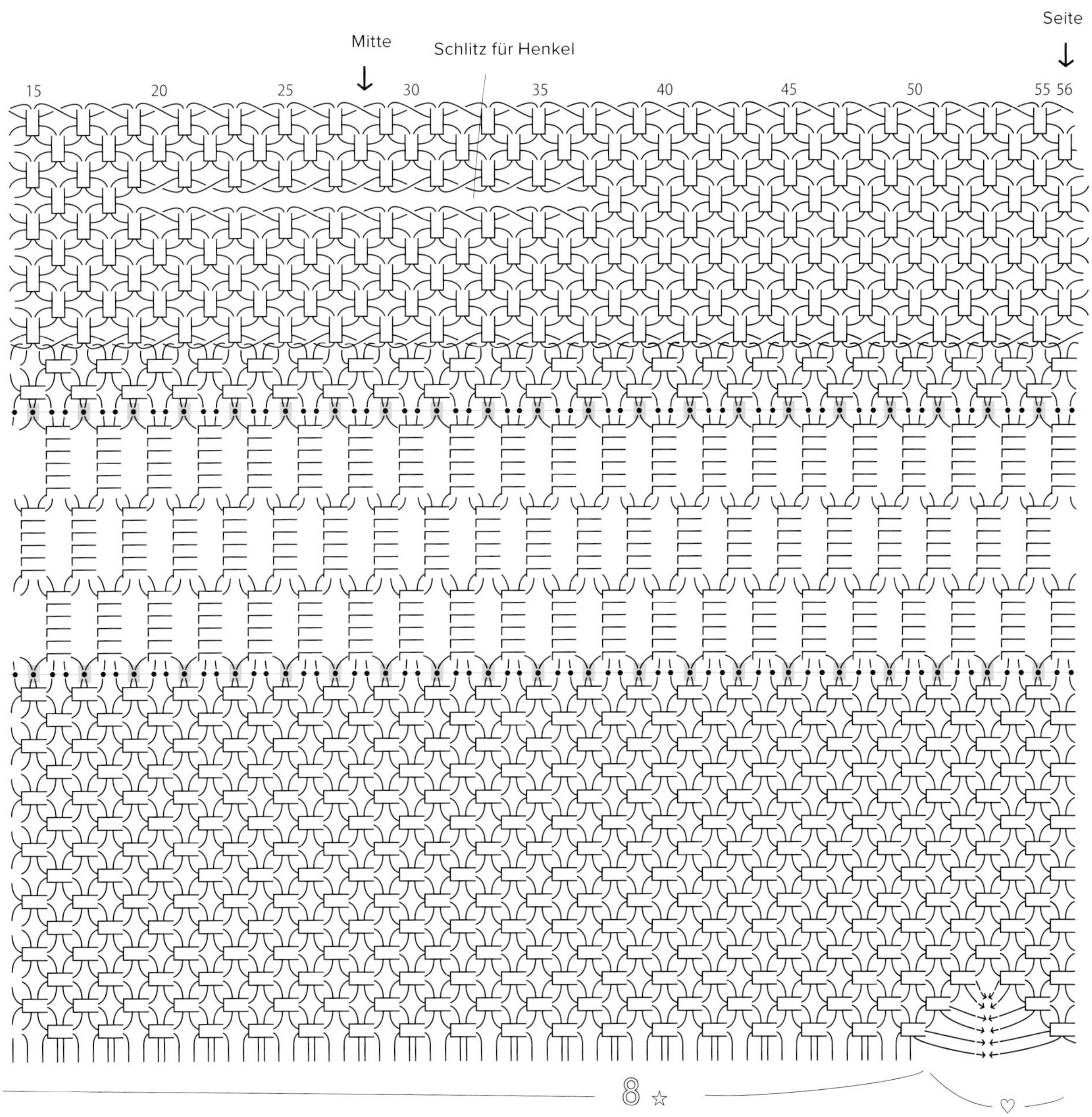

21

Handtäschchen im Vintage-Stil

Foto Seite 45

MATERIAL

187 m Baumwollgarn (Stärke 2 mm)

- Knüpffäden: 100 Fäden à 180 cm
- Leitfäden: 5 Fäden à 40 cm
- Lasche: 6 Fäden à 50 cm
- Knöpfe: 4 Fäden à 30 cm

100 cm geflochtene Lederschnur (Stärke 3 mm)

Bei diesem Modell beginnst du mit der Haupttasche (Anleitung Seite 122–123). Danach knüpfst du Lasche und Knopf und befestigst Lasche, Knopf und Trageriemen an der Tasche (siehe Seite 121).

SYMBOLE

Umgekehrter Ankerstich
▹ *Seite 50*

Horizontaler Rippenknoten
▹ *Seite 60*

Kreuzknoten
▹ *Seite 56*

Umschließender Rippenknoten
▹ *Seite 63*

Schlingenknoten
▹ *Seite 53*

Beerenknoten
▹ *Seite 57*

Diagonaler Rippenknoten
▹ *Seite 62*

Kreuzknoten
▹ *Seite 52*

Kronenknoten
▹ *Seite 59*

LASCHE

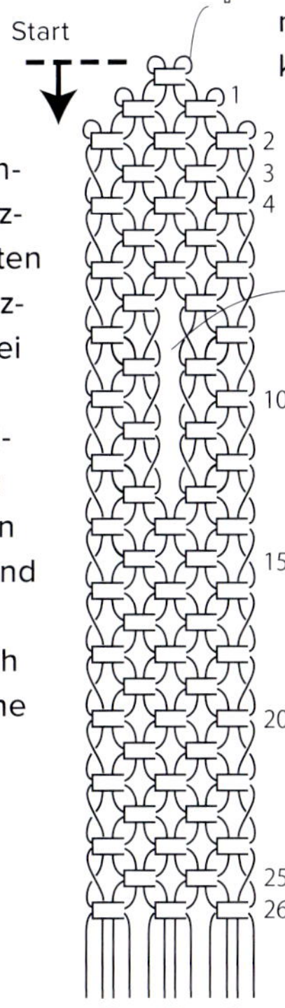

1 Zwei der Fäden für die Lasche mittig falten und einen Kreuzknoten knüpfen.

2 26 Reihen einzelner versetzter Kreuzknoten knüpfen (Netzmuster). Dabei in der 2. und 3. Reihe beidseits je einen Laschenfaden hinzufügen und weiter unten das Knopfloch arbeiten (siehe Diagramm).

3 Die Fadenenden an den mit rosa Punkten markierten Stellen (siehe Diagramm Seite 122–123) von außen durch die Tasche fädeln und auf der Innenseite durch Kreuzknoten befestigen.

TRAGERIEMEN

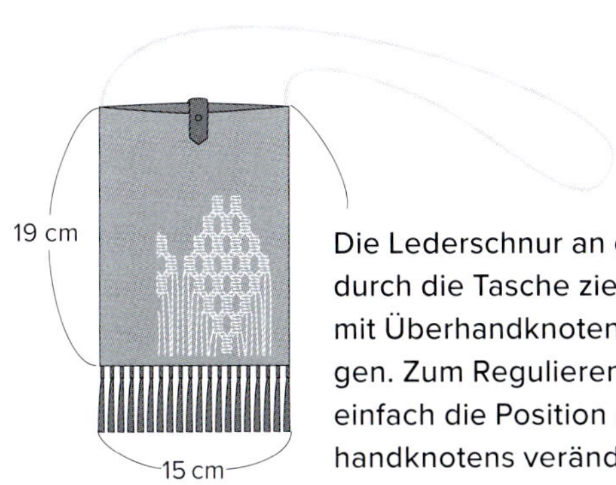

Die Lederschnur an den Seiten durch die Tasche ziehen und mit Überhandknoten befestigen. Zum Regulieren der Länge einfach die Position des Überhandknotens verändern.

KNOPF

Die 4 Fäden für den Knopf zu einem Kreuz legen (in jeder Richtung 2 Fäden). Nach der Anleitung auf Seite 59 einen Kronenknoten knüpfen. Die Fadenenden an den mit rosa Dreiecken markierten Stellen (siehe Diagramm Seite 122–123) von außen durch die Tasche ziehen und innen durch Kreuzknoten befestigen.

TIPP

Anfertigung eines Kronenknoten-Knopfs

Schritt-für-Schritt-Anleitung siehe Seite 59.

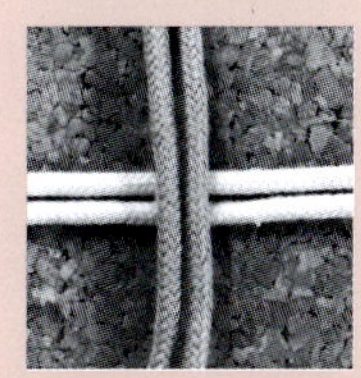

Beginn des Knotens

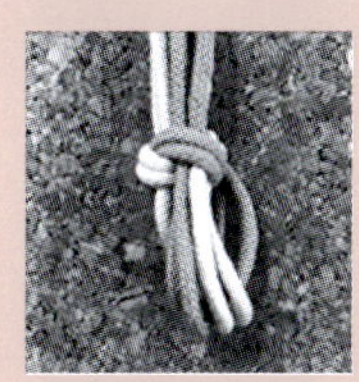

Ansicht des Knotens vor dem Festziehen der Fäden

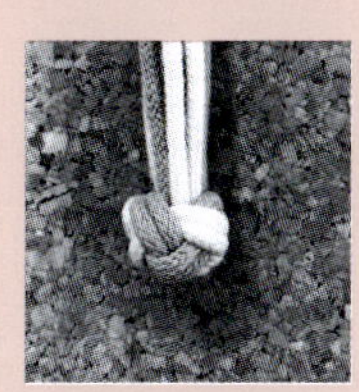

Fertiger Kronenknoten

HAUPTTEIL DER TASCHE

1 Die 100 Knüpffäden mittig falten und mit dem umgekehrten Ankerstich an einem der Leitfäden befestigen. Die Enden des Leitfadens überlappen lassen, sodass ein Ring entsteht; durch Befestigen von 4 Knüpffäden an der überlappenden Partie fixieren.

2 1 Reihe horizontaler und umschließender Rippenknoten knüpfen. Die Enden des Leitfadens überlappend zum Ring schließen.

3 3 Reihen dreifacher versetzter Kreuzknoten knüpfen, sodass ein Netzmuster entsteht. Die Reihenenden stets verbinden, sodass eine schlauchförmige Tasche entsteht.

4 Mit Fadengruppen aus nebeneinanderliegenden Fäden 10 Spiralknoten von links knüpfen.

5 1 Reihe Kreuzknoten aus nebeneinanderliegenden Fadengruppen knüpfen.

6 Schritt 2 wiederholen, dabei die überlappende Partie des Leitfadens etwas versetzen.

7 Gemäß dem Diagramm Kreuzknoten knüpfen.

8 Gemäß dem Diagramm 3 Reihen diagonaler Rippenknoten knüpfen.

9 Gemäß dem Diagramm Beerenknoten aus 6 Kreuzknoten knüpfen.

[Die Schritte 8, 7, 5 und 6 wiederholen, wie im Diagramm dargestellt.]

10 9 Reihen dreifacher versetzter Kreuzknoten knüpfen, sodass ein Netzmuster entsteht.

[Schritt 6 wiederholen, wie im Diagramm dargestellt.]

11 2 Reihen dreifacher versetzter Kreuzknoten knüpfen, sodass ein Netzmuster entsteht.

12 Die an Vorder- und Rückseite der Tasche gegenüberliegenden Kreuzknotenfäden zusammen gruppieren, wie durch ★ angezeigt.

13 2,5 Kreuzknoten knüpfen. Jeweils 8 Fäden zusammen bündeln und mit einem der Fäden einen Schlingenknoten um die anderen Fäden knüpfen. Auf jeden Knoten etwas Klebstoff tupfen. Für die Fransen die Fadenenden auf 4 cm kürzen.

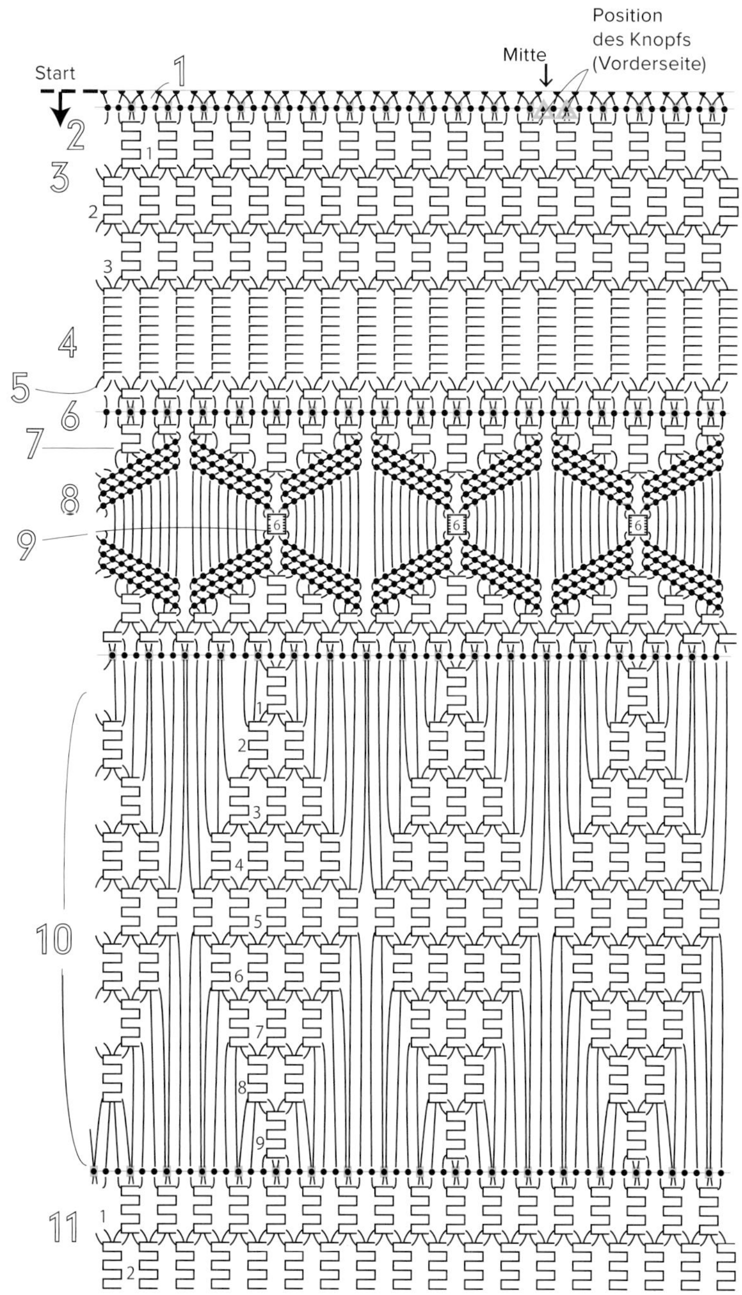

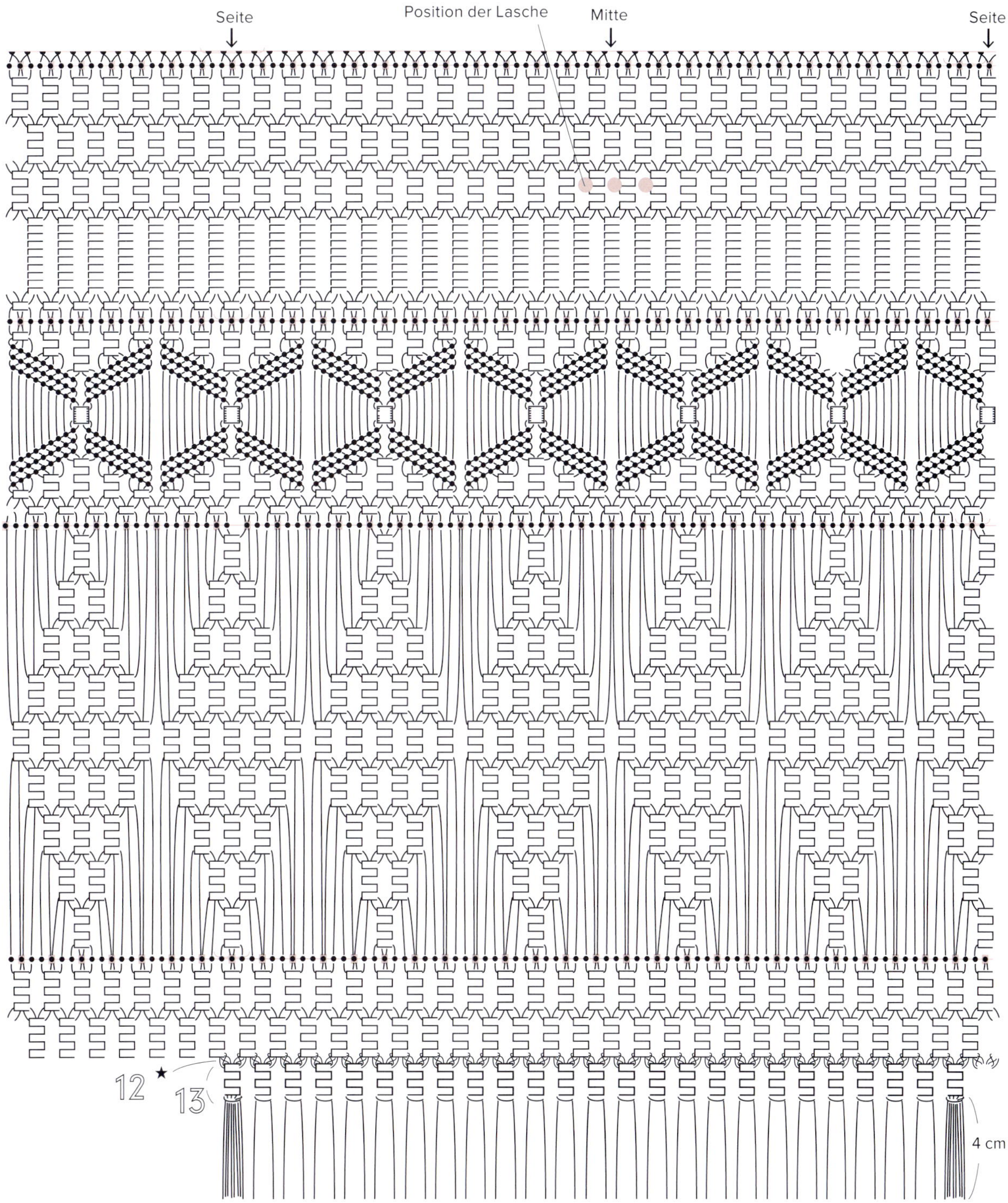
Seite
Position der Lasche
Mitte
Seite
12
★
13
4 cm

Noch mehr Makrameemuster – Fotogalerie

Wenn du die Grundknoten beherrschst, probiere einmal, verschiedene Techniken zu kombinieren – so kannst du eigene Muster mit interessanter Form und Struktur entwerfen. Lass dich von der folgenden Mustergalerie zu deinen eigenen Makramee-Designs inspirieren!

Netzmuster ohne Abstände

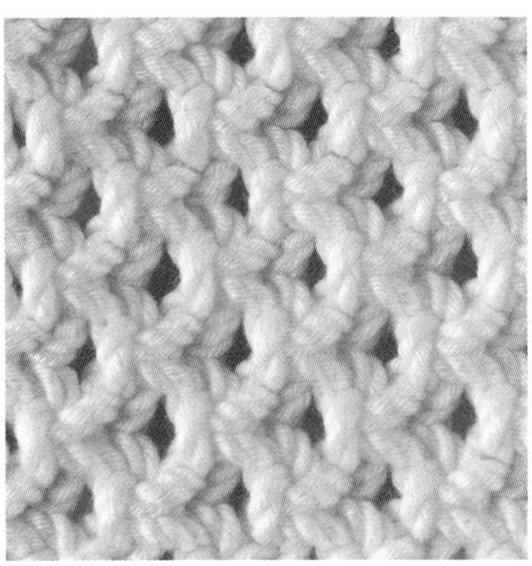

Kreuzknoten

Dies ist die einfachste Form eines Netzmusters. Dafür werden versetzte Kreuzknoten geknüpft, ohne dass zwischen den Reihen ein Abstand gelassen wird.

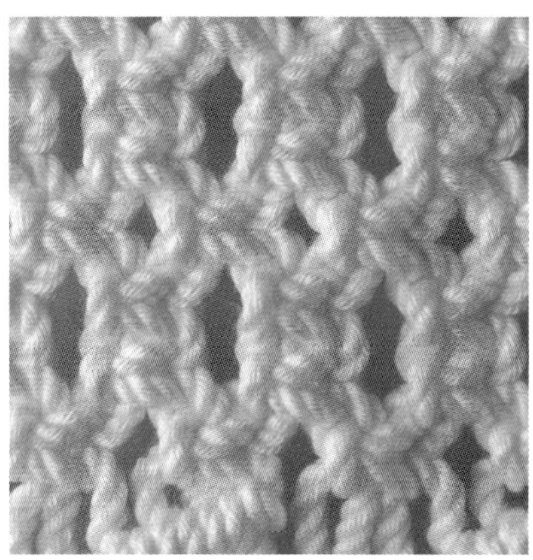

Ein Kreuzknoten + zwei Kreuzknoten

Obwohl auch hier keine Abstände zwischen den Reihen gelassen werden, wirkt diese Variante lockerer, da in jeder 2. Reihe mehr Kreuzknoten geknüpft werden.

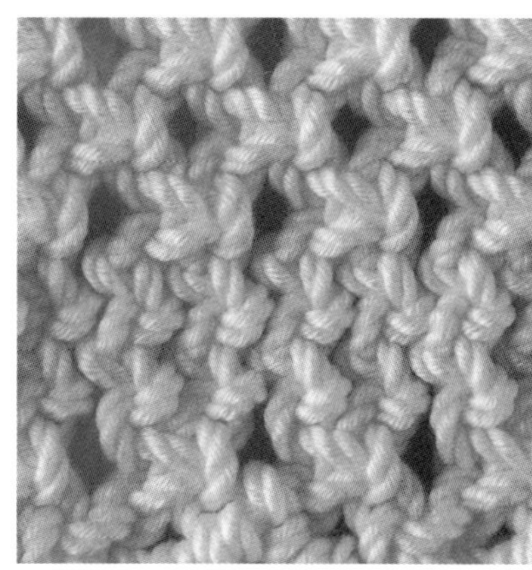

Kreuzkoten + Kettknoten

In das Netzmuster werden aus Kettknoten geknüpfte Partien eingefügt. Dadurch entsteht eine weiche Noppenstruktur.

Netzmuster mit Abständen

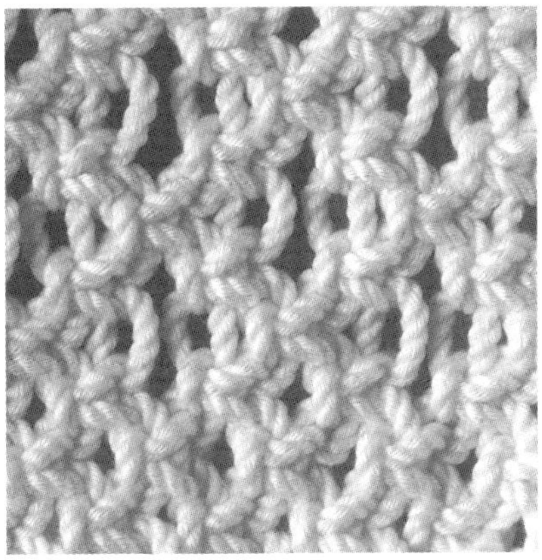

Partien ohne geknüpfte Knoten

Durch die Kombination aus geknüpften Knoten und durchbrochenen Partien ohne Knoten entsteht eine luftige Lace-Struktur.

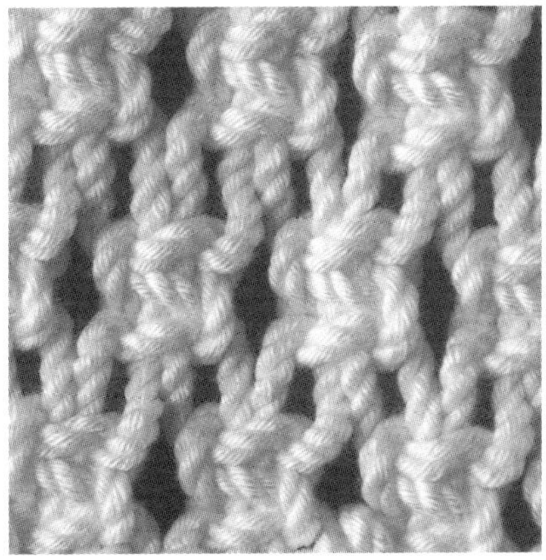

Kleine Abstände zwischen den Knoten

Mit kleinen Abständen zwischen den Knoten wirkt das Muster leicht und locker.

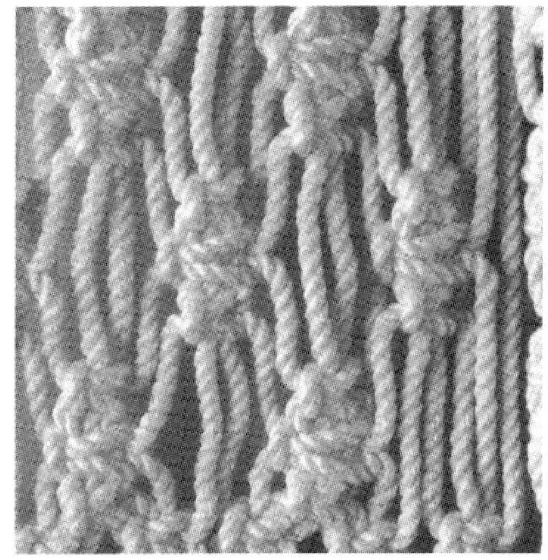

Größere Abstände zwischen den Knoten

Durch dreifache Kreuzknoten, die in größeren Abständen versetzt werden, entsteht ein völlig anderer interessanter Effekt und das Muster wirkt großzügiger.

Spiralknoten

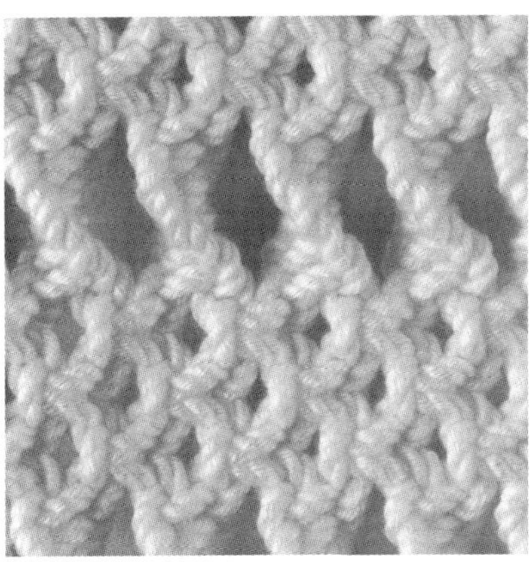

Kreuzknoten + Spiralknoten

In ein Kreuzknotennetz eingefügte Spiralknoten lockern das Muster auf, und es wirkt plastischer.

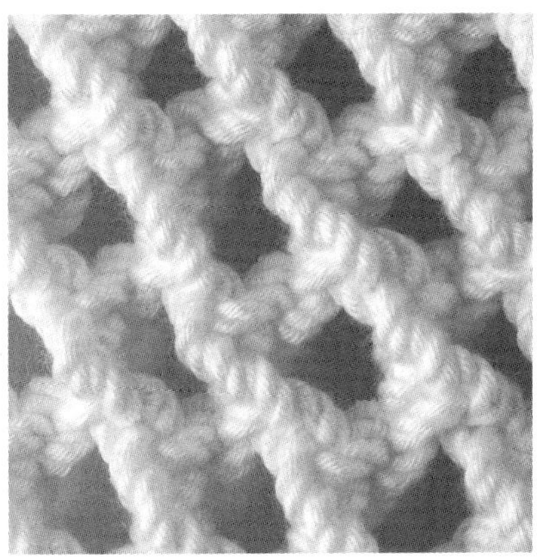

Netzmuster aus Spiralknoten

Aus versetzten Spiralknoten entsteht eine dreidimensionale Netzstruktur.

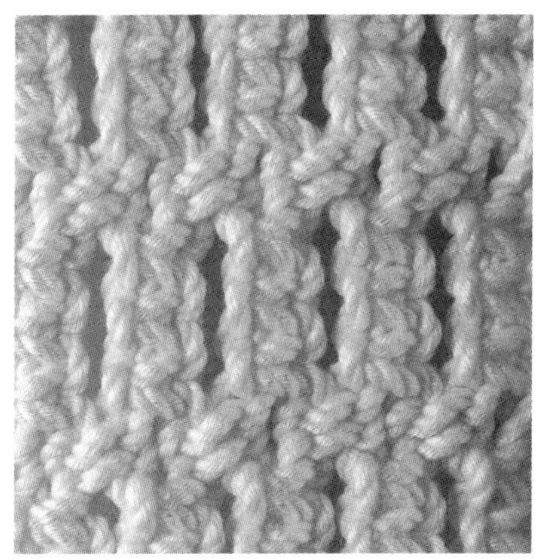

Zwei Spiralknoten + drei Kreuzknoten

Durch drei Kreuzknoten untereinander wird das Muster offener. Mit dieser Technik kann man auch Gürtelschlaufen knüpfen.

Diagonale Rippenknoten

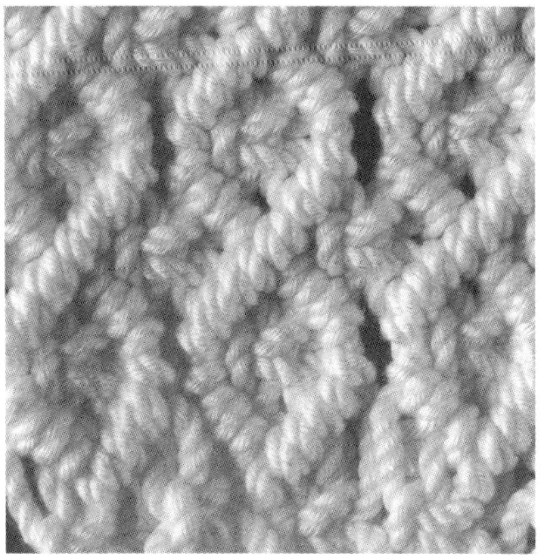

Runde Blumen

Diese Technik ist etwas schwieriger, denn dafür werden diagonale Rippenknoten spiralförmig übereinandergeführt. Die Kreuzknoten innerhalb der Spiralen erinnern an Blütenblätter.

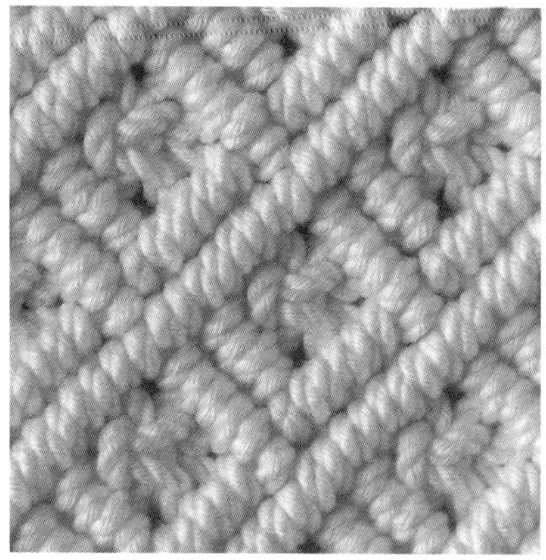

Rautenmuster

Für dieses geometrische Muster werden diagonale Rippenknoten in Rautenform angeordnet.

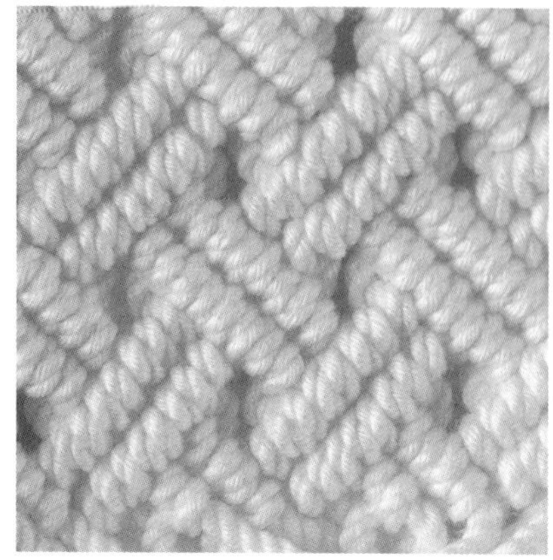

Webmuster

Zueinander versetzte diagonale Rippenknoten bilden dieses wunderschöne Strukturmuster, das an einen geflochtenen Korb erinnert.

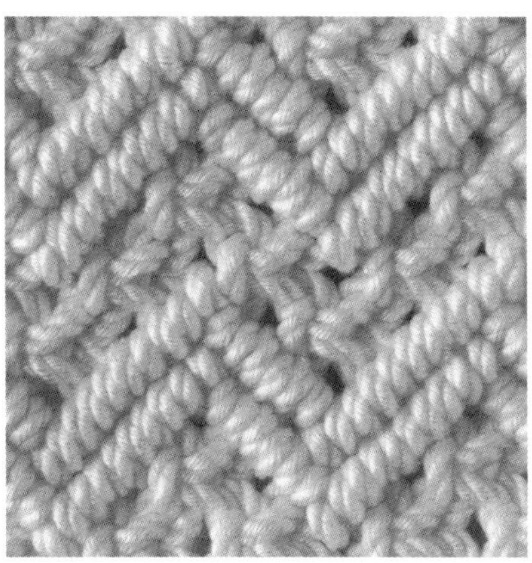

Zickzackmuster

Auch dieses dynamische Zickzackmuster wird aus diagonalen Rippenknoten geknüpft. Durch die Kreuzknoten zwischen den Rippenknoten werden diese besonders hervorgehoben.

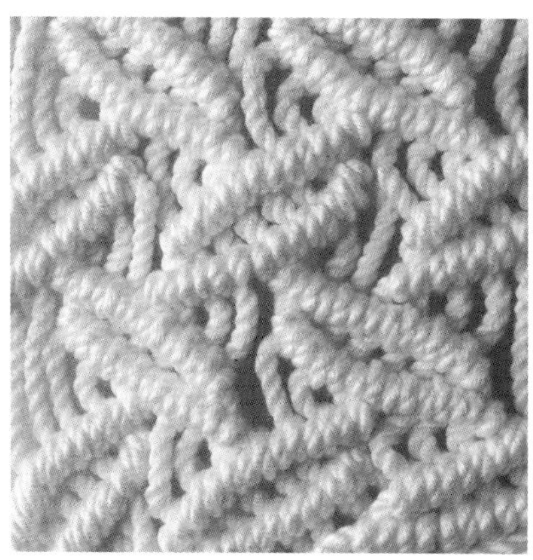

Blattmuster

Durch leicht geschwungen angeordnete diagonale Rippenknoten entstehen diese zarten Formen, die aussehen wie herabfallende Blätter. Den filigranen Hintergrund bilden ebenfalls geschwungen geführte Fäden.

Beerenknoten

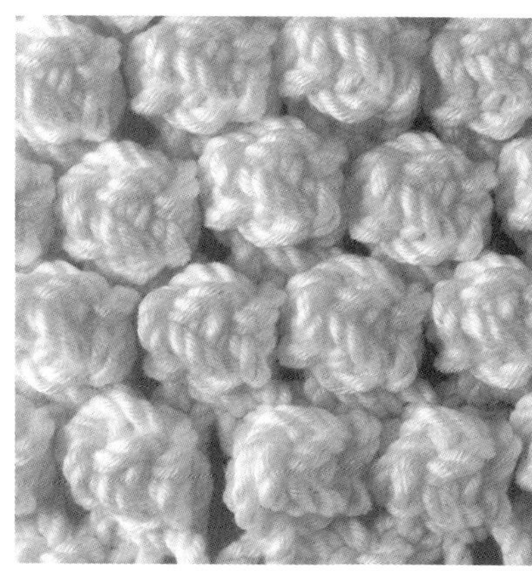

Noppenmuster

Plastische, dicht an dicht geknüpfte Beerenknoten bilden dieses verspielte Muster, das an Popcorn erinnert. Verwende dieses Muster für besondere Akzente, da es sehr voluminös ist.

Nachwort

Makramee entsteht, indem du einen Knoten nach dem anderen knüpfst.

Ich hoffe, dieses Buch inspiriert dich dazu, nicht nur Verbindungen zwischen Fäden zu knüpfen, sondern auch Verbindungen zu anderen Menschen.

Für mich hat Makramee etwas sehr Meditatives, und ich versuche, dabei bewusst von liebevollen Gedanken an andere Menschen erfüllt zu sein.

Vor über 40 Jahren hat die verstorbene Keiko Oka auf einer Reise durch die USA die Kunst des Makramee erlernt und ihre neue Passion nach Japan zurückgebracht.

Um ihre Liebe zu Makramee mit anderen zu teilen, gründete sie die Japan Macramé Association und begann, Makramee-Diagramme mit Symbolen zu entwerfen.

Mein aufrichtigster Dank gilt Keiko Oka, ferner allen, die dieses Buch lesen, und allen, die an der Entstehung dieses Buchs mitgewirkt haben.

Chizu Takuma

Bezugsquellen

Bobbiny

www.bobbiny.com
Familienunternehmen mit großen Schnur- und Zubehörkollektionen. Hier gibt es Makramee-Garne in allen Farben und Stärken, mit dabei sind außergewöhnliche Garn-Farben.

Buttinette

www.buttinette.com
Onlineshop mit großer Auswahl an Makramee-Garnen sowie Taschen-Zubehör.

Etsy

www.etsy.com
Online-Marktplatz mit breitem Angebot an Makramee-Garnen in verschiedenen Farben und Stärken, sowie an Ledergriffen, Ösen, Nieten und anderem Taschenzubehör.

Idee. Creativmarkt

www.idee-shop.com
Kreativmarkt mit einer großen Auswahl an Handarbeitsartikeln, u. a. diversen Makramee-Garnen.

Prym

www.prym.de
Vielseitiges Sortiment an Makramee-Garnen und Taschen-Zubehör.

Rico Design

www.rico-design.com
Shop mit vielen Kreativartikeln, schöne Auswahl an Makramee-Garnen und Taschengriffen sowie -zubehör.